Sonia Laszlo

Fuck Happiness

Sonia Laszlo

FUCK HAPPI-NESS

Von der Tyrannei des Glücks

GOLDEGG VERLAG

Bildrechte Autorenfoto: © KingVictoria
Bildrechte Umschlag: : © sumnersgraphicsinc – Fotolia.com

Der Verlag und seine Autorin sind für Reaktionen, Hinweise oder Meinungen dankbar. Bitte wenden Sie sich diesbezüglich an verlag@goldegg-verlag.com.

ISBN Print: 978-3-902729-88-0
ISBN E-Book: 978-3-902729-89-7

Friedrichstrasse 191 • D-10117 Berlin
Telefon: +49 (0)800 505 43 76-0

Goldegg Verlag GmbH, Österreich
Mommsengasse 4/2 • A-1040 Wien
Telefon: +43 (0)1 5054376-0

E-Mail: office@goldegg-verlag.com
www.goldegg-verlag.com

Layout, Satz und Herstellung: Goldegg Verlag GmbH, Wien
Druck und Bindung: Theiss GmbH

Meinem Papa, dem Glücksforscher,
und seiner Chérie und Mitstreiterin,
meiner einfach glücklichen Maman.

Inhaltsverzeichnis

Vom Glückskind

Ich bin ein Kind des Glücks. Mein Vater war Glücksforscher. Er meinte immer: „Das wäre doch gelacht, wenn ich meine Kinder nicht glücklich machen könnte." So machte er uns glücklich und, was noch viel wichtiger war, als uns eine glückliche Kindheit zu schenken, er brachte uns bei, wie wir uns selbst glücklich machen und das Leben bewältigen können, wenn es ihn einmal nicht mehr gibt.

Er lebte nach dem Prinzip „ein Mann, ein Wort" im ritterlichen Sinne, und das nicht nur, weil er einmal Ordensritter gewesen war. Mit der Art, wie er sein Leben lebte, gab er uns ein Beispiel und die absolute Sicherheit, dass das, was wir daher erwarteten und was angekündigt war, auch eintreffen würde. Was gesagt wurde, wurde auch getan, Worte und die folgenden Taten stimmten überein. Seine Disziplin einfordernde Einstellung, Dinge zu tun, die eine Pflicht waren, egal ob sie ihm gerade eigenes Glück bescherten oder nicht, erzeugte unendliches Vertrauen in den „Übervater" bei uns Kindern und sogar bei anderen Menschen, für die er eine Vaterfigur darstellte. Vertrauen ist ein Hauptschlüssel des Glücks, aber auch etwas Abwechslung gehört dazu. Damit uns Kindern nicht langweilig wurde, hatte er immer eine Überraschung parat, denn angenehme Überraschungen, wie sie Kinder gerne haben, sind ein weiterer Schlüssel des Glücks. Unser Vertrauen und unsere Hoffnung wurden jedoch nie grundlos geweckt, denn meine Maman, die stets glücklich in die Welt schaut, ist ein unglaublich pragmatischer Mensch. Dass sie uns ihren Pragmatismus, vom griechischen Wort für „Tat“, vermittelt hat und uns zusätzlich, während wir taten, die Worte meines Großvaters „Sei klug!“ mitgab, ist ein Hauptgrund meines Glücklichseins.

Während Optimisten immer das Beste erwarten und dabei vor lauter „Positivitis“ manchmal vergessen, wie wichtig das eigene Tun für das Glück ist, sind Pessimisten negativ eingestellt und tun vielleicht gar nichts. Während beide mit dem Glück oder dessen Abwesenheit beschäftigt sind, nützt der pragmatisch eingestellte Mensch klug und bedacht seine Zeit, schaut, ob er handeln soll oder nicht und was „gehen könnte“, was tatsächlich geht und was nicht geht. Er ist glücklich, wenn es besser kommt als erwartet, und nicht traurig, wenn es schlechter kommt als gedacht, denn immerhin hat er es probiert und vor allem gelebt, und auch darüber kann man glücklich sein.

Die vereinfachte Darstellung von Optimisten, Nur-positiv-Denkern hat in der heutigen Zeit das Glück für sich okkupiert. Mit der den Pessimisten entgegengesetzten Denkweise wird das Glück auf eine Linie mit zwei Enden von Positiv und Negativ gezogen. Glück ist im Ursprung, wie das Leben selbst, allerdings ein Kreislauf. Doch heute wird das Glück gewertet und steht für „positiv“, „erfolgreich“ und immer mehr für „bitte kaufen“. Sogar jede Hautcreme muss glücklich machen und das „Pflichtprogramm Glück“ gehört zur heutigen Definition eines erfolgreichen Lebens dazu.

Der Titel des Buches hat sich ergeben, als ich während einer Verlagssitzung das momentane Unglückskind, nämlich die vom Glück besessene Gesellschaft, beim Namen nannte. Dennoch ist mein Buch nicht als Botschaft gegen das Glück zu verstehen, sondern dafür, dass wir glückunabhängig leben. Es geht darum, sich weder vom Positiven noch vom Negativen leiten zu lassen, sondern zu sehen, was ist, und vor allem zu handeln, egal ob es glücklich macht oder nicht. Oft kommt es sowieso anders als gedacht.

Auch von anderen wurde ich oft als Glückskind bezeichnet. Von Freunden, Verwandten, sogar von wildfremden Menschen in der Straßenbahn, seit ich als Kleinkind einfach nur in die Welt strahlte. Mein Vorname Sonia eignet sich für den passenden Vergleich und auch mein Kindergartenzeichen war die Sonne.

Ich war einfach glücklich. Ich habe nicht großartig darüber nachgedacht, wie das alles funktioniert, und außerdem wurde mir beigebracht, das Glück nicht so wichtig zu nehmen, sondern mich auf das Leben selbst zu konzentrieren.

Wenn ich am Boden zerstört war, fragte meine Maman oft: „Was hast du erwartet?“, und traf damit genau ins Schwarze, was den Zusammenhang zwischen Erwartungen und Glück betrifft. Wenn diese Reaktion nicht passte, wenn ich unglücklich war, wurde ich daran erinnert, dass das Unglück zum Leben eben dazugehört und dass es im Leben ums Leben und nicht ums Glück geht: „Lächle doch Schatzi, c'est la vie!“

Durch zwei so eindrucksvolle Elternteile, die in Kombination mit Wissen und Bildung mich ständig angenehm gefordert haben, hatte ich eine extrem glückliche Kindheit, inklusive der dafür notwendigen, absichtlich eingebauten Misserfolge. Zum Beispiel meinte mein Vater bei unserem Familiensport Fechten immer, dass Gewinnen einfach ist, aber ehrenhaft verlieren zu können, das muss gelernt sein. Als fünfjährige kleine Ritterin war mir das zwar recht gleichgültig, denn ich wollte nur gewinnen. Wie so oft erinnert man sich später im Leben an weise Worte aus der Kindheit zurück. Der Erfolg wird erst zum Erfolg, wenn man die Misserfolge erfolgreich bewältigt hat. Zum Glück gehört eben auch ein bisschen Unglück dazu.

Abgesehen von den unzähligen anderen Dingen, die unser

Vater für uns Kinder tat, schrieb er für jedes seiner Kinder ein Buch mit Lebensweisheiten, nur nicht mehr für mich, die Jüngste. Da er dieses Buch, das er mir widmen wollte, nicht mehr schreiben konnte, stellte ich mich selbst dieser Herausforderung. Obwohl ich eigentlich nicht das Mitteilungsbedürfnis hatte, ein Buch zu schreiben und meine Gedanken offenzulegen, und auch nicht sicher war, ob ich irgendetwas Brauchbares für irgendjemanden außer für meine Lieben und mich selbst mitzuteilen habe. Dass Sie heute tatsächlich ein lesbares Buch in Händen halten, erscheint mir wie ein Wunder. Und sehr oft musste ich am Weg Selbstzweifel überwinden und die „Unglücksschmerzgrenze", an der all dies gar nicht mehr glücklich machte, überwinden und mir sagen, „ich pfeif' aufs Glück und mache es trotzdem".

Glück ist ein Werkzeug im Sinne der Schöpfung, nicht unbedingt ein Werkzeug unseres Willens. Wir können uns zum Beispiel nicht auf Knopfdruck verlieben oder durch unser Wollen glücklich machen. Wir können zwar beschließen, dass wir zufrieden sind, aber nicht, dass wir wirklich glücklich sind. Wir wären alle längst die „Bezaubernde Jeannie" und niemand hätte jemals weiter darüber nachgedacht, was es mit dem Glück auf sich hat. Aber leider ist es eher so, wie der Philosoph Rudolf Steiner (1861–1925) es ausdrückte: „Wir können nicht wollen, was wir wollen."

Im Hedonismus (Leben nach dem Lustprinzip) ist die Lust das Ziel. Getan wird nur, was Spaß macht, und auch Arbeit oder die Aussicht auf etwas kann Spaß machen. Das Leben nach diesem Mechanismus in Kombination mit stetiger Maximierung hat fatale Folgen: „Wenn ich *das* habe oder das bin, *dann* bin ich glücklich", „ich will nur tun, was mich glücklich macht", sich ständig fragen, ob man glücklich ist. Außerdem sind Wenn-dann-Regeln Gesetze der Logik. Dabei entzieht sich das Glück in vieler Hinsicht immer noch erfolgreich.

Eine jahrhunderte alte Glücksdiskussion lautet, ob das Glück des Moments, das oft als Hedonismus abgetan und darauf limitiert wird, im Gegensatz zu komplexeren Konzepten wie Gesamtlebensglück, Glückseligkeit, Zufriedenheit und Ausgeglichenheit als Glück zu sehen ist.

Zufriedenheit, Ausgeglichenheit und Wohlbefinden werden nicht nur durch ein anderes Wort ausgedrückt, sondern sind auch etwas anderes als Glück. Sie müssen nicht zwingend mit Glück einhergehen und sind auch vor dem moralischen Hintergrund der Zeit und der jeweiligen Gesellschaft zu sehen. Weiters ist zu bedenken, dass Gesamtbetrachtungen wie Lebenssinn und Glückskonzepte Selbstreflexion und Wertungen erfordern sowie Einbeziehen der Vergangenheit und der Zukunft beinhalten.

Wichtig ist eigentlich nur der Moment, das Hier und Jetzt, und sogar der ist, wie wir sehen werden, ein Konstrukt unseres Gehirns. Was aber sicher ein Konstrukt ist, ist die Zukunft und die Vergangenheit. Glück ist im Moment.

Das Glück im ursprünglichen Sinn ist in vieler Hinsicht auf die Lebensumstände der Urzeit geeicht. In der heutigen Welt können wir uns daher nicht, ohne zu hinterfragen, auf das Glück als Wegweiser verlassen und schon gar nicht erwarten, dass er auf jeden Fall in die richtige Richtung zeigt.

Die Diskussion von Glück um des Glückes Willens oder darüber, dass wir alle glücklicher sein wollen, als wir sind, ist müßig, denn der Mensch ist in der Regel so ausgelegt, Glück zu wollen und Unglück zu vermeiden.

Die Umstände des Glücks zu kennen und dass es eben nicht immer nach unserem Willen geht, sondern vielleicht doch auch nach dem der Vorbestimmung, bedeutet nicht, dass wir dies als Ausrede verwenden sollen oder dass wir nicht immer nach bestem Wissen und Gewissen das Unsere dazutun sollen, um das Potenzial, das uns gegeben ist, voll auszunützen.

Aber dieses Wissen gibt uns vielleicht die Möglichkeit zu entscheiden, wann es der Wille der Schöpfung ist und ob der in der heutigen Welt angebracht ist und wann es unser Wille ist, dass wir handeln. Will ich mit meinem Steinzeitgehirn in der Übersättigungsgesellschaft, die sich so schnell entwickelt, dass sich der Urmensch, der wir in mancher Hinsicht sind, sich nicht so schnell anpassen konnte, überleben, muss ich mich auf Handeln und auf Ziele konzentrieren, die mich dann entweder glücklich machen oder auch nicht.

Der Wahn, auf Bestemm nur das Glück zu suchen, ohne zu verstehen, dass auch Unglück zum kompletten Spektrum dazugehört, kann nur, wie er es gerade tut, zum Unglück führen. Je früher wir akzeptieren, dass das Glück zwar in uns liegt, aber nicht nur von uns abhängig ist und nicht völlig unserer Kontrolle unterliegt, desto früher können wir beginnen und uns weniger von der Glückssuche, die gerade auf der gesellschaftlichen, von den USA beeinflussten Tagesordnung steht, quälen lassen. Schließlich ist die Suche nach dem Glück nicht für die ganze Menschheit das Wichtigste im Leben. Wie der Philosoph Friedrich Nietzsche (1844–1900) spitz feststellte: *„Der Mensch strebt nicht nach Glück, nur der Engländer tut das."*

Davor müssen wir allerdings die Umstände kennen. Damit diese auf unser persönliches Leben anwendbar sind, kann es kein vorgefertigtes Glücksrezept sein, das für uns denkt und uns vorkaut, sondern wir müssen selbst denken, und das ist leider anstrengend.

Das Gehirn ist ein Hauptenergieverbraucher des Körpers. Und der Mensch ist darauf ausgerichtet, zu überleben und dafür möglichst viel Energie zu sparen. Daher ist es wenig verwunderlich, da Denken kostbare Energie verbraucht, dass der Körper lieber jemanden anderen denken lässt und Ratschläge von Vertrauenspersonen, die er dann befolgen kann, glücklicher machen, als selbst kostbare Energie zu investieren. Ich möchte gerne, auch wenn es nicht unbedingt glücklich macht, dass Sie trotzdem selbst denken. Denkanstöße annehmen oder ablehnen, aber in jedem Fall selbst denken und selbst leben.

Wenn Sie Lust haben, sich mitzuteilen, stehen hinten im Buch meine Kontaktdaten und ich freue mich auf einen regen Gedankenaustausch über die Unnotwendigkeit der Glückssuche.

Das Gehirn braucht Pausen und unsere Aufmerksamkeit ist begrenzt. Durch liebe Testleser ist mir klar, dass diese Lektüre vielleicht oft anspruchsvoll ist und nicht unbedingt flockige, lockere Unterhaltung, bei der wir in unseren Gedanken geleitet werden.

Gönnen Sie sich eine richtige Lesepause. Machen Sie kurz die Augen zu, lassen Sie Gedanken einsinken, schauen Sie auf den blauen Himmel und spüren Sie die Allmacht Gottes auf diesem wunderbaren blauen Planeten, den die Menschheit ihr Heim nennen darf. Oder probieren Sie aus, ob Sie gerade genug sitzen, um das Buch auf dem Kopf zu balancieren.

Das Glück ist komplex und daher bin ich es aus verschiedenen Richtungen angegangen, für jeden von uns sind andere Gedanken besonders wichtig, wie mein Vater immer sagte: „Ich habe es dir zur Verfügung gestellt, damit du es verwenden kannst, nicht damit du es verwenden musst.“ In diesem Sinne: Ich habe Studien und Gedanken zum Glück aufgeschrieben, nicht damit Sie sie lesen müssen, sondern damit Sie sie lesen können.

In der Kindererziehung ist es so, dass man Kinder wirklich ruinieren kann, wenn man ihnen einfach alles gibt und ihnen die Arbeit, die Welt selbst zu entdecken, abnimmt. Man schenkt ja auch niemandem ein tolles neues Computerspiel, das schon zu Ende gespielt ist. Und anstatt das Spiel zu genießen, suchen Sie wirklich nach so einem Endergebnis Glück?

Um vielleicht mein Glück zu mehren, muss ich also etwas tun. Wenn ich mir meinen Erfolg erarbeite, macht er eben auch glücklicher. Daher gab es bei uns zu Hause kaum etwas geschenkt, wir mussten immer etwas dazu tun. Selbst wenn es uns nicht immer passte, waren wir im Endeffekt glücklicher und sogar noch stolz auf unseren Beitrag.

Wenn Sie die Mechanismen verstehen, warum und wie Glück funktioniert, können Sie zweifelsohne selbst die Welt entdecken. Und sich gegebenenfalls, so Sie es brauchen, von anderen Menschen, Therapeuten, der Familie und vielleicht auch von Ratgebern Denkanstöße liefern lassen. Mein Buch ist aber kein Ratgeber, der versucht eine einfache und daher nicht allgemein zutreffende Antwort auf die komplexe individuelle Frage nach dem Lebensglück zu geben. Vielmehr geht es darum zu sehen, was uns Natur und Gesellschaft vorschreiben, darum einige Mechanismen, einige Zutaten, die in Ihrem persönlichen Glückscocktail enthalten sind, vorzustellen, damit Sie sich Ihren eigenen Cocktail mischen können und nicht unhinterfragt dem Glück hinterherjagen, sondern eben glücksunabhängig glücklich leben können.

Nur nach Ihrem eigenen Konzept können Sie die Segel anpassen, wenn sich die Wetterlage ändert. Es nützt nichts, sich wie ein Pessimist nur über den Wind zu beschweren und nicht daran zu glauben, dass sich die Wetterlage verbessern wird. Genauso wenig zielführend ist es, wie der Optimist nur fest daran zu glauben und zu erwarten, dass sich die Lage von alleine verbessern wird.

Meine Mutter ist von Natur aus glücklich. Das ist, wie wir im Laufe des Buches sehen werden, wahrscheinlich eine Mischung aus Einstellungssache und genetischer Vorgabe. Sie ist eine Frohnatur, die ihre Segel jeder Wind- und Wetterlage anpasst, ohne viel darüber oder über das Glück nachzudenken. Zum Beispiel sieht sie die Lage realistisch und stellt pragmatisch fest, was zu tun ist und was zu lassen ist, sie findet sich mit Dingen, die sie nicht kontrollieren kann, schnell ab. Sie handelt selbstsicher, stellt sich Herausforderungen und geht sehr oft kalkulierte Risiken ein, sie verschwendet keine Energie, indem sie sich beschwert, sondern schreitet lieber zur Tat, sie übernimmt Verantwortung und fürchtet sich nicht. Sie sieht die Welt, wie meine väterliche Großmutter, die zwei Weltkriege, teils in Luftschutzkellern überstanden hat, sagte, auf diese Weise: „Zu Tode gefürchtet ist auch gestorben." Weiters handelt meine Maman schnell und effektiv und verschwendet keine Energie an Reue. Sie ist hilfsbereit, war ihr ganzes Leben zusätzlich in gemeinnützigen Organisationen tätig, freut sich, wenn es anderen gut geht. Zusätzlich belastet sie sich nicht mit unnötigen Dingen und kann gut abschalten, wenn sie sich immer wieder zwischendurch entspannt. Sie genießt die Sonnenstrahlen, die ihre Nase kitzeln, und denkt an Gänseblümchen.

Meine Maman hat meinen Vater, der sich sein Glück zu erarbeiten versuchte, sicher auch aus diesem Grund immer ungemein fasziniert. Über vier Jahrzehnte hinweg seine größte Mitstreiterin besitzt sie, abgesehen von fast allen Eigenschaften, die ich später beschreiben werde und die für eine gute Voraussetzung zum Glücklichsein wichtig sind, auch noch Esprit, Wortwitz und meinte auf die Frage nach der Notwendigkeit von Glücksratgebern: „Brauchen wir nicht, glücklich sind wir doch schon!"

Wie ich bemerkte, sind die meisten Glücksforscher eher durchs Unglück zur Glücksforschung gekommen. So wie Diätexperten wahrscheinlich einmal mit Übergewicht zu kämpfen hatten und sich daher mit der Materie beschäftigten. Ich als glücklicher Mensch bin vielleicht die falsche Person, um zum Glück oder zur Tyrannei des Glücks befragt zu werden. Oder vielleicht genau die Richtige?

Meine liebe Freundin Vanessa, die von Natur aus sehr dünn ist, auch wenn oder vielleicht weil sie fast jeden Tag

Pasta mit Sauce isst, meinte nach der Inspektion eines Nahrungsersatz-Proteinshakes: „Da ess' ich lieber was!" Sie kauft sicher kein Diätbuch, wenn, dann ein Kochbuch.

Wenn ich verstehe, was Glück ist und wie es entsteht, kann ich meine eigenen Gesetze schreiben und auf meine individuelle Situation anwenden. Glück ist für den Moment geschaffen und nicht für die komplexen Anforderungen der modernen Welt. Daher können wir uns nicht blind darauf verlassen, dass das, was uns glücklich macht, auch gut für uns ist, geschweige denn, uns in Zukunft glücklich machen wird.

Egal ob Glücklich- oder Unglücklichsein gerade in Mode ist, Melancholie gepflegt oder verdammt wird, kann ich meinen Weg finden und im richtigen Moment, so notwendig, eben sagen: *„Fuck Happiness, ich handle trotzdem."* Denn es geht im Leben um das Leben, nicht nur um das Glück.

Das Leben ist das ultimative Spiel, ein Experiment, das wir selbst leiten. Man tut, was man kann, aber sollte im Endeffekt alles nicht so ernst nehmen. Auch und vielleicht sogar besonders die Suche nach dem Glück.

Es gibt nicht *den* Weg zum Glück. Es gibt so viele Wege zum Glück, wie es Menschen gibt und wie es Momente gibt, in denen Glück entsteht. Wenn Sie verstehen, was Glück ist, dann können Sie Ihren eigenen Weg gehen, denn der ist nicht nur der einzige, den Sie gehen können, sondern auch der schönste, denn es gibt keinen zweiten Menschen so wie Sie und daher auch keinen zweiten Lebensweg so wie Ihren.

Seinen Rahmen zu erkennen und in diesem das Beste machen ist schon sehr viel, wenn nicht sogar alles. Eine glückliche Kindheit besteht zu einem guten Teil darin, dass Eltern einen Rahmen vorgeben, in dem sich das Kind entfalten kann. Sind wir erwachsen, können und müssen wir uns selbst diesen Rahmen geben, vor allem wenn wir in einer Gesellschaft leben, die uns sehr viel auswählen lässt. Und dieser Rahmen sollte nicht von der krankhaften Suche nach dem Glück in Form der Glücksmehrung oder gar illusorischen Glücksmaximierung geprägt sein. Während wir uns wünschen, uns damit beschäftigen und darauf hinarbeiten, ein anderes Leben zu haben und anders, eben glücklicher, zu sein, besteht die Gefahr, das eigentliche Leben zu verpassen. Denn das Leben, das uns gegeben ist, ist auch genau wie unser Körper, das einzige, das wir haben.

Zum Glück gibt es keinen einfachen Schlüssel und schon gar keinen Geheimschlüssel. Und ich weiß gar nicht, ob es ein Glück wäre, wenn es einen einfachen Weg zum Glück gäbe, und ob der glücklich machen würde.

Es gibt auch kein ewiges Glück. Im Fitnessstudio verspricht Ihnen auch niemand ewige Fitness. Aber ich kann meine limitierte Lebensenergie dazu verwenden, meinen Körper im Rahmen seiner natürlichen Gegebenheiten bestmöglich zu formen. Genauso können und sollen wir unser Leben lang an uns als Menschen arbeiten. Mutig handeln selbst bei scheinbar gegebenen Dingen, die ererbt sind: Frei nach Goethe: *„Was du ererbt von deinen Vätern, erwirb es, um es zu besitzen!"*

Das Glück stellt sich dann schon ein und wenn nicht, frei nach Theodor Fontane, dann lebt man eben ohne oder mit weniger Glück.

Jetzt könnten wir eigentlich das Buch zuklappen und nicht weiter unsere Zeit damit verbringen, darüber nachzudenken, wie wir unser Glück mehren können. Wie Tolstoi sagte: *„Willst du glücklich sein, sei."* Er sagte nicht, denk darüber nach und beschäftige dich damit, wie du glücklicher werden kannst.

Nur leider tun, sind und leben wir alle einfach nicht glückunabhängig. Schon gar nicht in unserer Zeit, die das Glück so wichtig nimmt und in der wir oft mit der Frage nach dem Glück konfrontiert werden. Um nicht nur vom Glück geleitet zu sein, müssen wir wissen, wovon wir uns weder beherrschen noch tyrannisieren lassen.

Das Schauspiel kann uns viel über das Glück erzählen. Schauspielkunst ist gar nicht künstlich, sondern für unseren Organismus und die durchlebten Gefühle blanke Realität, die in einem fiktionalen Rahmen ausgelebt wird. Der einzige Unterschied zwischen der Realität des Schauspielers und der Realität, die wir mehrheitlich jeden Tag leben, ist, dass wir beschlossen haben, dass das eine eben Kunst ist und das andere das wirkliche Leben. Unser Gehirn, das nicht so wertet, und vor allem unsere Netzhaut, auf die das alles projiziert wird, und unsere Spiegelneurone, die Emotionen spiegeln, machen keinen Unterschied zwischen Leben und Spiel. Daher liegt Schauspiel auch nahe am Wahnsinn, denn der Unterschied, den es ausmacht, welche Wirklichkeit ich als wirklich annehme, ist eine rationale Entscheidung im Kopf.

Diesen Schalter ein- und auszudrehen und nicht die Perspektive zu verlieren, hat man entweder oder man braucht einen wirklich guten Regisseur, der einen leitet, oder einen Schauspiellehrer, der Prozesse entdeckt und interpretieren kann. Einen Lehrer, wie Howard Fine in seinem Studio in Hollywood, der die Gabe hat, nicht nur genau hinzusehen, sondern auch genau zu erkennen. Wie jeder große Meister praktiziert er, dass die Basis des Handwerks und die Grundübungen der Technik stimmen müssen, daher unterrichtet er seinen Einführungskurs stets persönlich.

Ganz essenziell für die Schauspielkunst sind Grenzen. Ohne Grenzen und ohne Mechanismen, mit denen wir wieder in die Realität, die wir hauptsächlich leben, zurückkehren, würde einen dieser Beruf im Irrenhaus landen lassen. Schauspieler verbringen viel Zeit damit, in sich die Dinge zu finden oder zu erstellen, die sie so wie die Rolle leben lassen. Das Endprodukt ist dann die Mischung aus Rolle und dem Schauspieler. Diese Version ihrer selbst lassen sie in einem kleinen, physisch und zeitlich abgesteckten Rahmen real leben. Für die Dauer zwischen Action und Cut, für die Dauer des Films oder des Theaterstücks werden gewisse andere Grenzen als gegeben angenommen. Schauspieler verkaufen die Kunst, dass sie sich selbst so fordern können, dass sie zu einem exakt festgelegten Zeitpunkt, dem Drehbeginn oder dem Heben des Vorhangs, das geforderte Produkt der Emotion liefern. Damit die Zuseher über Spiegelneurone diese Emotion lesen können und so mitfühlen können. Daher spricht man auch davon, eine Darstellung zu geben und nicht zu nehmen.

Jeder Mensch ist in seinem Lebensrahmen ein Schauspieler. Im Laufe eines Lebens, oft sogar eines Tages spielen wir verschiedene Rollen. Nur denken wir meist nicht über den Prozess nach, sondern leben diese Rollen einfach oder wachsen in Rollen hinein. Um sich diesen Prozess bewusst zu machen, müssen wir über uns selbst nachdenken können. Aussteigen und wie ein Regisseur beobachten und dann wieder einsteigen und einfach leben.

Jede Selbstverbesserung ist im Endeffekt wie Schauspiel. Selbstverbesserung heißt Gehirnzellennetzwerke und im Endeffekt Verhalten ändern. Schauspieler sind Meister darin, ihr Verhalten willkürlich zu verändern und zusätzlich ihre Emotionen zu kontrollieren. Wenn wir unsere Umstände verändern, dann verhalten wir uns anders. Im Endeffekt machen Schauspieler, wenn sie eine Rolle erarbeiten, nichts anderes als Menschen, die sich verändern wollen. Nur dass sie das so erstellte, authentische Leben auf eine kurze Zeit und fiktionale Umstände limitieren. Daher nicht so in die Tiefe gehen können, wie wenn ich mein ganzes Leben darauf richte, eine gewisse Rolle auszufüllen.

Jetzt sind wir bei einem wichtigen Unterschied zwischen Leben und Schauspiel, und zwar beim Zeitfaktor. Eine Schauspielrolle übernehmen wir für eine kurze Zeit und gehen dann zur nächsten, daher haben wir nicht so viel Zeit wie für die Erarbeitung einer Lebensrolle. Um das zu erreichen, müssen Schauspieler Werkzeuge haben, die es ihnen ermöglichen, zum Beispiel eine goldene Hochzeit zu feiern, auch wenn sie den anderen Schauspieler und fiktionalen Ehepartner erst vor ein paar Tagen kennengelernt haben.

Schauspielerische Werkzeuge können wir uns ausborgen, um unser Leben zu verändern. Verändern hat manchmal den Beigeschmack, dass vorher etwas schlecht war und verbessert werden muss. Diese Herangehensweise, die wieder aus dem Spektrum von gut und schlecht, glücklich und unglücklich kommt, ist zu überdenken. Warum nicht Dinge in ihrer wunderbaren Andersartigkeit, ohne zu werten, sein lassen, wie sie sind?

Alleine, wenn Sie überhaupt leben, sind Sie ein Erfolg. Leben Sie noch? Wenn Sie diese Zeilen lesen, wahrscheinlich. Dann herzlichen Glückwunsch! Wenn Sie das Leben ein wenig besser meistern, jeden Tag den persönlichen Bestwert ein wenig anpassen und ein klein wenig in die gewünschte Richtung drücken können oder beschließen den Status quo beizubehalten, ist das schon sehr viel. Wenn es überhaupt notwendig ist, etwas zu Ihrem Glück zu tun, setzen Sie Schritte, einen kleinen nach dem anderen, ein Ziel können Sie zwar nicht immer sofort erreichen, aber die Richtung, die können Sie sofort ändern.

Das klingt jetzt vielleicht nicht nach großen Sprüngen, aber das Glück ist auch nicht für radikale, plötzliche und schnelle Veränderungen gemacht. Kleine stetige Schritte zu machen bedeutet auch nicht alles als gegeben anzunehmen und sich seinem Schicksal zu fügen, wie es der Determinismus vorgibt, aber auch nicht, dass wir unsere Welt komplett ohne Rücksicht auf Gegebenheiten konstruieren können. Der beste Weg auch beim Glück ist wahrscheinlich der goldene Mittelweg. Eine Mischung aus Determinismus und

Konstruktivismus. Denn alles können wir nicht ändern, wie es uns gefällt. Auch wenn wir konstruktivistisch denken und unsere Welt selbst erschaffen, irgendwo gibt es doch Grenzen und einen Rahmen, der eben determiniert ist. Es kommt darauf an, diesen Rahmen zu erkennen, wie in einem alten protestantischen Gebet, das mein Vater liebte:

„Gib mir die Kraft, die Dinge zu ändern, die ich ändern kann, und die Gelassenheit, die Dinge zu ertragen, die ich nicht ändern kann, und die Weisheit, das eine vom anderen zu unterscheiden."

Wie schon Buddha sagte, Angst ist eine Geburt des Glücks. Wenn ich Glück haben möchte, darf ich mich nicht fürchten, sondern muss mutig handeln. Um mich nicht tyrannisieren zu lassen, hilft es zuerst zu verstehen. Wie die zweifache Nobelpreisträgerin Marie Curie sagte: *„Man braucht nichts im Leben zu fürchten. Man muss nur alles verstehen."*

Und so machte ich mich auf die glückliche und unglückliche Suche nach dem Phänomen Glück.

Glücksprozesse

Wenn es überhaupt so etwas wie einen Schlüssel oder gar Hauptschlüssel für das Glück gibt, dann müsste es eigentlich wohl einen ganzen Schlüsselbund geben. Das Einzige, worüber sich alle beim Glück einig zu sein scheinen, ist, dass das Glück eine komplexe Sache ist. Daher kann es sicher nicht nur einen Schlüssel geben. Ganz abgesehen davon: „Was bringt mir ein Schlüssel, wenn ich weder Schlösser noch das genaue Schlüsselloch kenne?

Um bei dem Bild mit den Schlüsseln zu bleiben: Glück entsteht, wenn der Schlüssel ins Schlüsselloch passt. Es gibt so viele Schlüssel, wie es Menschen und wie es Momente gibt. Das Aufsperren ist ein Prozess. *Glück ist ein Prozess.*

Will ich glücklich sein, muss dieser Prozess zufällig oder absichtlich immer wieder in Gang gebracht werden. Er unterliegt gewissen Gesetzen sowie unterschiedlichen Reizen, die auf ihn Einfluss nehmen. Wie die Natur selbst verändert er sich stetig, und wir mit ihm. Frei nach der griechischen Formel, die auf Heraklit zurückgeführt wird: „πάντα ῥεῖ – Alles fließt.“ So kann man nicht zweimal in denselben Fluss steigen. Man selbst und der Fluss verändern sich.

Glück ist dynamisch. Das Schloss verändert sich also dadurch, dass es einmal aufgesperrt wurde, und so muss sich der Schlüssel stetig an das Schloss anpassen, um weiterhin Glück zu erzeugen.

Was in einem Moment bei einem Menschen Glück entstehen lässt, kann im gleichen Moment bei einem anderen

Menschen kein Glück entstehen lassen. Aber auch, was bei einem Menschen in einem Moment Glück entstehen lassen kann, kann in einem anderen Moment kein oder verringertes Glück beim selben Menschen entstehen lassen. Wie Konfuzius sagte: *„Wer ständig glücklich sein möchte, muss sich oft verändern.“*

Glück ist eine Resultierende. Eine Resultierende entsteht, wenn mehrere Kräfte vielleicht sogar in unterschiedlicher Stärke und Richtung an einen gemeinsamen Punkt angreifen. Ist das Zusammenspiel der Kräfte so beschaffen, dass sie perfekt oder zumindest in einem gewissen Bereich zusammenpassen, gibt es eine Reaktion. Es entsteht das, was seit Jahrtausenden und in allen Kulturen als Glück bezeichnet wird.

Glücklich zu werden soll nicht zu schwer, aber auch nicht zu leicht sein, eben genau richtig. Wie im Märchen „Goldlöckchen“, wo der Brei nicht zu heiß und nicht zu kalt sein soll. Unser Empfinden ist, könnte man märchenhaft meinen, vom „Goldlöckchen-Gesetz des Glücks“ regiert.

Wie mein Vater sagte: *„Eine Beanspruchung, die der Belastbarkeit entspricht, ist angenehm.“*

Der Vater der deutschen Psychologie, der Physiologe und Philosoph Wilhelm Maximilian Wundt (1832–1920) hat als Erster bereits 1874 einen Zusammenhang zwischen Angenehmheit der Empfindung und Intensität gefunden. Dieser Verlauf des Zusammenhangs zwischen Lust und Erregung wird oft als „Wundt-Kurve“ bezeichnet. 1928 wurde ihr Verlauf in Tierexperimenten zu „salzig–sauer–süß“ bestätigt.

Die Wundt-Kurve beschreibt, dass nach Überschreiten der Reizschwelle die Intensität bis zum Erreichen eines Höhepunktes zunimmt. Der positive Gefühlston nimmt mit der Intensität des Reizes zu. Ist der Höhepunkt erreicht, nimmt der positive Gefühlston unabhängig vom Reiz ab. Danach brauchen Sie eine Erholungsphase, bis der Prozess von Neuem, und zwar mit Trainingseffekt, gestartet werden kann.

Kurz gesagt, stellen Sie sich das einfach vor wie beim Orgasmus. Als Extremfall der Lust, den sich jeder vorstellen kann, eignet er sich gut den Prozess, der auch in anderen Situationen im Kleinen oft abläuft, zu erläutern. Zuerst wollen Sie immer mehr und dann, wenn der Höhepunkt erreicht ist, bringt auch mehr Reizung nicht mehr, vom Höhepunkt geht es wieder herunter und Sie brauchen eine Ruhepause.

Der Körper wehrt sich gegen ein Zuviel. Hätten Sie dauernd Sex, wären Sie irgendwann einmal überreizt und bekommen vielleicht sogar die sogenannte „Honeymoon-Krankheit"; auf Deutsch weniger romantisch einfach Blasenentzündung genannt. Hätten Sie dauernd Orgasmen, manche Menschen kommen 200 Mal pro Tag, dann würden Sie an „Persistent Genital Arousal Disorder" leiden. Nicht nur, dass es peinlich ist, ständig unkontrollierte Orgasmen zu haben, man kann auch die richtigen Orgasmen mit dem Partner nicht mehr genießen.

Lust- und Unlustsystem stehen sich gegenüber. In der Mitte des Prozesses ist das Glück.

Schon der griechische Philosoph Aristoteles dachte darüber nach, ob Glück nicht eine Tätigkeit und gar kein Zustand sei. Der Prozess, an dessen Höhepunkt das Glücksgefühl liegt, bedeutet, dass wir uns nicht dauernd auf diesem Höhepunkt befinden können. Auch wenn wir versuchen in diesen Prozess einzugreifen und ihn zu steuern, gibt es kein Dauerglück. Aber vielleicht funktioniert es so, wie mein Vater sagte: *„Glück – nicht immer, aber immer öfter."*

Der Prozess Glück läuft im Jetzt ab. Wenn wir uns erinnern oder uns die Zukunft vorstellen, durchleben wir etwas Vergangenes oder Zukünftiges im Jetzt. Daher entsteht Glück auch durch Erinnerung an die Vergangenheit oder Vorfreude auf die Zukunft, dennoch ist es ein Erleben im „Hier und Jetzt". Es gibt zwar das zukünftige „Hier und Jetzt", also „Dort und Dann", das wir uns vorstellen können und auf das wir hinarbeiten können. Aber der Prozess selbst kann nur im „Hier und Jetzt" erlebt werden."

Ein weiteres Zeichen des Glücks ist es, dass, wenn wir es fühlen, wir möchten, dass es fortbesteht oder dass es wiederkehrt, wenn wir uns daran erinnern. Mein Vater definierte: „Glück ist ein Gefühl, das den Wunsch impliziert, man möge sich auch Zukunft so fühlen."

Und wie Johann Wolfgang von Goethe poetisch formulierte: *„Zum Augenblick könnt' ich sagen: Verweile doch, Du bist so schön."*

Gespiegeltes Glück

Glück ist in mir. Glück ist so individuell, wie ich selbst es bin. Es gehört auch zu mir, wie meine eigenen Neuronennetzwerke in meinem Gehirn zu mir gehören. Niemand und nichts von außen kann mein Glücksprozess sein.

Da der Mensch von der Schöpfung her sozial angelegt ist, interagieren wir mit der Außenwelt, so kann etwas oder jemand Auslöser für den Prozess in mir sein. Materielle wie immaterielle Dinge können unser Belohnungssystem stimulieren. Das Belohnungssystem, mein Gehirn und die Interpretation des Erfahrenen sind aber mein Eigen und liegen in mir.

In letzter Zeit verbreiteten unterschiedliche Medien viele Glücksratschläge dazu, dass Glück ansteckend ist und Sie sich deshalb mit glücklichen Menschen umgeben sollen. Aber bevor Sie alle Unglücksraben aus Ihrem Freundeskreis verbannen, um glücklicher zu werden, sollten Sie verstehen, warum dem so ist, und dann klug entscheiden. Und vielleicht sind diese Menschen doch aus einem Grund in unserem Leben, vielleicht nur aus einem anderen, als uns glücklich zu machen.

Oft denken wir vielleicht, dass unser Glück nicht nur in uns liegt, da wir die Verbindungen und Muster von anderen spiegeln und so mitfühlen. Das bedeutet aber nicht, dass das Glück außerhalb unseres Selbst ist. Da beide Dinge, Spiegelung und eigene Erfahrungen, glücklich machen, sind sie leicht miteinander zu verwechseln.

Entwickelt hat sich unsere Fähigkeit mitzufühlen wahrscheinlich, da in grauer Vorzeit Emotionen und Absichten anderer so gut und rasch wie möglich zu erkennen, den Unterschied zwischen Leben und Tod bedeuten konnte. Auch dass eine Gruppe gemeinsam fühlt, es ein Gemeinschaftsgefühl gibt und wir mit anderen mitfühlen und ihnen daher helfen, diente dazu, das Überleben der Menschheit zu sichern.

Das Jahr 1991 bildet einen Meilenstein der Glücksforschung. Ein Team in Parma, Italien, um den Forscher Giacomo Rizzolatti entdeckte Neuronen in der vorderen Großhirnrinde, einem Teil des Gehirns von Affen. Dieser Bereich wird nicht nur aktiv, wenn die Affen selbst etwas tun oder planen, sondern auch, wenn sie dem Experimentator bei der entsprechenden Tätigkeit zusehen.

Später entdeckte man, dass diese „Spiegelneurone“, wie sie später genannt wurden, erstens auch bei Menschen vorhanden sind und zweitens nicht nur beobachtete Tätigkeiten nachvollziehen, sondern auch Emotionen. Dies ermöglicht es uns, mit anderen Menschen mitzufühlen. Das erklärt zum Beispiel auch, warum man sich mitfreut, wenn man andere Menschen glücklich macht.

Einfühlungsvermögen bezeichnet die Fähigkeit, Emotionen und Gedanken eines anderen zu verstehen und zu fühlen. Bei der Übersetzung der Texte Freuds ins Englische wurde dafür das Wort „Empathie" geprägt und ist bis heute, auch wenn es eigentlich vom griechischen Wort für „Leiden" kommt, als Wort für „Mitgefühl", „Mitempfinden" und „Nachempfinden" in Verwendung. Sympathie, vom griechischen Wort für „mitleiden", wird heute als Ausdruck für Zuneigung, die aus gefühlsmäßiger Übereinstimmung kommt, verwendet. Der US-Schauspieler Edward Norton meinte sogar einmal, dass Empathiefähigkeit eine der wichtigsten Eigenschaften für das Schauspiel ist.

In unserem Schläfenlappen arbeiten die Spiegelneurone so schnell, dass wir das Gefühl haben, dass es uns gleichzeitig so ergeht wie dem Gegenüber oder dem Filmhelden. Schauspieler sind instinktiv Meister darin, Emotionen intensiv zu erleben und so Spiegelneurone der Zuschauer zu stimulieren. Eines der Hauptgesetze der Schauspielerei lautet, dass die Zuschauer an der Kinokasse dafür bezahlen, dass die Schauspieler etwas „erleben", damit der Zuseher mitleben und mitfühlen kann.

Ob Sie die positiven oder die negativen Gefühle anderer real durchleben, indem Sie mitleben, es handelt sich um Spiegelungen. Miterleben ist nicht selbst erleben.

Da wir nicht nur mit anderen mitfühlen, sondern auch andere Glück in uns auslösen können, verwechseln wir oft etwas, das uns glücklich macht, mit Glück selbst.

Vielleicht liegt der Grund dafür auch in unserem unkorrekten Sprachgebrauch. Genauso wie wir etwas nach einer herausstechenden Eigenschaft benennen, benennen wir Dinge auch nach den Gefühlen, die sie in uns auslösen. So machen wir oft aus einem Adjektiv ein Nomen. Und verwechseln die Eigenschaft mit dem Träger einer Eigenschaft. Problematisch wird diese unkorrekte Verwendung der Sprache vor allem, wenn es sich um hervorstechende Eigenschaften eines Menschen handelt. So wird ein Mensch mit einer Behinderung zu einem Behinderten, ein übergewichtiger

Mensch wird „der Fette“ oder ein Mensch mit dunkler Haut wird auf „der Schwarze“ reduziert.

Ganz abgesehen davon, dass wir durch solche Bezeichnungen leicht vergessen, dass ein Mensch, der gewisse Eigenschaften hat, immer und auf jeden Fall zuerst einmal ein Mensch ist, lässt uns so ein unkorrekter Sprachgebrauch auch verwechseln, was Glück ist und was uns glücklich macht. Ein anderer Mensch oder eine Sache *ist* nie mein Glück, sondern eben eine Person oder eine Sache, die die Eigenschaften hat, in mir Glück auszulösen. Großer Unterschied.

Eine Eigenschaft kann man sich aneignen, an den Lauf der Zeit anpassen oder eben verlieren. Dennoch bleibt der Mensch immer ein Mensch, eben mit dieser oder ohne diese Eigenschaft.

In Folge bitte ich Sie genauer auf Ihren Sprachgebrauch zu achten, denn wie wir denken, so sprechen wir und wie wir sprechen, so handeln wir.

Glücksstress

Glück ist ein individueller, dynamischer Prozess in mir, der aus der resultierenden empfundenen und positiv interpretierten Beziehung zwischen Organismus und Reiz entsteht.

Glück entsteht also durch einen Reiz, doch nicht jeder Reiz macht glücklich. Essenziell für das Glück ist, wie der Reiz auf den Organismus trifft und von ihm verarbeitet wird. Solche Reize werden heute vor allem, wenn sie negativ interpretiert werden, Stress genannt. Stress ist mittlerweile allgemeiner Sprachgebrauch, war jedoch, bis jemand Stress dazu gemacht hat, was er heute ist, nur ein Ausdruck aus der Physik.

In den 1930ern entwickelte der „Vater der Stressforschung“, der österreichisch-kanadische Mediziner Hans

Selye (1907–1982) die Grundlagen für die Lehre vom Stress, den er in Distress und Eustress unterteilte. Distress im Negativen und Eustress, „eu“ vom Griechischen für „gut“, wie in Euphorie, im Positiven. Er nahm den Begriff aus der Physik, um Reaktionen des Körpers auf Anforderungen zu benennen.

Es gibt eine Belastungsphase, eine Adaptionsphase und eine Erschöpfungsphase.

In seinem Werk konzentrierte er sich allerdings mehr auf den Distress. Die Ausdrücke „Distress“ und „Eustress“ werden wesentlich seltener verwendet als das Schlagwort „Stress“, das als Bezeichnung für Distress in unseren Sprachgebrauch eingegangen ist. Stress wird in Kombination mit Wohlgefühl, das viele Wissenschafter dem Wort Glück im Moment vorziehen, sogar von der Weltgesundheitsorganisation (WHO) behandelt. Sie hat Stress zu „einer der größten Gesundheitsgefahren des 21. Jahrhunderts“ erklärt.

Bei Stress handelt es sich um Reize, die psychische und physische Reaktionen bei Lebewesen hervorrufen. Stress hat einen Gewöhnungseffekt, in Folge werden Belastungen besser ertragen und letztlich durch eine entsprechende Stresstoleranz neutralisiert. Somit führt Stress zur Adaption und in der Evolution zur Artbildung.

Stress ist eine Anforderung, die wir bewältigen können oder eben nicht. Sind die Anforderungen viel zu hoch und nicht im für uns persönlich optimalen Bereich, sind wir unglücklich, sind sie zu niedrig, sind wir ebenfalls nicht glücklich. Das Glück selbst liegt im Bereich dazwischen.

Empfinde ich Glück, stressen mich meine Umwelt und ich mich selbst so, dass Eustress, also Glück, entsteht. Empfinde ich Unglück, dann stresst mich weder meine Umwelt noch ich selbst so, dass Glück entsteht. Da die Schöpfung das Glück dazu verwendet, um uns Menschen zu motivieren, nach ihrem Willen zu handeln, streben wir nach Glück und meiden das Unglück. Sind wir unglücklich, sehen wir Handlungsbedarf.

Es gibt so viel Glück, wie es Menschen und Momente gibt. Jeder Mensch, jede Situation und Kombination der Reize, die auf den Organismus einwirken, sind so individuell, dass es zuerst einer genauen Analyse der Lage bedarf und dann klugen Handelns, um den gewünschten Reiz für das gewünschte Ergebnis Glück zu finden.

Bewusstes Glück entsteht daraus, dass wir die Lage erkennen. Infolge eine Entscheidung treffen und bewusst eingreifen. So können wir uns oder andere bewusst glücklich machen. Jeder Schauspieler wird ihnen bestätigen, dass Zuhören für die Kunst wichtiger ist als Reden. So gehört zum Sich-selbst-und-andere-glücklich-Machen zuerst einmal genau hinzuschauen sowie hinzuhören, um dann darauf zu reagieren.

Der ungarisch-amerikanische Wissenschafter Tibor von Scitovsky (1910–2002), der an der Stanford-Universität lehrte, wies im Rahmen seiner Forschung zu Zufriedenheit und Konsum 1976 auf den Zusammenhang zwischen Reizen und Empfinden hin, „dass die einzelnen Reize – unabhängig von ihrem Ursprung – die Erregung kumulativ verstärken. (...) Während einerseits zu viele Reize und die daraus resultierende starke Erregung unangenehm wirken und den Wunsch nach Beendigung dieses Zustandes entstehen lassen, empfinden wir andererseits zu wenig (oder gar keine) Reize als unangenehm und wünschen uns eine Veränderung. Diese Erkenntnis hat sich zwar noch nicht durchgesetzt, aber es gibt genügend Beweise dafür."

Der ebenfalls ungarisch-amerikanische Forscher Mihály Csikszentmihály (geb. 1934), der den Begriff des „Flow" für den Tätigkeitsrausch geprägt hat, ist aus der Glücksforschung nicht mehr wegzudenken. Die Voraussetzungen, damit der Geisteszustand des „Flow" entsteht, lauten: wenn eine Aktivität deutliche Ziele hat, wenn es eine unmittelbare Rückmeldung gibt und wenn die Tätigkeit ihre Zielsetzung in sich selbst hat. Wenn wir fähig sind uns auf unser Tun zu konzentrieren, Anforderung und Fähigkeit in ausgewogenem Verhältnis stehen und weder eine Über- noch eine Unterforderung entsteht. Wenn hierauf „Flow" empfunden wird, tritt das Selbst in den Hintergrund, die Sorgen um uns selbst verschwinden, unser Zeitbewusstsein ist verändert, Handlung und Bewusstsein verschmelzen, unbewusst wird das Gefühl von Kontrolle, Mühelosigkeit erfahren.

Der Dalai Lama gab immer wieder schmunzelnd an, wie fasziniert US-Amerikaner vom Tätigkeitsrausch zu sein scheinen und ihn als wahres Glück ansehen. Im Buddhismus gibt es eine Meditation, die einen in einen Flow-Zustand versetzt, aber das wahre Glück wird darin nicht gesehen. Außerdem können Flow-Erfahrungen kein Dauerzustand sein. Der Dalai Lama ist der Meinung, dass wir Flow-Erfahrungen nicht unbedingt brauchen. Er meinte lächelnd zum Interviewer: „In diesen ‚Flow' sind Sie aber wirklich vernarrt." Das könnte für die ganze Welt gelten, die Flow-Erfahrungen hinterherjagt. Der Dalai Lama führt weiter aus: „Wenn ein Mensch sich in diesem Zustand befindet, in dem er ganz auf eine Sache konzentriert ist, kann er unmöglich in genau diesem Moment Befriedigung darin finden, denn Befriedigung ist ein anderer geistiger Zustand als der Zustand des vollkommenen Vertieftseins, den Sie beschreiben."

Ganz abgesehen davon, ob es das „wahre" Glück gibt oder nicht, stellt sich die Frage, ob ein Rauschzustand, der unter anderem dadurch gekennzeichnet ist, dass man, während man sich ihn ihm befindet, eben keine Glücksgefühle empfindet, Glück ist. Denn die Glücksgefühle empfindet man erst, wenn man sich daran erinnert und wenn man sich auf das nächste Mal freut. Flow hat also den Riesennachteil, dass er eigentlich von einer Gefühllosigkeit gezeichnet ist. Da sich die Sache per Definition im Nachhinein toll anfühlt, dürfen wir sie nicht als das Maß aller Dinge nehmen. Aus der Sucht nach Flow-Erfahrungen ergibt sich eine Minderbewertung für alles, was sich weniger gut anfühlt. Durch die Überbewertung eines gewissen Höhenfluges und die Erwartungshaltung, dass er Dauerzustand sein könnte, erfolgt leicht der Schluss, dass alles, was kein Flow ist, als langweilig anzusehen ist. Fatal ist besonders, dass wir zum Beispiel beim Erlernen eines Musikinstruments oft viele Dinge, die eben weniger lustig sind, wie üben, tun müssen, bevor es zu einer Glücksausschüttung kommt. Sind wir uns dessen nicht bewusst und ist niemand da, der uns darauf hinweist, wann etwas eben glücklich machen soll oder wann etwas unglücklich macht, aber wir trotzdem weiter handeln sollen, nehmen wir uns die Chance auf weitere Glücksmomente. Als ich zum Beispiel als Kind meinte, das Üben mache mir keine Freude und ich sei unglücklich, wurde mir gesagt, dass Glück kein Kriterium sei und dass es sich wohl, wenn ich das Stück beherrsche, wieder einstellen würde. Und siehe da, in der Regel tat es das nach den überstandenen Unglücksgefühlen auch.

Flow ist eine wunderbare Sache für die Produktivität und das Noch-mehr-Machen. Flow ist vom Schöpfer wahrscheinlich dafür erfunden worden, dass wir Menschen gar nicht mitbekommen, was wir tun, und es im Nachhinein und in der Vorfreude auf einen nächsten Tätigkeitsrausch als angenehm empfinden.

Kein Wunder, dass die Wirtschaft „Flow" entdeckt hat. Und es sogar Glücksberater gibt, die sich nicht mehr mit dem einzelnen Konsumenten zufriedengeben, sondern Konzerne als Kunden entdeckt haben. Der US-amerikanische Arbeiter soll sich nicht nur mit durchschnittlich zwei Wochen Urlaub im Jahr zufriedengeben und sich sonst durch Arbeit und Geld definieren, nein, auch während der Arbeitszeit soll er noch produktiver sein, da er von einer Flow-Erfahrung in die nächste geleitet wird. Flow-Maximierung am Arbeitsplatz. Und da sich Flow dadurch auszeichnet, dass wir eben keine Gedanken haben, verblasst der Mensch überhaupt nur noch zum „glücklichen" Arbeiter.

Willkommen also in der Matrix, in die wir uns wie im Film „Die Matrix" einstöpseln sollen? Während Arbeitsplätze zwar so gut wie möglich gestaltet werden sollten, klingt dies eher nach Zwangsbeglückung. Tätigkeitsrausch oder Flow ist ein wichtiger und wunderbarer Geisteszustand, doch einer Gewinnmaximierung und dem glücklichen Arbeiter sollte er nicht vorgespannt werden.

Arbeit ist ein essenzieller Teil des menschlichen Lebens und des Glücksbefindens. Um etwas zu untersuchen, ist es manchmal eine gute Herangehensweise zu beobachten, was in der Abwesenheit des zu untersuchenden Gegenstandes passiert.

Ein Klassiker der Sozialwissenschaften ist die Studie über das österreichischen Marienthal. Der Ort liegt bei Gramatneusiedl in der Nähe von Wien. Nach der Schließung einer Fabrik, nach deren Eröffnung die Gemeinde gegründet worden war, waren auf einmal fast alle arbeitslos. Der österreichisch-amerikanische Soziologe Paul Felix Lazarsfeld (1901–1976) leitete diese Studie.

Es ging darum, ein Bild der psychologischen Situation eines Orts zu machen, in dem ein Großteil der Menschen arbeitslos war. Im Zuge der Studie wurde nicht nur Geschichte in der Sozialforschung geschrieben, sondern, was für die Glücksforschung von besonderer Bedeutung ist, es wurde festgestellt, dass Langzeitsarbeitslosigkeit, also das Wegfallen der Belastung durch Arbeit, nicht wie oft angenommen zur Revolution, sondern zu passiver Resignation führt.

Der US-Psychologe Martin Seligman (geb. 1942) schrieb nicht nur exzellente Bücher über Glücksforschung, sondern prägte 1967 den Ausdruck der „erlernten Hilflosigkeit", die entsteht, wenn wir unsere Entscheidungen als sinnlos und irrelevant ansehen.

Sie entsteht, wenn wir denken, dass unsere persönlichen Entscheidungen keinen Unterschied machen. Infolge werden Probleme als permanent, nicht als vorübergehend angesehen; das Problem ist allgegenwärtig und nicht auf eine bestimmte Situation begrenzt und/oder es wird als persönlich und in uns selbst liegend angesehen, daher können wir ihm nicht entkommen. Deshalb wird nicht gehandelt, auch wenn von außen ersichtlich ist, dass unsere Wahl sehr wohl einen Unterschied machen würde.

Dieses Gefühl der Machtlosigkeit, des Ausgeliefertseins und der Unkontrollierbarkeit steht auch in Zusammenhang mit Depression. Besonders in Situationen, in denen wir die Macht eigentlich hätten, steht es dem Glück im Weg.

Die Glückskiller

Ein Reiz muss eine gewisse Reizschwelle übertreffen, damit der Prozess Glück ausgelöst wird. Auch diese Reizschwelle ist von Natur aus individuell und entwickelt sich im Laufe des Lebens mit dem Menschen mit. Mitentwickeln könnte man auch als Lernen bezeichnen und der Lernprozess steht ja eng mit dem Phänomen des Schlafes in Verbindung. Über beide Prozesse wissen wir noch viel zu wenig, aber was wir wissen, ist, dass wir uns nicht dauern zudröhnen oder uns Schlaf entziehen dürfen. So krass es klingt, wir brauchen Erholung vom Glück, damit wir wieder richtig glücklich sein können. Übersättigung, Dauerüberreizung und in Folge Reizmonotonie sind Glückskiller.

Vielleicht hängt Glück auch enger mit Schlaf zusammen, als wir denken. Eine mögliche Mitursache für die momentane Depressionswelle könnte sein, dass wir versuchen unseren Schlaf zu kontrollieren und nicht unser Leben unserem Schlaf anpassen, sondern unseren Schlaf, oft durch Schlafentzug, unserem Leben.

Was wir zum Beispiel über Schlaf wissen, ist, dass es Frühaufsteher, Nachteulen und die Menschen, die irgendwo dazwischen auf dem Spektrum liegen, gibt. Alle haben zu unterschiedlichen Tages- und Nachtzeiten ihre Optimalzeit. Unsere Gesellschaft ist darauf ausgerichtet, dass sie am besten in den Schlafrhythmus der Frühaufsteher passt und, außer wir befinden uns in südlichen Ländern, keinen Mittagsschlaf zulässt. Wie wichtig Schlaf oder ein Schläfchen während des Tages für unser Glücksempfinden ist, muss noch genau erforscht werden.

Und wofür verzichten wir auf Schlaf, aus lauter Angst, wir könnten etwas verpassen? Vielleicht sogar etwas, das uns glücklich macht? Also, wenn man drei ist und die großen Geschwister Dinge tun, ist es verständlich, dass man an „Verpassitis" leidet und alles daran setzt mitzumachen, auch wenn man physisch nicht mehr kann. Als Erwachsene sollten wir eigentlich verstanden haben, dass wir, auch wenn wir auf mögliche Erfahrungen und damit auf mögliches Glück verzichten, glücklich sein können. Da das Universum unendlich ist, ist es unmöglich, alles zu erfahren und zu tun. Nicht einmal alle Zeitungen, alle Bücher oder alle Fernsehshows kann ich ansehen, man kann eben, wie meine Oma sagte, „nicht auf allen Hochzeiten gleichzeitig tanzen".

Wenn wir völlig übersättigt sind, brauchen wir uns nicht darüber zu wundern, wenn mehr und immer mehr (sogar wenn es nur immer mehr Gutes ist), uns nicht mehr glücklich macht. Dauerüberreizung führt irgendwann einmal zur Reizmonotonie und Monotonie ist bekanntlich ein absoluter Glückskiller.

Daher boomen in einer Zeit der Überreizung Möglichkeiten der Entspannung und des Abschaltens, denn das dauernd geforderte auf „*an*“ zu sein macht unglücklich.

Zu radikale, zu schnelle und zu große Veränderungen bedeuten großen Stress, genauer gesagt Distress, und wie wir bereits wissen, steht Stress in Verbindung mit dem Glück.

Daher macht auch der Lottogewinn, selbst wenn wir denken, er würde alle Probleme lösen, nicht unbedingt glücklich. Was wir denken, das uns glücklich macht, ist nicht zwingend das, was uns dann tatsächlich glücklich macht. Wie Studien zeigen, fallen Menschen nach der ersten großen Gewinnfreude wieder ganz schnell in ihre üblichen Muster zurück. Geld macht eben nicht den entscheidenden Unterschied. Noch schlimmer, es stellt eher eine plötzliche Belastung dar, die mit der möglichen Veränderung des Umfelds einhergeht, denn ein Lottogewinn, der einen stadtbekannt macht, ist nicht unbedingt angenehm. Viele Menschen vollziehen dann große Veränderungen, investieren in teure Anschaffungen, beenden Beziehungen, kündigen ihren Job und dergleichen. Wenig später jedoch kommen sie drauf, dass entweder das Geld schnell ausgegeben ist oder diese großen und schnellen, manchmal unbedachten Veränderungen, nachdem der Reiz des Neuen abgeflaut ist, eben auch nicht glücklich machen, sondern einfach nur anders sind, während man selbst der Gleiche geblieben ist.

Wie mein Vater immer sagte: „Du kannst vor dir selbst nicht weglaufen.“

Denken wir daran zurück, dass Glück in uns liegt und nicht mit Glücksauslösern verwechselt werden darf. Denn egal wie groß die äußeren Veränderungen sind, Sie sind immer noch der derselbe Mensch. Genau wie man vor sich selbst nicht weglaufen kann, zum Beispiel in ein anderes Land oder eine andere Beziehung, kann man sich von sich selbst auch nicht „freikaufen“. Auch nicht oder schon gar nicht mit einem plötzlichen Geldsegen.

Interessant ist in diesem Zusammenhang das Phänomen der „Entlastungsdepression". Fällt ein stetiger Stress plötzlich weg, dann reagiert der Körper auf den fehlenden Stress vorerst nicht mit Glück, sondern eher mit Unglück. Das kann interessanterweise auch durch positive Dinge, wie etwas, das wir erreicht haben, eintreten, eine Art Melancholie des Erreichten, die einen überkommt. Schauspieler kennen dies sehr gut, wenn zum Beispiel der Stress eines großen Drehs wegfällt und sie wieder zu Hause im gewohnten Leben landen. Auch bei plötzlicher Genesung nach langer Krankheit kann dieser Zustand eintreten und sogar dazu führen, dass man wieder krank wird, eine andere Krankheit oder einen Rückfall erleidet.

Wenn wir selbst steuern können, was uns stresst, dürfen wir nicht der „Verpassitis" kombiniert mit „Sofortitis" verfallen und fordern, dass zum Beispiel der Urlaub und die Entspannung auf Knopfdruck anfangen müssen. Freizeitstress ist ein weiteres Phänomen, das auftritt, wenn Sie in Ihren Urlaub zu viel hineinpacken, anstatt langsam und liebevoll mit dem Körper umzugehen. Denn auch im Urlaub, wenn wir davor so gestresst waren, ergibt sich unter Umständen in den ersten Tagen ein „Holiday Blues". Wenn man beginnt sich auf die weggefallene Belastung einzustellen, kann man sogar etwas krank werden oder braucht ausgesprochen viel Schlaf, den man sich auch gönnen sollte. Denn arbeiten wir sehr viel und nehmen wir diese Belastung schlagartig weg, reagiert unser Immunsystem über.

Auch die plötzliche Entlastung nach der Geburt eines Kindes könnte ein Grund für die bei manchen Frauen mehr oder weniger stark eintretende Depression nach der Geburt sein. Der Körper muss sich erst auf die Veränderung einstellen, bis er hoffentlich schnell wieder zu dem Niveau, das er vor der Schwangerschaft hatte, zurückkehrt.

Wenn Sie sich bewusst sind, wie eng Glück mit Stress zusammenhängt, dann können Sie ganz bewusst Ihren Körper langsam und behutsam sich auf die geänderten Umstände einstellen lassen.

Totale Entspannung ist ein Idealbild, funktioniert jedoch auch nicht, wenn ich eigentlich eine neue Anspannung bräuchte, um glücklich zu sein. Manche Leute sind vor lauter Entspannung oder der vermeintlich glücklich machenden manischen Suche nach dem Glück weiter vom Glück entfernt als gedacht. Meine liebe Freundin Tatjana hat das so definiert: „Ich entspanne und entspanne und werde trotzdem nicht glücklicher. Und eigentlich würde ich, wenn ich ehrlich bin, statt des geplanten Yogawochenendes lieber bei mir im Haus etwas schaffen. Yoga macht glücklich, Sperrmüll entsorgen aber manchmal glücklicher."

Wir leben in einem stetigen Anforderungsprofil, das uns positiv und negativ stresst. Wollen wir uns verändern, müssen wir am Stressrad drehen, dem wir uns aussetzen. Ob das jetzt eine örtliche Veränderung ist, Introspektion, einmal kurz hinsetzen und tief durchatmen oder gar eine neuer Beruf, eine neue Beziehung. Was Sie genau machen, um sich zu be- oder zu entlasten, können nur Sie wissen. Egal was Sie tun, bitte behutsam, sonst wird die Veränderung zum Glückskiller.

Das Leben ist ein stetiger Prozess: Ein Stein baut auf dem nächsten auf. Man kann nur beginnen, wo man ist, verwenden, was man hat, und tun, was man kann. Basta.

Das bedeutet nicht, dass man nicht große Ziele oder den Kopf über den Wolken haben soll, aber die Beine fest auf dem Boden zu behalten darf man nicht vergessen.

Hat das Glück ein Steuerrad?

Wenn wir etwas auf Knopfdruck bekommen können, haben wir Kontrolle und Kontrolle macht glücklich. Daher ist es wenig verwunderlich, dass wir auch nach dem Glück auf Knopfdruck suchen.

Und vielleicht gibt es sogar mehrere Glücksknöpfe, die Sie drücken können. Wenn Sie an Ihren Partner denken oder daran, wie Sie sich selbst glücklich machen, zum Beispiel indem Sie sich Zeit nehmen, ein Buch zu lesen, handelt es sich dabei wahrscheinlich um persönliche Glücksknöpfe. Allerdings laufen diese nicht nach „Schema F“ ab, sondern Sie müssen sie selbst finden und individuell anpassen.

Ein System ist durch Regelungstechniken regulierbar. Leider scheinen wir Menschen aber kein automatisches System für das Glück zu haben, das uns im ständigen Glücksbereich hält. Wir sehen erst Handlungsbedarf, etwas für unser Glück zu tun, wenn wir unglücklich sind. Das resultiert in einer dauernden Über- und Untersteuerung, einem Hin- und Herpendeln zwischen Glücklich- und Unglücklichsein.

Solange das Glück nicht in absolute Extreme wandert, leben wir unser Leben wahrscheinlich, ohne allzu viel über das Glück nachzudenken. Beginnen wir über das Glück nachzudenken, kann es gut sein, dass wir feststellen, dass wir eigentlich unglücklich sind. Wir können nur versuchen uns selbst auszutarieren, also die Belastung zu ändern, oder es anderen überlassen, dies zu tun. Aus der Kindheit sind wir es gewöhnt, Eltern zu vertrauen, dass sie uns glücklich machen. Ein Baby kann sich noch nicht selbst austarieren und ist daher darauf angewiesen, dass die verantwortliche Person ihre Energie darin investiert, für das Glück des Babys zu sorgen. Ganz abgesehen davon, dass es für die Arterhaltung vorgesehen ist, für seinen Nachwuchs zu sorgen, wissen Eltern, dass sie selbst gut daran tun, ihr Kind glücklich zu halten und zum Beispiel nicht immer erst darauf zu warten, bis es vor Hunger schreit. Es gibt Essen, wenn es vom Rhythmus her hungrig sein sollte. Damit der Rhythmus nicht monoton wird, überlegen sich gute Eltern auch immer wieder neue Dinge und Überraschungen.

Weiß das Gehirn, dass ein Reiz kommen wird, bereitet es sich darauf vor. Wenn es nun einen Reiz nicht antizipiert, reagiert es besonders auf den unerwarteten Reiz. Anhand eines spannenden Fruchtsaftexperiments zeigte Gregory Berns, Professor an der Emory-Universität in Atlanta, dass unser Gehirn besonders auf neue, unvorhergesehene Belohnungen reagiert; dies sogar unbewusst.

Als Erwachsene haben wir die Freiheit, unseren Rhythmus zu wählen. Das bedeutet aber auch, dass es mit dem sorglosen Kinderglück vorbei ist, da wir nun für unser eigenes Glück verantwortlich sind und uns selbst glücklich machen müssen. Oder wir wählen uns Menschen und Dinge aus, die uns glücklich machen. Denn uns selbst zu überraschen ist leider genauso unmöglich, wie uns selbst zu umarmen oder uns selbst zu kitzeln.

Die Kybernetik, die Kunst des Steuerns, wurde von Norbert Wiener (1894–1964) begründet. Er bezeichnete sie nach dem griechischen Wort für „Steuermann" („Kybernetes") und wollte seine Erkenntnisse auch auf Menschen anwenden. Einer nicht bestätigten Anekdote zufolge soll Wiener sogar gesagt haben, wenn man ihm eine Definition für Glück gäbe, könne er die Menschheit glücklich machen.

Das häufigste Beispiel für einen kybernetischen Regelkreis ist die Steuerung der Zentralheizung. Fällt die Temperatur unter einen bestimmten Wert, schaltet sich die Heizung ein. Steigt die Temperatur über einen anderen, höheren Wert, so wird die Heizung gedrosselt oder ganz abgeschaltet. So bleibt die Wohnung immer angenehm warm.

Wiener beschreibt aber auch eine andere Form der Steuerung. Wenn die Heizung zu spät ein- oder ausgeschaltet wird oder wenn Erhitzung und Abkühlung zu stark ausfallen, dann schwankt die Temperatur zwischen Wüstenhitze und Eiseskälte. Im angenehmen Bereich verharrt sie nur kurzzeitig im Verlauf dieser Schwankungen.

Leider haben wir Menschen keinen automatischen Steuermechanismus, der uns im Glückszustand hält. Es scheint daher wirklich so, wie der Psychologe Sigmund Freud (1856–1939) in „Das Unbehangen in der Kultur“ schrieb: *„Die Absicht, dass der Mensch ‚glücklich‘ sei, ist im Plan der ‚Schöpfung‘ nicht enthalten.“* Oder zumindest, dass wir dauerhaft glücklich sind. Manche Menschen scheinen etwas besser steuern zu können als andere. Je besser wir uns selbst und andere kennen, desto besser können wir uns austarieren.

Sich austarieren zu können bedeutet nicht nur sich selbst gut zu kennen, es bedeutet auch, sich anzustrengen und kostbare Energie zu verwenden. Daher wird der Prozess vom energiesparenden Gehirn gerne „ausgelagert“, sprich andere sollen mich glücklich machen. Zum Beispiel wenn wir uns in einer Beziehung auf einen anderen Menschen verlassen und fest darauf bauen, dass uns der andere glücklich machen wird, für uns denkt oder zumindest mitdenkt und wir selbst nicht darüber nachdenken müssen, uns fallen lassen können. Da wir wissen, der andere fängt uns auf.

Dafür, dass wir uns darauf verlassen können, dass andere uns glücklich machen, sind wir auch bereit zu zahlen, zum Beispiel in Form einer Dienstleistung.

Der Mensch, der uns gut kennt, kann daher austarieren, bevor wir selbst merken, dass wir unglücklich werden. Wenn uns jemand so in einem Glückszustand hält, sagen wir oft Dinge wie „Der Mensch kennt uns ja besser als wir uns selbst“. Wir kennen dieses Phänomen aus der glücklichen Liebe, wenn beide Teilnehmer strahlen und einander jeden Wunsch von den Augen ablesen. Menschen sind gerne in funktionierenden Beziehungen, da der andere einen glücklich macht und auch immer wieder überrascht, wie wir es selbst nicht können, damit wir eigenes Gehirnschmalz sparen.

Wenn uns die Liebe wie der Blitz trifft, tariert uns ein Mensch scheinbar automatisch aus. Magischerweise hat der andere alle Schlüssel für unsere Schlösser, manchmal sogar Schlüssel, die wir selbst nicht finden konnten, oder er zeigt uns Schlösser, von denen wir vorher gar nicht wussten, dass sie existieren.

Austarieren bedeutet, ein Gleichgewicht der Einflüsse und Reize wiederherzustellen. Die Arbeit des Austarierens selbst macht nicht wirklich glücklich, jedoch den anderen Menschen in Folge glücklich zu sehen macht sehr glücklich.

Das Wort „Tara“ ist nicht nur ewig in unser Gedächtnis gebrannt, weil Vivien Leigh als Scarlett O’Hara dieses magische Wort, das ihre Plantage bezeichnete, in „Vom Winde verweht“ in die Kamera sprach, sondern es ist auch der Name der buddhistischen Göttin, die die weibliche Manifestation erleuchteter Weisheit darstellt. Sie ist auch die Göttin des Mitgefühls, die bestimmt, ob wir glücklich oder unglücklich sind.

Glück ist Kommunikation

Glück ist Kommunikation. Glück entsteht durch die Kommunikation von Zellen miteinander.

Glück ist eine Beziehung: einerseits eine Beziehung von uns zu uns selbst, die wir durch Selbstreflexion erlangen, frei nach dem Psychoanalytiker Sigmund Freud aus der Beziehung des Ichs zum Über-Ich zum Es, und andererseits eine Beziehung zu einem anderen Menschen oder eine Beziehung zu etwas, das das Glück auslöst.

Der Schriftsteller Maurice Maeterlinck schrieb sogar: *„Man muss glücklich machen, um glücklich zu bleiben."*

Versuche ich mich selbst glücklich zu machen, muss ich in ein Wechselspiel mit mir selbst treten. Ich muss die Regisseurin spielen und mich dann in die Schauspielerin verwandeln – zuerst die Glücklichmacherin und dann die Glücklichgemachte darstellen.

Ich muss mich selbst also beobachten und infolge den Menschen, der ich in späteren Momenten sein werde, optimal reizen. Wie eine Schauspielerin bereite ich alles vor, um, wenn ich „Action" höre, loszulassen und zu sehen, was im Moment passiert.

Zum Beispiel kann ich einen Traumurlaub buchen, um mein zukünftiges Ich glücklich zu machen, und wenn ich den Urlaub antrete, komplett loslassen. Genauso plant jeder Mensch seine Zukunft ein, wenn er vor dem Kalender sitzt und seinen Tagesablauf plant, indem er überlegt, was ihn glücklich machen wird.

Wenn Sie Ihr zukünftiges Selbst fordern, gibt es einige Störvariablen. Vor allem sind es die Tücken der Erinnerung, die uns das Vorplanen des Glücks in der Zukunft erschweren. Denn auch wenn Erinnerung fehlerhaft ist, verwenden wir sie stetig, um unser zukünftiges Ich glücklich zu machen. Wenn Sie vorplanen, dann überlegt sich der Mensch, der Sie jetzt sind, auf Basis seiner Erfahrungen, was den Menschen, der Sie in Zukunft sein werden, glücklich machen wird.

Die Zeitschriften titeln überall den Slogan, dass „man sich nur selbst glücklich machen kann". So ausschließlich stimmt das allerdings nicht ganz, denn nur weil Glück in mir liegt, heißt das nicht automatisch, dass nur ich selbst mich glücklich machen kann. Sehr wohl und sogar manchmal noch besser als wir uns selbst kann uns etwas oder jemand von außen glücklich machen.

Dem Zeitgeist spricht also entgegen, dass Glücksquellen auch in anderen Menschen und Dingen liegen. Noch einmal: Das Glück ist in uns und gehört uns. Aber Glücksquellen und Auslöser sind sehr wohl Dinge außerhalb von uns und vor allem außerhalb unserer Kontrolle.

Glück ist sozial. Kaum jemand wird anzweifeln, dass andere Menschen, besonders Eltern als Teil des Kinderglücks, unentbehrliche Quellen des Glücks sind. Warum sollte man sich als Erwachsener also nur selbst glücklich machen können?

Nachdem die Glücksbücher mit „Ich will" und „Ich bestelle" und „Mir steht zu" und „Das Universum schuldet mir" nicht weitergekommen sind, ist die nächste Welle gerade am Start. Nun mit den Stichworten „Zurückgeben" und „Dankbarkeit". Dankbarkeit ist eine wunderbare Tugend, die uns das genießen lässt, was wir bereits haben, und uns nicht unzufrieden damit sein lässt, was wir nicht haben und erst „herbeiwollen" müssen.

Es ist auch wirksam, anstatt eigenes Glück zu fordern, damit zu beginnen, andere glücklich zu machen, und zu geben, anstatt zu nehmen. Dabei ist allerdings zu bedenken, dass wir uns oft selbst helfen, wenn wir anderen helfen. Altruismus ist in gewisser Hinsicht eine Form des Egoismus. Wenn wir jemandem helfen, „bezahlt" uns der Mensch mit seiner Dankbarkeit und wir selbst umgeben uns mit Wohlwollen.

Wir sollten uns dessen bewusst sein und besonders nicht nur der Motivation des eigenen Glücks folgen, sondern auch helfen, wenn wir nicht mit „Glück bezahlt" werden, einfach nur so.

Bei Eltern-Kind-Beziehungen ist es relativ eindeutig, dass es einen Glücklichmacher und einen Glücklichgemachten gibt.

Der Glücklichmacher verzichtet darauf, in erster Linie

selbst glücklich zu sein, und wird dies in vieler Hinsicht erst über den Umweg des Spiegelns des Glücks der Person, die er gerade glücklich gemacht hat.

Man sagt dann oft, dass man etwas „jemandem zuliebe" getan hat. Auch wenn einen die Sache selbst unglücklich gemacht hat, hat man sie getan, um den anderen glücklich zu machen. So kann man über den Umweg des Glücks des anderen selbst wieder glücklich werden.

Auch wenn andere und äußere Einflüsse mich glücklich machen können, bin ich letztendlich selbst für mein Glück verantwortlich. In der Wirtschaft heißt verantwortlich sein, dass man zahlen muss, wenn etwas schiefgeht. Genauso müssen wir mit unserem Unglück bezahlen, also Unglück in Kauf nehmen, wenn etwas schiefgeht.

Sich trauen zu vertrauen

Glück bedeutet einen Prozess zuzulassen. Zu diesem Zulassen gehört vor allem *Vertrauen*. Vertrauen entsteht, wenn unsere Erwartungen immer wieder positiv bestätigt werden. Wir können daher mit wachsender Sicherheit voraussagen, wie ein Mensch sich verhalten wird, und auf Basis dieser Annahmen unsere eigenen Handlungen planen. Dass wir anderen Menschen vertrauen können, ist oft essenziell für das Überleben und daher eng mit dem Glück verbunden.

Zum Vertrauen gehört immer das Risiko, dass es vielleicht doch nicht so kommt wie gedacht. Vertrauen bedeutet ein Wagnis und dafür braucht man Mut. Daher gehört eine gute Portion Mut zum Glück dazu. Das Wort Vertrauen kommt vom gotischen Wort „trauan" und gehört zur Wortgruppe für „treu", „fest", „stark" und „dick".

Henry David Thoreau schrieb ganz richtig: „*Nichts Größeres kann ein Mensch schenken als sein ganzes Vertrauen. Keine Gabe erhöht so sehr den Geber und den Empfänger.*"

Ich erinnere mich an die Worte meines Vaters: „*Vertrauen zu können ist die größte Gnade. Vertrauenswürdig zu sein ist die größte Tugend.*"

Mein Vater betonte stets die äußerst wichtige Bedeutung von Vertrauen im Glücksprozess. Ich muss also mir selbst vertrauen oder jemandem/etwas vertrauen, dass er/sie oder es mich glücklich macht.

Vertrauen ist einerseits Vertrauen in die Absicht und andererseits Vertrauen in die Fähigkeit. Es nützt also nichts, wenn Sie einem Menschen die besten Absichten zutrauen, aber nicht daran glauben, dass er diese auch verwirklichen kann.

Um mich selbst glücklich zu machen, muss ich mir selbst und meinen Fähigkeiten vertrauen. Selbstvertrauen ist nicht von ungefähr ein rückbezügliches Wort.

Sich selbst glücklich zu machen fordert allerdings viel Energie und bedeutet zwischen „Regisseur-" und „Schauspielerrolle" mental hin- und herzuwandern. Lasse ich mich glücklich machen, schenke ich einer anderen Person Vertrauen, die sich dann den Kopf darüber zerbrechen soll, wie ich glücklich zu machen bin. Sich glücklich machen zu lassen hat also den Vorteil, dass der dazu notwendige, teilweise anstrengende Prozess an einen anderen Menschen ausgelagert wird und wir nicht selbst denken müssen. Sich glücklich machen zu lassen hat den Vorteil gegenüber dem Sich-selbst-glücklich-Machen, dass ich den Prozess auslagern kann.

Dass es einen Glücklichmacher und einen Glücklichzumachenden gibt, die mit einander in Verbindung stehen und Vertrauen schenken und Vertrauen empfangen, lässt sich auf fast alle Lebensgebiete anwenden. So ist es völlig klar, dass zum Beispiel einer höheren Macht zu vertrauen glücklich macht. Daher ist es völlig logisch, dass Studien ergeben, dass religiöse Menschen glücklicher sind als nichtreligiöse. Gott, dem wir absolutes Vertrauen schenken, passt, egal wie, auf uns auf. Auf den Herrn wird ungefragt vertraut. Schon das Wort „Herr", zeigt, dass Gott über uns steht. Gott Vater ist unser Vater und wir Menschen sind in der Kinderposition.

Ganz abgesehen davon wird Religion praktischerweise oft nicht alleine ausgeübt, sondern man trifft andere Menschen, gehört zu einer Gemeinde und andere Menschen, Interaktion und Kommunikation machen uns glücklich. Zudem ist es leichter, Menschen, die in der gleichen Glaubensgemeinschaft sind, gleiche Werte, gleichen Hintergrund haben und mit denen man vielleicht sogar zusammen aufgewachsen ist, zu vertrauen.

Dass Religion, wenn wir glauben und vertrauen, glücklich machen kann, bedeutet aber nicht, dass wir, um glücklich zu werden, alle auf einmal religiös werden müssen. Vertrauen kann man allerdings nicht erzwingen. Daher funktioniert auch Zwangsbeglückung nicht. Und das Glück hängt nicht an der Religion, sondern das Glück hängt am Vertrauen.

Sich glücklich machen zu lassen bedeutet Vertrauen zu schenken. Im Zweifelsfall sollten wir uns überlegen, ob wir nicht doch Vertrauen oder gar einen Vertrauensvorschuss schenken können. Die Unglücksmöglichkeit in Kauf nehmen, anstatt die Chance auf Glück nicht wahrzunehmen.

Kinder haben noch ein Urvertrauen. Das Urvertrauen, dass jeder Mensch, jedes Lebewesen prinzipiell keine negativen Absichten hat, sondern eine mögliche Glücksquelle ist. Dieses Urvertrauen ist überlebenswichtig, denn wir Menschen kommen nicht auf uns selbst gestellt, überlebensfähig auf die Welt. Babys machen aus der Not eine Tugend, schenken Vertrauen und erwarten glücklich gemacht zu werden. Denken wir an große Kinderkulleraugen, die scheinbar blind vertrauen, oder Kinder, die uns einfach an der Hand nehmen. In der Regel sind Erwachsene darauf programmiert, das geschenkte Vertrauen von Kindern nicht zu enttäuschen. Jeder, der einmal mit der ernsthaften Aufforderung abzuheben ein Spieltelefon in die Hand gedrückt bekommen hat, wird abheben und seine Rolle spielen, egal wie alt, wie beschäftigt und wie lange es her ist, dass er einfach nur gespielt hat. Plötzlich ist es wieder gleichgültig, dass wir tausendprozentig wissen, dass niemand auf der anderen Seite antworten wird. Wir nehmen den Hörer in die Hand und sagen zum imaginären Anrufer: „Hallo!"

Vertrauen ist ansteckend.

Kinder schenken unbewusst einen Vertrauensvorschuss, und das ist ansteckend. Denn grundlos wird in unsere beste Seite vertraut und erwartet, dass wir ein Kind glücklich machen.

Wenn in der Kindheit unser Vertrauensvermögen beeinträchtigt wurde, müssen wir uns im Klaren sein, dass uns dies als Erwachsene beeinflusst. Zum Beispiel wenn wir nicht vertrauen können, weil wir zu oft enttäuscht wurden, und aus lauter Verlustangst nicht zulassen geliebt zu werden.

Leider riskieren wir auch unglücklich zu werden, wenn Erwartungen sich nicht bewahrheiten, denn das Leben ist nicht immer ein Wunschkonzert. Shakespeare formulierte treffend: *„Die Erwartung ist die Wurzel allen Kummers."*

Als Erwachsener beginnt das glückliche Leben damit, dass wir zuerst schauen, was wir beitragen können. Zuerst können wir danach streben, zum Glücklichmacher zu werden, anstatt zu erwarten glücklich gemacht zu werden. Wir können mit Geben und nicht mit Nehmen beginnen. Zum Beispiel mehr Liebe und Vertrauen schenken, anstatt zu erwarten. So wie Goethe sagte: „Glücklich allein ist die Seele, die liebt." Ohne Bedingung andere glücklich zu machen, mehr zu geben, anstatt zu nehmen, ist nicht nur eine philosophische Einstellung, sondern kann auch sehr glücklich machen.

Zum Geben gehört jedoch immer jemand, der nimmt, dazu. Nicht nur sollten Sie schauen, dass der Mensch, den Sie sich ausgesucht haben, auch von Ihnen annimmt. Auch Sie selbst sollten darauf achten, wo Sie glücklich gemacht werden könnten, es aber vielleicht gar nicht zulassen. Sich glücklich machen zu lassen ist eine Gabe.

Darauf zu vertrauen, dass mich jemand glücklich macht, bedeutet jemanden anderen kontrollieren zu lassen und zu vertrauen, dass der andere nach bestem Wissen und Gewissen handeln wird. Kontrolle abgeben beinhaltet deshalb die *Aufgabe von Freiheit.*

Wir schränken unseren Freiheitsspielraum ein, um dem anderen Spielraum zu geben.

Ein Mensch, dem wir vertrauen, wird über kurz oder lang Wissen über uns ansammeln und Wissen ist bekanntlich Macht. Macht, bei der wir darauf vertrauen, dass der Mensch sie dafür verwenden wird, um uns glücklich zu machen.

Zu viel und wahlloses Vertrauen zu schenken ist genauso Quelle des Unglücks, wie zu wenig oder gar kein Vertrauen zu schenken. Vertrauen darf auch nicht mit Wollen oder mit einer Anspruchshaltung verwechselt werden, es muss in der Realität verwurzelt und sollte nicht von Wunschträumen geprägt sein. Wenn wir zu viele Erwartungen und unrealistische Wunschträume haben, passiert es, dass wir anderen Menschen unser Vertrauen aufzwingen. Vertrauen ist Menschen zu schenken, die dieses Vertrauen wollen und verdient haben.

Der Richtungsweiser der Evolution

Glück ist der Richtungsweiser der Evolution. Es stellt eine ganz starke Antriebsfeder der Menschheit dar. Glück ist die Belohnung, die in Aussicht gestellt wird, damit wir bestimmte Dinge tun, wie zum Beispiel uns fortzupflanzen.

Im Grundprinzip handelt es sich um eine Belohnung für etwas, von dem Mutter Natur möchte, dass wir es tun. Es bedeutet: „Mach das!“ Kein Glück bedeutet: „Mach das nicht!“ Der Psychologe Daniel Gilbert erklärt: „Glücksgefühle sind die Botschaft des Körpers an den Geist, dass sich der Mensch richtig verhält.“

Evolution bedeutet Entwicklung und wenn Glück nur an bekannten Dingen hinge, würde die Evolution steckenbleiben oder gar nie beginnen.

Um die Menschen dazu zu bewegen, neue Dinge auszuprobieren, die dann entweder in die nächsten Generationen übernommen werden oder eben nicht, sind wir so „programmiert“, dass uns neue Dinge Spaß machen. Wir streben nach Abwechslung. Dieser Drang nach neuen Impulsen stellte früher sicher, dass Menschen nicht in der Höhle sitzen geblieben sind oder gar gleich ausgestorben sind.

Da der Mensch alleine kaum überlebensfähig ist, muss er kooperieren, um zu überleben. Kooperieren bei der Jagd, um nicht zu verhungern, kooperieren beim Aufziehen des Nachwuchses, damit die Menschheit nicht ausstirbt. Daher ist das Glück an Gemeinschaft und andere Menschen gekoppelt. Daraus ergibt sich: *Glück ist Kooperation.*

Glück bedeutet, dass alles in Ordnung ist. Es bedeutet, dass wir in Sicherheit sind und wir der jeweiligen Sache keine Aufmerksamkeit mehr widmen. Das ist zwar für die Evolution gut, da wir unsere Aufmerksamkeit für andere Dinge aufsparen, aber für unser persönliches Glück schlecht, denn wir gewöhnen uns daran und merken daher nicht mehr, wie gut es uns geht.

Mit der Angst ist es ganz anders, die macht sich sofort bemerkbar, denn sie könnte lebensbedrohend sein. Wer immer uns geschaffen hat, wollte nicht, dass sein kostbares Menschenexperiment den Bach hinuntergeht. An zu viel Glück und Sicherheit ist noch niemand gestorben, aber an zu spät erkannten Gefahren schon ganze Generationen von Menschen. Daraus ergibt sich, dass wir negativen Dingen mehr Aufmerksamkeit schenken als positiven.

Der beeindruckende in Wien aufgewachsene Nobelpreisträger Eric Kandel (geb. 1929) führte dazu einen Versuch durch, der davon inspiriert war, dass Angst verschiedene Ausformungen hat, während Glück, Sorglosigkeit und Sicherheit viel gemeinsam haben. Er studierte erlernte Furcht anhand von Mäusegehirnen. Beim Studium über erlernte Sicherheit stellte er fest, dass, wenn etwas mit dem Gefühl der Sicherheit assoziiert ist, die Reaktionen in einer Gehirnregion extrem verstärkt werden. Das geht mit positiven Gefühlen einher. Bei der Angst sah die Sache ganz anders und komplexer aus.

Offensichtlich müssen Mäuse nicht Tolstoi lesen können, um zu erfahren, dass Glück und Sicherheit Ähnlichkeiten aufweisen, während Angst verschiedene Ausformungen hat. Der russische Autor Leo Tolstoi drückte das poetisch mit dem weltbekannten ersten Satz in seinem Meisterwerk „Anna Karenina“ so aus: *„Alle glücklichen Familien gleichen einander, jede unglückliche Familie ist auf ihre eigene Art unglücklich.“*

Sicherheit macht also glücklich, deshalb streben wir danach. Die Kehrseite der Medaille ist, dass wir vor Schmerz und allem, was Angst macht, zurückscheuen. Das hemmt uns leider auch. Um zu wachsen, müssen wir oft Dinge tun, die nicht gleich Spaß machen, müssen Unlustgefühle, manchmal sogar Schmerzen überwinden. Eben aufs Glück pfeifen.

Und das müssen wir mehr und mehr, denn das Glück ist für eine einfache Welt gemacht, für eine Welt, in der wir die Effekte unserer Handlungen gleich sehen können. Die Welt des modernen Menschen ist so komplex, dass wir oft nicht überschauen können, was uns schadet und uns vielleicht sogar als Art oder gar den ganzen Planeten vernichtet.

Entschlüsseln macht glücklich. Botschaften zu entschlüsseln konnte früher den Unterschied zwischen Überleben und Tod bedeuten. Es ist wahrscheinlich, dass Weibchen Emotionen besser lesen können, weil sie seit Jahrtausenden darauf angewiesen waren, die Absichten des physisch wesentlich stärkeren Männchens vorherzusagen und gegebenenfalls zu manipulieren.

Aber auch auf anderen Ebenen macht Dinge entschlüsseln zu können glücklich. Kunst ist in vieler Hinsicht eine verschlüsselte Botschaft. Einen Witz zu entschlüsseln macht glücklich, weil er lustig ist, aber auch weil wir ihn verstanden haben. Daher machen uns Komödianten glücklich, wenn wir ihre Botschaften entschlüsseln können und den dazugehörigen Humor und kulturellen Hintergrund haben. Besitze ich den Schlüssel nicht, da der Witz aus einer anderen Kultur ist, kann die Komödie noch so lustig sein, ich werde nicht lachen.

Auch beim besten Witz gibt es Personen, die nicht darüber lachen. Es sind sogar zwei Gruppen der Nichtlacher zu beobachten. Den einen ist der Witz zu primitiv. Das heißt, die Beanspruchung ist zu gering. Die andere Gruppe versteht den Witz nicht. Hier ist die Beanspruchung zu hoch. Letzteres kann allerdings durch Erklärung behoben werden.

Kann ich eine Botschaft entschlüsseln, macht mich das glücklich.

Glück ist keine Endstation, daher auch kein Ziel

Glück ist ein Prozess und kein Dauerzustand. Er läuft ab und hat einen Beginn, einen Höhepunkt und ein Ende. Ein Prozess ist auch kein Endzustand, daher gibt es Glück als Endzustand nicht. Einen Endzustand gibt es nur, wenn wir am Ende des Lebensweges tot sind. Das sagt sogar schon der Dramatiker Friedrich Dürrenmatt (1921–1990): *„Glück als endlosen Zustand gibt es nur nach dem Tod.“*

Solange wir leben, werden wir unser Glück nicht aufbrauchen. Daher müssen wir auch niemand anderem sein Glück neidig sein. Glück selbst ist das Geschenk des Lebens. Es kann nicht festgehalten oder angehalten werden. Erinnern wir uns an den Kreislauf des Lebens wie in Genesis 3:19: „Denn Staub bist du und zu Staub musst du zurück“, oder: „Aus der Erde sind wir genommen, zur Erde sollen wir wieder werden. Erde zu Erde, Asche zu Asche, Staub zu Staub.“ Das Leben selbst ist ein Kreislauf. Glück ist ein Kreislauf.

Irgendwann haben wir allerdings begonnen das Leben als Linie zu sehen und Linien haben im Unterschied zum Kreis einen Anfang und ein Ende.

Die gute Seite daran ist, dass, bis wir tot sind, nichts zu Ende geht. Wie der Dichter Rainer Maria Rilke so schön beschreibt: *„Kein Gefühl ist final.“*

„Nichts in der Welt hat Bestand und immer folgt Ebbe den Fluten“, sagt auch Ovid in seinen Metamorphosen.

Ein Kreislauf ist keine Endstation, Glück geht immer weiter. Ich bin glücklich. Ich mache glücklich. Ich lasse mich glücklich machen. Am Ende des Glücks sind wir tot.

Glücksfaktoren

Jetzt haben wir viel über das Glück und wie es funktioniert, erfahren. Da Glück ein dynamischer Prozess ist und eine Resultierende von Faktoren, macht es Sinn, einige davon näher zu betrachten, um uns bewusst zu machen, wann wir einfach auf das Glück pfeifen müssen und wann wir es verfolgen sollten.

Geeichtes Glück

Zunächst müssen wir uns ansehen, wie das, was wir beeinflussen wollen, überhaupt zusammenspielt. Wie unser Körper reagiert und speziell unser Gehirn. Auch Prozesse des Körpers werden im Endeffekt im Gehirn verarbeitet und so unserem Bewusstsein zugetragen.

Bewusst können wir nur uns bewusste Prozesse beeinflussen. In etwas, von dem wir gar nicht wissen, dass es existiert, können wir logischerweise nicht eingreifen. Viele Prozesse, wahrscheinlich mehr, als wir denken und uns lieb ist, laufen unbewusst ab.

Erinnern wir uns aus dem Biologieunterricht daran, dass das Gehirn drei Hauptteile hat: Großhirn, Kleinhirn und Stammhirn. Zusätzlich gibt es verschiedene Areale, die sich alles andere als einig sind. Stellen wir uns das Gehirn wie die Teilnehmer einer Versammlung vor. Dauernd wird diskutiert und selten demokratisch dabei vorgegangen. Der „Vorsitzende", was wir Menschen das „Ich" nennen, hat in manchen Fällen die Möglichkeit, sich zu Wort zu melden, oder hängt zumindest der Illusion an, dass seine Entscheidungen etwas bewirken. Die meisten tatsächlichen Entscheidungen entstehen in „Unterausschüssen", von denen der Vorsitzende in vielen Fällen gar nichts weiß, also im Unbewussten.

Das, was wir das „Ich" nennen, das „Ich", das zum Beispiel gerade bewusst dieses Buch liest, wird oft gar nicht befragt. Vor allem wenn Dinge störungsfrei im Unbewussten passieren, bemerken wir gar nicht, wenn etwas nicht so läuft, wie wir bewusst entscheiden würden.

Laut dem Biologen und Hirnforscher Gerhard Roth (geb. 1942) befragt das Unbewusste nur dann das Bewusste, wenn es keine fertigen Wahrnehmungs- und Handlungsmuster parat hat und nicht weiter weiß. Dann wird das Bewusste um neue Lösungsansätze gebeten.

Es gibt zahlreiche Entscheidungen, die wir gar nicht beeinflussen können. Eine Art übergeordnetes Bewusstsein zu installieren, das alles nach unserem Willen entscheidet und kontrolliert, ist nicht möglich.

Jeder Mensch bekommt von Geburt an einen Körper mit gewissen Beschaffenheiten – innerlich und äußerlich. Unsere Gene bestimmen in vielerlei Hinsicht diese Beschaffenheit im Gehirn. Das klingt nach einer völligen Vorbestimmung, ist aber einfach nur der Rahmen, in dem wir unser Leben leben dürfen.

Ein Mechanismus, von dem wir noch viel zu wenig verstehen, ist, wann welche Gene „angeschaltet" werden und welche nicht und warum. Prinzipiell verfügt jede Zelle zwar über alle Gene, aber nicht alle diese Gene werden auch benutzt. Manche Eigenschaften befinden sich in einer Art Dornröschenschlaf, bis sie „wachgeküsst" werden oder eben nicht. Willentlich kann ich nichts an- oder abdrehen, aber unser Verhalten kann anscheinend beeinflussen, welche Gene aktiviert werden. Es scheint so zu sein, dass, wenn wir lernen und das Gelernte langfristig im Gedächtnis speichern, nicht nur die Zellen miteinander kommunizieren, sondern auch mit dem Zellkern kommuniziert wird, also mit der Erbmasse. Denn jene Dinge, die Mutter Natur beim Ausprobieren als funktionierend betrachtet hat, will sie festhalten und zukünftigen Generation weitergegeben.

Die Natur gibt den Rahmen vor, die Kultur füllt ihn aus und wie in letzter Zeit erforscht wurde, verändern wir durch unsere Lebensweise sogar ein wenig davon, was die Natur angelegt hat. Daraus ergibt sich, dass wir einen biologischen Rahmen haben, in dem wir uns bewegen und vielleicht sogar etwas verändern und verbessern können.

Es stellt sich daher nicht die Frage nach „Natur *oder* Kultur“, sondern die Frage nach dem Zusammenspiel der beiden.

Schon immer erahnten Menschen, dass wir Eigenschaften und Dinge weitervererben, nur wussten wir nicht genau wie und deshalb war dieser Vorgang mehr dem Aberglauben überlassen. Gregor Mendel (1822–1884) legte den Grundstein mit seiner Vererbungslehre und seit die Doppelhelix 1953 erstmals von James Watson (geb. 1928) und Francis Crick (1916–2004) beschrieben wurde, beschäftigt uns, was unsere Gene aussagen und wie viel Macht sie über uns haben.

Um das Ganze etwas bildlicher zu machen: Wir haben also alle schon einmal eine unterschiedliche „Hardware“. Zusätzlich wird in der Kindheit nicht nur das „System aufgesetzt“, sondern auch einiges an „Software“ geschrieben. Bis wir als Erwachsene dazu kommen, ein Buch über das Glück zu lesen, ist also schon sehr, sehr viel passiert und es stellt sich die Frage, wie viel unserer „Glückssoftware“ wir überhaupt umschreiben können.

Was wahrscheinlich in gewisser Weise funktioniert, ist sich darüber bewusst zu werden, welche „Programme" in uns ablaufen, und dann, wenn uns dieses Programm nicht passt, zu versuchen es zu re-programmieren. Re-Programmieren dauert und ist schwierig und Fachleute sind sich nicht einig inwieweit und ob überhaupt es möglich ist.

Gerhard Roth schreibt, dass nur ungefähr zehn bis zwanzig Prozent des Verhaltensrepertoires des Menschen änderbar sind. Hinzu kommen weitere Faktoren, wie zum Beispiel das Alter, die ebenfalls der Veränderungsfähigkeit entgegenwirken. Die restlichen, rechnen wir einmal schnell nach, hui, achtzig bis neunzig Prozent sind also änderungsresistent. Nach einem kurzen Schub von guten Vorsätzen nach der Lektüre eines Ratgebers kommen die alten Gewohnheiten wieder zurück.

Unsere Gewohnheiten erleichtern Entscheidungen und wir müssen nicht alles neu bedenken. Die Macht der Gewohnheiten ist auch für unser Glücksempfinden nicht zu unterschätzen.

Allerdings können unsere Gewohnheiten auch gegen uns arbeiten. Vor allem wenn sie uns nicht bewusst sind und wenn auf einen gewissen Auslöserreiz eine unerwünschte Handlung folgt, um zu einer Belohnung zu gelangen.

Aus den Möglichkeiten, die in unseren Genen liegen, ergibt sich also der Rahmen, in dem wir uns bewegen. Das betrifft auch unser Glücksempfinden. Genetisch scheint ein gewisser „Glücksprozentsatz" festgelegt zu sein. Medienwirksam wurde die Existenz eines gewissen „Glücksgens" verbreitet.

Der „persönliche Glückseichstrich" nach Ed Diener (geb. 1946) erklärt zum Beispiel, dass wir über eine „Eichung" verfügen, auf die wir eingestellt sind. Dieser „Glückseichstrich" scheint der Grund zu sein, warum manche Menschen von Natur aus Frohnaturen und andere eben Sauertöpfe sind.

Diese Erkenntnisse weisen darauf hin, dass es eine Regulierung des Glücks gibt. Das Glück wird innerhalb einer individuellen Bandbreite wahrgenommen und wenn das System stark belastet wird, pendelt es nach der Bewältigung wieder zum Eichstrich zurück.

Wird das System allerdings zu lange zu stark belastet, kann es dauerhaft unterhalb seines üblichen Wertebereichs liegen und das Depressionsrisiko steigt.

Die Psychologin Sonja Lyubomirsky, Autorin eines der besten Bücher der Positiven Psychologie der letzten Jahre, „Glücklich sein“, spricht davon, dass 50% unseres Glücksempfindens angeboren, 10% von der Umwelt bestimmt und 40% durch Training und Umwelt beeinflussbar sind.

Gene, Umwelteinflüsse und was wir selbst für unser Glück dazu tun, sind ausschlaggebend dafür, wie glücklich wir uns fühlen. Die Glücksformel, die nach der Positiven Psychologie der Amerikaner das Glück mathematisch einfangen soll, lautet:

Eichwert + Lebensbedingungen + Aktivitäten = Glück

Andere Wissenschafter beziffern die Verteilung der genetischen Vorgaben und der Umwelteinflüsse wieder etwas anders und letzten Erkenntnissen zufolge ist der Eichstrich weniger als Strich, sondern mehr als Bereich und Möglichkeitsspektrum anzusehen.

Bei diesen bestimmten Prozentsätzen ist auch zu bedenken, dass die Zahlen oft auf Zwillingsstudien basieren. Zwillinge verfügen über das gleiche Genmaterial, haben aber oft unterschiedliche Lebensumstände. Wie viel Prozent für wen genau veränderbar sind und wie viel nicht, ist im Endeffekt individuell. Fest steht allerdings, dass es irgendwelche Grenzen des Möglichen gibt.

Außerdem handelt es sich bei der Festlegung durch Studien um Durchschnittswerte. Und wer zählt sich schon zum Durchschnitt? Oder, wie Angelina Jolie einmal meinte: „Wer möchte schon normal sein?" Und was bedeutet „normal"? Oft wird normal sogar mit „gesund" gleichgesetzt. Normal bedeutet die Norm, also das, was die meisten Menschen tun, was nicht aus dem Rahmen fällt. Allerdings muss die Mehrheit der Menschen zum Durchschnitt gehören, sonst wäre es ja kein Durchschnitt. Auch wenn wir alle individuell sind, sind wir in vielerlei Hinsicht, vor allem genetisch betrachtet, gleicher als gedacht. 2003 bestätigte das Human Genome Project, dass wir alle der Spezies Mensch Angehörigen zu 99,9% genetisch gleich ausgestattet sind.

Was Ihr Friseur mit Ihrem Glücksgefühl zu tun hat

Egal, wie viel jetzt vorbestimmt oder selbstbestimmt ist, irgendeinem Einfluss oder zumindest der Illusion eines Einflusses werde ich wohl unterliegen.

An dieser Stelle kommt bei der Glücksdiskussion fast immer die Frage nach dem freien Willen. Philosophen streiten sich seit Jahrtausenden darüber, ob es ihn gibt oder nicht.

Versuche zum freien Willen, wie jene von Benjamin Libet (1916–2007) von der University of California San Francisco, die auf einer Entdeckung des deutschen Neurowissenschaftlers Hans Kornhuber (1928–2009) aufbauen, zeigen, dass es bereits vor dem Impuls, etwas bewusst auszuführen, wie einen Finger zu heben, ein Bereitschaftspotenzial im Gehirn gibt. Die Frage ist, ob wir einen freien Willen haben und wo er ist, wenn die Entscheidung, etwas zu tun, im Gehirn schon gefallen ist, bevor wir uns zum Handeln entschließen. Entzieht sich die Entscheidung unserem Bewusstsein? Und ist der freie Wille nur ein nachher aufgesetztes Konstrukt, um uns die Illusion zu geben, frei zu sein? Es wird vermutet, dass eine Handlung eingeleitet wird und dann, kurz bevor sie ausgeführt wird, das Bewusstsein hinzugezogen wird oder eben nicht. Wenn es hinzugezogen wird, hat es die Möglichkeit, Ja oder Nein zu sagen, Einspruch auszuüben und eingeleitete Handlungen kurz vor der Ausführung zu stoppen.

Ganz abgesehen davon, dass diese Versuche und die Wahrscheinlichkeit, dass das Bewusstsein, wenn überhaupt, nur Einspruch erheben kann, ein weiterer Beweis gegen das Allheilmittel „Du musst nur wollen" sind, ist die philosophische Diskussion über den freien Willen in Bezug auf das Glücklichsein eigentlich auch gleichgültig. Denn solange wir die Illusion des freien Willens haben, ist die Handlungsfreiheit wesentlich wichtiger für unser Glücksempfinden. Die meisten Menschen sind sich allerdings des Unterschieds zwischen „freiem Willen" und „Handlungsfreiheit" nicht bewusst.

Wir haben Handlungsfreiheit, wenn wir das tun können, was wir wollen. Strecken Sie bitte die Zunge heraus.

Hat Sie jemand abgehalten? Nein? Dann haben Sie im Moment Handlungsfreiheit, was das Zungeherausstrecken betrifft. Wenn Ihnen der Mund gerade zugehalten wird oder Sie einen Maulkorb tragen, hätten Sie keine Handlungsfreiheit und alles Wollen würde Sie auch nicht weiterbringen. Und wenn Ihnen Ihre Erziehung eingeschärft hat, dass man das auf keinen Fall in der Öffentlichkeit tut, dann hätten Sie ebenfalls eine Einschränkung, allerdings eine mentale. Das Handeln einer Person kann also durch äußere und innere Umstände eingeschränkt werden.

Handlungsfreiheit ist nicht mit Willensfreiheit zu verwechseln. Warum wir etwas wollen oder nicht wollen, was wir wollen und ob wir in diesem Wollen überhaupt frei sind, ist für unser Empfinden weniger wichtig, als dass wir diesem Wollen entsprechend handeln können.

Den Unterschied zwischen Handlungsfreiheit und Willensfreiheit nicht deutlich zu machen oder sogar Willensfreiheit als unangezweifelten Bestandteil unserer westlichen Welt zu definieren eignet sich wunderbar, um eine Beschäftigungstherapie für Menschen zu schaffen, die so davon überzeugt sind, was mit Willensfreiheit nicht alles möglich ist, dass sie gar nicht merken, wie ihnen die Handlungsfreiheit fehlt. Oder selbige immer weiter eingeschränkt wird.

Besonders interessant ist, dass wir, um zum Glück zu gelangen, unseren Willen dafür verwenden, auf Handlungsfreiheit zu verzichten.

Zum Beispiel wenn wir bewusst verzichten und sagen: „Ich habe nicht bekommen, was ich wollte, denn mir war wichtiger, dass der andere seinen Willen bekommt. Und das ist, was ich mehr wollte. Oder eigentlich ‚wollte' ich ja ursprünglich etwas anderes, aber es war mir wichtiger, dass der andere hat, was er wollte. Und so ist sein Wollen mein ‚Wollen' geworden." Schlussendlich haben wir eigentlich bekommen, was wir wollten, aber wir haben unsere Handlungsfreiheit aufgegeben. Wir haben zum Beispiel die Freizeitgestaltung, die wir eigentlich wollten, aufgegeben und sind jetzt mit dem, was der andere auswählte, glücklich.

Um unsere Handlungsfreiheit abzusichern, haben wir eine starke innere Abwehrreaktion, genannt Reaktanz. Eine von uns empfundene Einschränkung der Handlungsfreiheit löst Reaktanz aus.

Reaktanz ist zum Beispiel der Grund, warum wir genau das machen, von dem uns gesagt wurde, wir sollen es nicht tun. Manchmal handeln wir sogar gar nicht der Sache wegen so, wie wir es tun, sondern nur deshalb, weil wir es nicht ausgehalten haben, dass unsere Handlungsfreiheit eingeschränkt wurde. Jeder, der sich an seine Teenagerzeit zurückerinnert oder gar einen Teenager erzogen hat, versteht genau, worum es sich beim psychologischen Phänomen der Reaktanz handelt.

Nicht nur dann, wenn wir von außen in unserer Handlungsfreiheit beeinträchtigt werden, entsteht Reaktanz. Auch dann, wenn wir uns selbst zukünftige Handlungsfreiheit nehmen, zum Beispiel indem wir eine unwiderrufliche Entscheidung fällen, spüren wir dieses unangenehme Gefühl. In großen Kaufhäusern ist diese Erscheinung als „Reue nach dem Kauf" seit Langem bekannt. Das ist der Grund, warum man dort so großzügig auch bei ungerechtfertigten Reklamationen ist. Wenn die Kundschaft weiß, dass sie das Gekaufte wieder zurückgeben kann, entfällt die Reaktanz und es wird hemmungsloser gekauft.

Auch dort, wo man uns glücklich machen will, entsteht Reaktanz. Ein Beispiel ist der Besuch beim Friseur. Sicherlich ist Ihnen schon einmal der große Spiegel, vor dem Sie dort sitzen, aufgefallen. Dieser ist eigentlich für die Arbeit des Friseurs nicht unbedingt notwendig. Er ist hauptsächlich dafür da, dass Sie während des Prozesses des Haareschneidens wenigstens die Illusion der Kontrolle haben und so Reaktanz vermindert wird, auch wenn Sie dem Friseur sowieso vertrauen müssen.

Besonders beim Haarefärben kommt Vertrauen ins Spiel und oft weisen die Färbemittel eine andere Farbe auf als jene, die die Haare im Endeffekt haben werden. Zum Beispiel sieht das Mittel für „blond" himmelblau aus. Meine Stylistin Ahou Mofid erzählte mir, dass es immer wieder Misstrauen von Kunden gab, die sich während des Färbens im Spiegel mit einer anderen Haarfarbe sahen als mit jener, die sie sich vorgestellt hatten. Daher versuchte die Stylistin im Friseursalon für den Prozess des Haarefärbens einen speziellen Platz zu etablieren, der absichtlich ohne Spiegel ausgestattet war. Das Experiment ist schiefgegangen und die Idee wurde wieder verworfen. Denn auch wenn wir nichts vom Haarefärben verstehen und dem Friseur vertrauen müssen, wollen wir nicht blind vertrauen, sondern zusehen und die Illusion der Kontrolle aufrechterhalten, während wir glücklich gemacht werden.

Das Beispiel des Friseurs zeigt, dass Reaktanz viel mit der Glücksforschung zu tun hat. Reaktanz macht es uns schwer, uns glücklich machen zu lassen. Uns optimal beanspruchen zu lassen setzt Verzicht auf Kontrolle voraus – und das erzeugt Reaktanz. Reaktanz ist auch der Grund, warum Zwangsbeglückung nicht funktioniert.

Bei vielen Dingen des Lebens, zum Beispiel auch in der Ehe, tut man gut daran, sich des Phänomens der Reaktanz bewusst zu sein. Während die Verlobungszeit als eine gemeinsame schöne Reise betrachtet wird, wird die Ehe selbst oft als Endstation angesehen, die zusätzlich auch noch mit Freiheitsverlust in Verbindung gebracht wird, und das fordert wiederum Reaktanz heraus.

Auch bei sich selbst kann man Reaktanz herausfordern, indem man sich die Handlungsfreiheit mental oder physisch nimmt. Und wieder sind es Schauspieler, die bewusst oder unbewusst Reaktanz in ihre Werkzeugkiste aufgenommen haben. Schauspieler spielen mit ihren Kostümen und suchen nach Dingen, die sie in gewisse emotionale Zustände bringen. Sie schnallen sich beispielsweise absichtlich den Gürtel enger oder berichten, wie sie sich gefühlt haben, als sie Kleidung aus vergangenen Zeiten angezogen haben. Besonders Schauspielerinnen, die sich in Korsette zwängen, bemerken, wie eingeschränkt Frauen damals lebten. Man entwickelt ganz rasch einen Freiheitstrieb, wenn man den ganzen Tag in ein Korsett gezwängt leben muss.

Selbst bei Diäten oder persönlichen Veränderungen spielt die Reaktanz eine große Rolle, auf die wir achten können. Bei Diäten haben wir alle Willensfreiheit, nehmen uns selbst allerdings die Handlungsfreiheit, bestimmte Dinge zu essen.

Wird eine Regel gebrochen, kommt zusätzlich der „What-the-hell-(Jetzt-ist-es-auch-schon-egal)-Effekt“ ins Spiel, den

Janet Polivy von der Universität in Toronto entdeckt hat. Haben wir zum Beispiel entgegen des selbst auferlegten Verbots von einer Schokoladentorte gegessen, auch wenn wir auf Diät sind, schlagen wir im Vergleich zu Menschen, die nicht auf Diät sind, sondern immer mit Maß Süßes genießen, vollkommen über die Stränge, denn: „Jetzt ist es auch schon egal!"

Handlungsfreiheit bedeutet auch Kontrolle zu haben. Und Kontrolle hat sehr viel mit dem Glück zu tun, denn Menschen lieben zwei sehr konträre Dinge: Kontrolle auszuüben und Kontrolle komplett an den Menschen, dem sie vertrauen, abzugeben. Kontrolle bedeutet Menschen glücklich zu machen, Aufgabe von Kontrolle bedeutet: „Mach mich glücklich."

Eine Studie in einem Altersheim zeigte deutlich, wie bedeutsam es ist, Kontrolle ausüben zu können. In einem Heim wurde eine Pflanze aufgestellt. Bei sonst gleichen und unveränderten Bedingungen wurde einer ersten Gruppe von Heiminsassen mitgeteilt, dass die Pflege der Pflanze ihre Aufgabe sei. Der zweiten Gruppe wurde gesagt, dass sich das Personal um die Pflanze kümmern würde. In einem Altersheim ist der Tod ein täglicher Besucher und es ist „normal", dass Menschen aufgrund von Altersschwäche oder wegen anderer gesundheitlicher Belastungen sterben. Dennoch gab es ein sehr auffälliges Ergebnis: Sechs Monate nach Beginn des Versuchs waren 30% der Mitglieder, die ihre Pflanze nicht selbst pflegten, also keine Kontrolle ausübten, gestorben, während nur 15% aus der anderen Gruppe das Zeitliche gesegnet hatte. Dieses faszinierende Ergebnis bestätigte sich in Folgestudien.

In einem weiteren ähnlichen Versuch wurde einer Gruppe von Bewohnern in einem Altersheim eine starke Kontrolle darüber zugestanden, wann jene Menschen, die sie besuchten, ihren Besuch abstatten sollten. Eine zweite Gruppe hatte keinerlei Einfluss darauf – ihr Besuch erschien zu willkürlichen, unregelmäßigen Zeitpunkten.

Nach zwei Monaten zeigte sich die Gruppe mit starker Kontrolle zufriedener, aktiver und brauchte weniger Medikamente. Nachdem dieser Versuch beendet worden war, endeten auch die Besuche. Ein paar Monate später gab es wieder Kontakt zwischen den Forschern und den Verantwortlichen des Heims. Leider mussten die Forscher zu ihrem großen Entsetzen entdecken, dass eine übergroße Zahl jener Personen, die Einfluss auf ihren Besuch ausüben konnten, nach dem Ende des Experiments und dem Ende der Besuche und der damit verbundenen Glücksgefühle verstorben war.

Anscheinend ist die Abwesenheit von Kontrolle, wenn wir sie niemals hatten, leichter zu verarbeiten, als wenn wir Kontrolle haben und sie wegfällt.

Auch Selbstkontrolle ist eine Form der Kontrolle und hat viel mit unserem Selbstwertgefühl und Selbstvertrauen zu tun, damit, wie wir uns selbst behandeln und selbst lieben und auf diese Weise auch selbst glücklich machen. Das Maß unserer Selbstkontrolle beeinflusst außerdem, wie wir auf verschiedene Formen von Stress reagieren. Haben wir zum Beispiel viel Selbstkontrolle aufgebracht, reagieren wir aggressiver auf Provokationen.

Das wissen wir nicht nur aus Laborversuchen, Sie können es auch an sich selbst feststellen, wenn das Maß an Energie und Selbstkontrolle zum Beispiel am Ende eines anstrengenden Tages aufgebraucht ist, neigen wir eher dazu, uns aufzugeben oder bei Reizung zu explodieren. Auch jeder, der einmal eine Diät gemacht hat, weiß, dass er eher dazu neigt, unleidlich zu sein und sensitiver auf Stress zu reagieren.

Erinnerung ist eine Interpretationsfrage

Wir können die Realität nicht neutral, sondern nur durch unseren Körper erfahren, daher beginnt alles mit unserer Wahrnehmung. Wahrnehmung ist, wie das Wort schon sagt, das, was wir für *wahr nehmen.*

Der Talmud lehrt bereits: *„Wir sehen die Dinge nicht, wie sie sind, sondern wir sehen sie, wie wir sind.“*

Wir Menschen tendieren dazu anzunehmen, dass das, was wir für wahr halten, auch tatsächlich und absolut wahr ist. Wahrnehmung ist immer im Moment. Vergangene Momente werden als noch weniger der Realität entsprechende Erinnerung abgespeichert und unsere Zukunftseinschätzung ist überhaupt eine Errechnung aus diesen Halbwahrheiten, von denen uns das Gehirn vorgaukelt, sie seien Realität.

Wir können nicht alles wahrnehmen, daher müssen wir bewusst oder unbewusst auswählen, unsere Wahrnehmung ist selektiv. Wenn Sie zum Beispiel ein Auto einer bestimmten Marke auf eine „Wunschliste“ setzen, bedeutet dies nicht, dass dieses Auto dann von selbst in Ihr Leben kommt. Warum es uns so vorkommt, als ob das Auto in die gewünschte Nähe rückt, ist, dass sich unsere Wahrnehmung verändert. Daher sehen Sie häufiger als sonst Autos von dieser speziellen Marke, was aber nicht bedeutet, dass Sie dadurch eines bekommen werden. Und sicher schon gar nicht bedeutet, dass, wenn Sie etwas auf einen Zettel schreiben, die Autofirma ihre Produktionsmenge der geheimen Liste anpasst. Es handelt sich hierbei um einen Trugschluss.

Wahrnehmung führt zu Lernen und Erinnerung. Nehmen wir etwas wahr, wird es als wichtig genug eingestuft, dass es für spätere Situationen zur Verfügung stehen soll.

Man könnte sagen, dass die eigene Erinnerung das ist, was wir erlebt oder miterlebt haben, also unser eigener Geist. Wenn es aber um Intuition geht, nach der wir handeln, ist es poetisch gesagt fast so, als ob der Geist unserer Vorfahren, die mit ihren Leben an der Entwicklung unserer Gene beteiligt waren, in unsere Handlungsentscheidung miteingebunden werden und so zu uns „sprechen“. Daher ist Intuition, auf seinen Bauch hören, so wertvoll.

Und so benützen wir also unser eigenes Netzwerk von bewussten und unbewussten Verbindungen. Leider werden nicht nur die nach unseren Vorstellungen gute Muster abgespeichert und weitergegeben, sondern auch nicht so gute.

Das Gelernte wird abgespeichert, damit es für neue Situationen, für die es passen könnte, wieder präsent ist. Wir speichern allerdings nicht logisch, alphabetisch und wie ein Computer ab, sondern metaphorisch und assoziativ, also persönlich vernetzt mit individuellen Verknüpfungen. So kann ein und dieselbe Situation, ein Reiz bei zwei Menschen komplett verschiedene Verknüpfungen hervorrufen. Da die gleiche Situation, in der eine Verknüpfung erstellt wurde, nicht genau so wiederkommt, sondern es sich immer um andere Situationen handelt, die nur von uns als „das ist genau die gleiche Situation“ interpretiert werden, müssen die abgerufenen Gedankenmuster nicht immer stimmen. So kann sich dies auch gegen uns wenden und wir verwenden Muster, die uns unglücklich statt glücklich machen.

Sind wir uns dessen nicht bewusst, kann es sein, dass wir zum Beispiel ein Muster anwenden, um Unglück zu vermeiden, und erreichen damit genau das Gegenteil, nämlich noch mehr Unglück. Denn wie gesagt das Gehirn verknüpft Erfahrungen nicht immer so, wie es der Verstand gerne hätte. Und wenn diese Muster abgerufen werden, bedeutet es nicht, dass sie zwingend passen müssen, wir denken nur, dass sie passen.

Erinnerungen können nur im Jetzt erlebt werden. Das bedeutet allerdings, dass es sehr wahrscheinlich ist, dass wir die Erinnerung, da wir sie aus dem Speicher in die Gegenwart ziehen, um auf sie zuzugreifen, verändern. Um einen bildhaften Vergleich zu ziehen, denken Sie an die Romanfigur Harry Potter. Wenn Harry Potter in die Erinnerungen anderer steigt, muss er dabei höllisch aufpassen, um nichts zu verändern. So können wir uns das auch bei uns vorstellen: Wenn wir uns erinnern, gehen wir aus dem momentanen Moment zurück in ein Gebilde unseres Gehirns, durchleben es aber im Hier und Jetzt. Erinnerung ist ein sehr spannendes, noch nicht komplett erforschtes Gebiet. Es gibt verschiedene Arten, wie alles im Gehirn abgespeichert wird. Je mehr Sinne beim Vorgang des Speicherns beteiligt sind, desto besser. Auch Emotionen, die der Erinnerung beigefügt sind, beeinflussen die Erinnerung.

Die Erinnerungen an die Vergangenheit verändern sich auch mit dem Zeitabstand, die Verbindungen im Gehirn, die noch so frisch waren, verblassen mit der Zeit. Daher ist es auch gut, glückbringende Dinge zu genießen und dann zu pausieren, um nach einiger Zeit wieder frisch genießen zu können.

Auch hier ist wieder der Blick auf die Evolution hilfreich, denn der Mensch ist eindeutig nach vorne ausgerichtet. Könnten wir uns nicht von der Kraft der Vergangenheit lösen, dann würden wir spätestens beim Zerbrechen der ersten großen Liebe, das sich wie ein kleiner Tod anfühlt, tatsächlich sterben und die Menschheit wäre längst ausgerottet.

Die schlechte Einschätzung der Vergangenheit bedeutet auch, dass es mit unserer Zukunftseinschätzung und damit, womit wir denken, dass es uns glücklich machen wird, nicht so weit her ist, wie wir gerne glauben.

Sind wir uns nicht darüber bewusst, dass wir mit einem so fehlerhaften System ausgestattet sind, ist eigentlich nur logisch, dass wir zwar vermeinen ganz genau zu wissen, was uns wie glücklich macht und machen wird, es aber faktisch nicht tun. Daher ist auch der Ratschlag, dass wir „schon selbst wissen, was gut für uns ist", nicht uneingeschränkt richtig. Ganz besonders in einer immer komplexer werdenden Welt. Glück reagiert eben mehr auf die Realität als auf unser möglicherweise sehr verschobenes Abbild der Realität.

Erinnerung ist eben eine Interpretationsfrage. Und von einem selbstgebauten Gebilde unseres Gehirns sollten wir uns bestenfalls glücklich, aber nicht unglücklich machen lassen. Daher sollten wir das Glück und die Erinnerungen einfach nicht so wichtig nehmen. Wir können sie benützen, wenn sie uns helfen und glücklich machen, aber wir lassen uns nicht von Dingen aus der Vergangenheit belasten. Leben sollten wir im Moment und neues Glück erleben und nicht stets im Namen des Glücks nachdenken oder vordenken.

Die Märchenfalle

Wir erinnern uns selektiv an einzelne Begebenheiten und erfinden uns den Rest einfach dazu. Oft werden zusätzlich auch noch Einzelheiten verändert, damit wir vor uns selbst gut dastehen und alle Dinge in das Bild, das wir haben, passen und es nicht stören.

Handelt es sich bei diesen gedanklichen Veränderungen der tatsächlichen Begebenheiten um objektiv falsche Aussagen, die entweder auf Gedächtnisfehlern beruhen oder auch darauf, dass jemand versucht mehr Informationen abzurufen, als im Gedächtnis gespeichert sind, und diese Gedächtnislücken dann mit Erfundenem füllt, nennt man dies „Konfabulation". Vor allem bei Zeugenaussagen ist dies eine der größten Störvariablen.

Auch wenn es nicht um gravierendes Dazuerfinden, das die ganze Geschichte verändert, geht, sollten wir uns darüber im Klaren sein, dass das Gehirn Erinnerungen mischt und uns vielleicht sogar Märchen erzählt. Denn wir erinnern uns nur an Bruchstücke, die Gedächtnislücken werden von unserem Gehirn ausgefüllt. Als Füllstoff dienen andere Erinnerungen oder gar die Fantasie.

Auch hier hilft wieder die Schauspielerei. Um sich etwas Erlebtes in Erinnerung zu rufen, wissen Schauspieler, dass sie sich ganz auf ein Objekt konzentrieren können, das sie aus der Erinnerung „hereinziehen in die Gegenwart", und dann vertrauen sie ihrem Geist dabei, den Rest mit anderen Erfahrungen auszufüllen.

Im alltäglichen Leben passiert Ihnen das zum Beispiel, wenn Sie etwas finden, wozu Sie einen engen emotionalen Bezug hatten, wie etwas aus der Kindheit, Ihren heißgeliebten Teddybären zum Beispiel. Sofort wird dieses Objekt Empfindungen in Ihnen auslösen.

So können wir uns dieser einfachen Dinge bedienen, um uns besser zu fühlen. Bedenken Sie aber, dass Sie nicht nur die Erinnerung verändern, wenn Sie darauf zugreifen, sondern auch, dass es sich nur um wiedererlebtes Glück handelt. Das ist dem Gehirn zwar egal, da es nur eine bewusste Wertung zwischen Glück und Glück ist, aber es ist wichtig, den Unterschied zwischen einem neuen Reiz, der den Prozess Glück startet, und einem erinnerten Reiz zu kennen.

Wenn das selektive Erinnern noch nicht reicht, dann spielt das Gehirn eine Karte namens „Dissonanzphänomen" aus. Dabei deuten wir eine Handlung einfach positiv um, wenn die Realität zu schmerzhaft und zu negativ für das Ego wäre.

Extrem formuliert versuchen wir uns glücklich zu machen, allerdings um den Preis, uns selbst zu belügen und die Realität so hinzubiegen, dass sie uns glücklich macht.

Auch diesem Phänomen dürfen wir nicht zum Opfer fallen, wenn wir uns nicht permanent selbst belügen wollen, denn das Gehirn will immer nur Glück für uns und Unglück um jeden Preis vermeiden. Ab und zu ist dies ja in Ordnung, solange Sie wissen, was mit Ihnen passiert.

So können Sie auch merken, wann Sie auf das Glück pfeifen müssen und der Realität ins Auge sehen sollten.

Denn sich bewusst die Realität schönzureden macht uns zwar im Moment vielleicht glücklicher, kann jedoch keine Fakten wegreden. Im schlimmsten Fall reicht dieses Verhalten bis zur völligen Realitätsverleugnung hin. Die Realität holt uns doch irgendwann ein. Und es kann fatale Folgen haben, hoffnungslose Lagen als „nicht ernst" einzustufen. Vor allem im Krankheitsfall, wenn wir vor lauter „Positivitis" die Lage verkennen und uns nicht richtig mental und physisch auf das, was kommt, einstellen können und so eine Chance vertun, Horrorszenarien, wie ernste Krankheitsdiagnosen, vielleicht durch unsere realistischen Gedanken abzufedern und an uns heranzulassen.

Vorsicht ist daher bei „Workshops", „Coachings" und sonstigen mit Anglizismen versehenen Angeboten (damit es cooler klingt) geboten, die das Tappen in die Märchenfalle noch verstärken können.

Es werden auch Hilfestellungen angeboten, die oft sehr stark auf Autosuggestion beruhen.

Der französische Apotheker Émile Coué (1857–1926) gilt als der Begründer der modernen, bewussten Autosuggestion.

Autosuggestion funktioniert und ist in gewissen Situationen ein sehr hilfreiches Mittel aus der Psychologie. Entdeckt hatte der Apotheker dieses Phänomen, als er herausfand, dass jene Kunden, denen er versicherte, dass sie mit der Einnahme ihres Medikaments bestimmt rasch genesen würden, tatsächlich rascher gesund wurden.

Ein wunderbares Mittel, das auch von Eltern angewendet wird, wenn sie ihren Kindern zureden. Genauso wie, wenn wir erwachsen geworden sind, die Stimme der Erziehungsperson zu einem Teil unsere innere Stimme geworden ist und wir dem Kind in uns selbst zureden sowie gewisse Sätze oft wiederholen.

Vorsicht ist geboten bei der Formulierung der Sätze, denn da kann es unerwünschte Nebeneffekte geben, wenn der Satz anders aufgenommen wird, als er gemeint war, und wir uns vielleicht sogar ins Unglück statt ins Glück autosuggerieren.

Verwendet man diese Technik, um immer alles positiv zu sehen und die Realität eher außer Acht zu lassen, endet man sehr schnell damit, sich Situationen einfach nur schönzureden. Selbst Coué weist auf die Naturgesetze hin, die wir nicht außer Acht lassen dürfen: *„Jede Vorstellung, die sich genügend stark eingeprägt hat, strebt danach, sich zu verwirklichen und verwirklicht sich, soweit ihr keine Naturgesetze entgegenstehen."*

Genau diese Naturgesetze sind es, die in der heutigen Zeit viel zu sehr außer Acht gelassen werden, und es wird nach dem Motto „Wenn ich nicht mehr sehe, was nicht sein kann, sondern mir alles schönrede, verschwindet die Problematik" gehandelt.

Leider ist es aber auch mit Fakten so, wie schon Aldous Huxley (1894–1963) in seinem Klassiker „Schöne neue Welt" aus dem Jahr 1931, in dem es eine Glückspille gibt, sagte: *„Tatsachen hören nicht auf zu existieren, nur weil man sie ignoriert."*

Menschen kaufen jedoch keine Ratgeber, um zu hören, was alles *nicht* geht oder die darstellen, dass nur kleine Verbesserungen möglich sind. Nein, lebensverändernd muss es sein. Das Märchen lautet ja schließlich, dass wir „alles sein können, wenn wir nur wollen". Ratgeber werden gekauft, weil sie einen Wunschtraum verkaufen, und zu gerne lassen wir beim Traum von der Supermodelfigur außer Acht, dass sie einfach unmöglich ist, wenn man 1,50 Meter groß ist und schon von Großmutterseite zur „Vertonnung" neigt.

Märchen machen glücklicher als reaktanzerzeugende Realität, in der vieles einfach nicht geht. Daher verkaufen sich Märchen, auch Glücksmärchen, einfach besser als das, was wirklich glücklich macht, und die Überlegung, sich mit weniger zufriedenzugeben. Auch wenn vieles noch so schön klingt: Tappen Sie nicht in Märchenfallen!

Vergleichsobjekte des Glücks

Erwartungen kommen zustande, indem wir bestehende Gedanken, Verhaltensmuster und Erinnerungen vergleichen und zusätzlich Vergleichsobjekte hinzuziehen. Auf Basis dieser vorhandenen Daten wird dann die am ehesten zutreffende Erwartung erstellt.

Ob es uns passt oder nicht: Wir vergleichen.

Einerseits mit unserer eigenen Erinnerung, sprich mit dem Menschen, der wir gestern oder früher waren, und andererseits eben mit anderen Vergleichsobjekten. Wir ziehen andere Vergleichsobjekte hinzu, um zu einem Richtwert zu gelangen und wieder besser vorherzusagen, was eintreffen könnte, und Erwartungen darüber zu erstellen, welche sich eher bewahrheiten. Auch wenn uns das nicht gefällt und wir uns hundert Mal wünschen, dass wir uns nicht ständig vergleichen, wir tun es nun mal, und das auch noch oft nicht einmal bewusst.

Gehirnzellen, die mit der Erstellung von Erwartungen beschäftigt sind, stellen nach ihrem besten Wissen Erwartungen auf. Trifft die Erwartung zu, wird die Verbindung bestätigt, „freuen" sich die Neuronen und feuern, wenn sie kommunizieren, wir haben recht, wir merken, wir sind am richtigen Weg und daher glücklich. Trifft die Erwartung nicht zu, dann sind wir nicht glücklich.

Verbindungen, die funktionieren, werden beibehalten und sie verstärken sich, wenn sie wieder zur Anwendung kommen. Unsere Erfahrungen bringen uns also Dinge bei. Daraus ergeben sich Netzwerke, Schemata, Gewohnheiten und so weiter.

Vergleiche führen uns natürlich häufig auch in die Irre, denn es kommt oft auf den Blickpunkt des Betrachter an, wie etwas empfunden wird: Zum Beispiel kann ich sagen: Nach der Maßeinheit des Urmeter, auf die wir uns geeinigt haben, bin ich 177 Zentimeter groß. Stelle ich mich neben jemanden, der viel größer ist als ich, oder befinde ich mich in einem Land, in dem die Durchschnittsgröße 180 Zentimeter ist, erscheine ich als klein. Gehe ich zum Beispiel nach Asien, erscheine ich im Vergleich mit der Körpergröße der dortigen Bevölkerung als groß.

Das Gleiche lässt sich mit Hautfarbe durchspielen. Die britische Schauspielerin Thandie Newton sprach in einem Interview darüber, dass sie eine afrikanische Mutter hat und sich, während sie in England aufgewachsen war, ihrer dunkleren Hautfarbe und der Reaktion der anderen darauf immer sehr bewusst gewesen war. Sie betrachtete also ihre Hautfarbe im Vergleich zu den bleichen Briten als schwarz. Als sie nach Afrika zur Familie ihrer Mutter ging, ließ man sie im ersten Moment keinen Wasserkrug auf ihrem Kopf tragen, denn aufgrund ihrer im Vergleich zu den Einwohnern dort weitaus helleren Hautfarbe wurde sie als Weiße angesehen.

Es gilt also, stets zu hinterfragen, ob etwas tatsächlich so ist, wie wir es wahrnehmen, oder Basis eines Vergleichs ist, und vor allem womit ich mich verglichen habe. Warum also nicht einfach sagen: „Ja, im Vergleich zu dir bin ich klein", und sich angewöhnen im Hinterkopf einen weiterführenden Gedanken zu bewahren: „Aber im Vergleich mit XY bin ich sehr groß." Diese Einstellung können Sie sehr leicht auf andere Dinge übertragen.

Was wir tun können, um uns nicht von unserer Vergleichsmaschine Gehirn in die Unglücksirre führen zu lassen, ist, zumindest bei bewussten Abläufen zu bestimmen, womit wir uns vergleichen.

Ein sehr gutes Vergleichsobjekt ist der Mensch, der wir gestern oder vor einiger Zeit waren. Wie stehen wir im Vergleich zu vorher heute zu von uns erbrachten Leistungen?

Von Tagträumen und Luftschlössern

Tagträumen ist eine spannende Sache mit einer stark romantischen Komponente. Bevor wir dank der medizinischen Entwicklung in unser Gehirn hineinschauen konnten, wurde diese Tätigkeit jedoch eher als Fehler im System abgetan. Jetzt wird klar, dass es eine Art „Default Network – Standardnetzwerk“ gibt, das sich einschaltet, wenn wir auf nichts besonders fokussiert sind. Es gibt spezielle Neuronen, die aktiviert werden, wenn wir unsere Gedanken schweifen lassen.

Das könnte auch das Netzwerk sein, das uns hilft Dinge im Schlaf zu verarbeiten und so zu Lösungen zu kommen, die wir bewusst nicht gesehen haben. Der Volksmund sagt: „Schlafen wir einmal drüber.“

Spannend ist, dass dieses Netzwerk anscheinend auch angesprochen wird, wenn unser Organismus gestresst wird, sei es durch Eu- oder Distress. Entweder durch Langeweile oder durch Überforderung wie bei chaotischen Verhältnissen und Kontrollverlust. Dieses Netzwerk ist ein noch nicht zur Gänze erforschtes Gebiet und es ist interessant, dass dort vielleicht weniger Erwartungen aufgestellt werden und wir daher in diesem Zustand weniger enttäuscht beziehungsweise unglücklich oder auch glücklich sind.

Weiters scheint eine starke Verbindung zwischen Tagträumen und Kreativität zu bestehen. Eine der größten Gaben der Menschen liegt darin, sich sowohl Luftschlösser zu bauen, als auch jederzeit selbst den Impuls geben zu können, auf den Boden der Tatsachen zurückzukehren und die Fundamente für das Luftschloss auch in der Realität zu errichten.

Ein weiterer Aspekt ist, dass dieses Neuronennetzwerk am meisten arbeitet, wenn uns nicht bewusst ist, dass es arbeitet. Aber selbst wenn wir es bewusst gezielt einsetzen, bedeutet dies nicht zwingend Eskapismus, also Wirklichkeitsflucht, sondern kann einfach eine Methode zur Entspannung darstellen. Doch Vorsicht: Sich ständig in diesen Bereich zurückzuziehen steht in starker Beziehung mit Depression. Dieses Netzwerk ist es übrigens auch, das zum Beispiel im Alkoholrausch unsere Gedanken schweifen lässt.

Luftschlösser zu bauen, mit denen wir uns meist eine rosige Zukunft oder wohltuende Situationen ausmalen, ist allerdings nicht gleichzusetzen mit Optimismus.

Optimismus ist eine feine Sache, doch nun hat man herausgefunden, dass zu optimistische Erwartungshaltungen bei Testergebnissen sogar von Nachteil sein können. Kerri Kettle und Gerald Haubl von der Universität Alberta zeigten in ihren Studien, dass eine optimistische Einstellung nicht unbedingt Testergebnisse verbessert.

Sie fanden außerdem heraus, dass es einen Unterschied machte, ob Feedback zu einer Leistung gleich oder erst mit zeitlicher Verspätung erwartet wurde. Bei schnellem Feedback liegt eine mögliche Enttäuschung näher, sodass sich jene Probanden mehr anstrengten als jene, deren Bewertung erst eine Woche später erfolgte, deren Glück oder Unglück also weiter entfernt lag. Es scheint also die beste Herangehensweise zu sein, wenn Sie einen Test egal welcher Art machen, sich vorzustellen, dass das Ergebnis gleich danach bekannt gegeben wird. Da die mögliche Enttäuschung so nahe liegt, werden Sie angetrieben besser abzuschneiden.

Sich selbst realistisch, vielleicht mit einer Prise Pessimismus einzuschätzen bringt unser Gehirn dazu, sich auf das bevorstehende Unglück vorzubereiten. Da unser Gehirn darauf programmiert ist, Unglück abzuwenden, wird es sich ohnedies noch mehr anstrengen dieses Unglück abzuwenden und dann umso glücklicher sein, wenn wir gut abgeschnitten haben.

Ratschläge wie: „Du darfst nie Zweifel aufkommen lassen, sondern du musst stets sagen: ‚Ich werde'", führen auch nicht zwingendermaßen zum Glück und können sogar eher, wenn sie zu weit von der Realität entfernt sind, unglücklich machen.

Anstatt nur positiv zu denken und vielleicht von der Realität gar abzuheben, ist es zielführender, Zweifel zuzulassen und sich selbst zu fragen: „Werde ich?" Nur weil man in Maßen Zweifel zulässt, bedeutet das nicht automatisch, dass man „negativ" ist. Untersuchungen wie die von Dolores Albarracin von der Universität von Illinois bestätigen, dass es, wenn es um spezifisches Verhalten geht, vielversprechender scheint, sich Fragen zu stellen.

Ursprünglich kommen viele dieser Motivationsfloskeln von umstrittenen Praktiken, die in Abgrenzung von der wissenschaftlichen Psychologie entstanden sind, wie zum Beispiel Neurolinguistic Programming (NLP). Sie können, aber müssen nicht funktionieren, sind also sehr mit Vorsicht zu genießen.

Glauben, Placeboeffekt und sich selbst erfüllende Prophezeiungen haben einen Effekt. Wenn es Ihnen hilft, sich durch NLP neu zu programmieren, verwenden Sie die Prinzipien Trance, Hypnose, Reframing, Konditionieren, Dissoziieren. NLP gilt als unwissenschaftlich, weil einige Konzepte nicht wissenschaftlich nachgewiesen sind, andere widerlegt sind und die Teilnehmer vor allem daran glauben müssen, dass es funktioniert.

Bei vielen heftig beworbenen Methoden und „Gesetzen", die logisch und einfach zu schön klingen, um wahr zu sein, handelt es sich nicht um wissenschaftliche Gesetze. Im Gegensatz zu all den Pseudowissenschaften: Erinnern wir uns an Isaac Newton (1643–1727) und sein Gravitationsgesetz, das Johannes Keplers (1571–1630) Gesetze der Planetenbewegung und die Erdgravitation erklärte: Klappen Sie das Buch zu und lassen Sie es los.

Wir sind auf der Erde, daher fällt es auf den Boden, egal ob Sie daran glauben oder nicht.

Zählt die Jagd oder das erlegte Wild?

Auf der Jagd nach Glück und bei all den Ratschlägen, die wir dazu erhalten, sollten wir immer bedenken, ob es uns nur Glücksgefühle bereitet, etwas zu jagen, vielleicht sogar etwas, das wir nie bekommen können, und die Jagd daher ewig weitergeht. Oder ob wir die Sache selbst tatsächlich wollen. Sehr oft ist die Befriedigung durch das Wollen größer als das tatsächliche Bekommen. Die Belastung, nach etwas zu streben, kann daher glücklicher machen als die plötzliche Entlastung, wenn ich die Sache dann auf einmal wirklich habe.

In Filmen und noch öfter in Fernsehserien gibt es etwas, das unaufgelöste, noch belastete sexuelle Spannung heißt. Der Zuschauer wartet gebannt, ob sich die beiden Hauptdarsteller, die ja offensichtlich ideal zusammenpassen, nun „kriegen" oder nicht. Bekommen sich die beiden, führen eine Beziehung, heiraten und setzen Kinder in die Welt, ist das Serienmodell ein anderes, meist weniger erfolgreiches als das Katz-und-Maus-Spiel. Die Unterhaltungsindustrie weiß, dass es Menschen bei Filmen mehr nach der Idee des perfekten Paares gelüstet als nach glücklichen Paaren, bei denen die typische Spannung nicht mehr vorhanden ist. Kommt ein Paar zusammen, wird das immer eher als Endzustand gesehen, bei dem viele Dinge gelöst sind und alles von jetzt an weniger spannend ist. Ähnlich kann es bei Lebenszielen sein.

Schauspieler wissen, dass sie dafür bezahlt werden, eine Erfahrung zu machen und sich durchzukämpfen, und dass dies für den Zuseher spannender mitzuerleben ist als Monotonie oder stagnierte Emotionen. Die Kunst, die nur überlebt, wenn sie Menschen glücklich macht oder subventioniert wird, weiß schon längst, dass es beim Glück um einen Prozess und nicht um ein Endergebnis geht.

Ist die Jagd beendet, das Ziel erreicht und zum Beispiel der Partner gewählt, dann geht es darum, sich auf eine neue Jagd zu begeben, sich neue Aufgaben zu suchen, und zwar gemeinsame. In unserer heutigen Zeit wundern wir uns oft, wenn Ehen nicht funktionieren, da wir versuchen ständig die Jagd nach dem Partner zu simulieren. Doch das kann gar nicht klappen, denn man befindet sich in einem dieser Spiele, bei dem es darauf hinausläuft, dass man den Partner „sicher hat". Ist der große Tag der Hochzeit erst vorbei, gehört das vorangegangene Spiel der Jagd in einen anderen vergangenen Lebensabschnitt.

Wenn ein Verlangen also nicht befriedigt wird, kann dies im Endeffekt sogar mehr befriedigen als die Befriedigung selbst. Das ist insofern wichtig zu verstehen, als auch dies für und gegen uns arbeiten kann. Und das bezieht sich nicht nur auf Beziehungen, sondern auf viele Lebensbereiche, in denen die Jagd glücklicher macht als das erlegte Wild.

Herabstufung und andere Unglücksmuster

Geht es nach der Evolution, sollen Menschen nicht nur neue Dinge ausprobieren, um sich weiterzuentwickeln. Sie sollen auch besser werden. Daher machen Heraufstufungen glücklich, Herabstufungen hingegen unglücklich. Denn wenn mir etwas weggenommen wird, tut dies weh.

Versuchen wir uns an einem kleinen Beispiel: Würden Sie eher einen Job annehmen, in dem Sie im ersten Jahr 30.000 Euro verdienen, im nächsten 40.000 und im dritten Jahr 50.000? Oder einen Job, in dem Sie im ersten Jahr 60.000 Euro, dann 50.000 und im letzten Jahr nur noch 40.000 verdienen würden?

Versuche zeigten, dass Menschen über einen Zeitraum hinweg eher ihr Gesamteinkommen verringern, als dass sie eine Gehaltskürzung hinnehmen würden.

Auch ein weiteres spannendes Beispiel illustriert diesen Zusammenhang: Affen, die auf eine Apfeldiät gesetzt wurden, wobei sie die Äpfel jeweils erhielten, wenn sie ein Lichtsignal betätigten, gewöhnten sich bald an diese Äpfel. Als sie unerwarteterweise Rosinen bekamen, feuerten die Neuronen der Affen aus allen Rohren. Die Überraschung machte die Affen offensichtlich glücklich. Nach Wiederholungen schwand jedoch das neu gefundene Glück. Als die Affen anschließend wieder auf ihre Apfeldiät gesetzt wurden, senkte sich ihr Glücksniveau sogar unter den normalen Ruhezustand. Dieser Abfall ist eigentlich ein Zeichen einer Depression. Erst als die Rosinen nach einiger Zeit vergessen waren, kehrte der gewohnte Ruhezustand wieder ein.

Natürlich sind wir keine Affen auf einer Rosinen- oder Apfeldiät, jedoch können wir die gewonnenen Erkenntnisse gut auf uns Menschen umlegen. Es hat eben einen Grund, warum eine Verbesserung eine Verbesserung und eine Verschlechterung eine Verschlechterung ist.

Aber nicht nur beim Geld machen uns Herabstufungen unglücklich. Bei so ziemlich allem ist es so. Wenn wir diesen Mechanismus kennen und wissen, warum dem so ist, können wir leichter aufs Glück pfeifen.

Sei es jetzt, dass wir Dinge aufgeben, nur um an ein Upgrade zu gelangen, das vielleicht für uns, auf das gesamte Leben bezogen, gar nicht gut ist. Oder sei es, dass wir eine Herabstufung hinnehmen müssen, schon gar wenn es sich um eine Herabstufung handelt, die wir nicht verursacht haben, sondern vielleicht unser Partner. Wenn wir uns der Mechanismen, die in uns ablaufen, bewusst sind, können wir auch bewusst sagen: „Klar, es ist nicht so gut wie das, was wir vorher hatten, aber egal, wir wollen das so oder wir können es nicht ändern, daher machen wir jetzt trotzdem weiter."

Wir Menschen streben danach, stets alles mit den Gesetzen der Logik zu erklären und nach Mustern zu suchen, selbst wenn es gar keine gibt.

Deswegen werden uns im Kasino „einarmige Banditen" oder auch andere Spiele und Spielapparate so gefährlich. Wir sind davon überzeugt, dass es ein Muster gibt, um „das System zu knacken".

1913 fiel im Kasino von Monte Carlo die Kugel beim Roulette 26 Mal auf Schwarz, Spieler wurden ganz verrückt, da das Muster, von dem sie dachten, es sei da, per Zufall eben durchbrochen wurde.

Auch die kalifornische Computerfirma Apple stieß an diesen Fehler im System des menschlichen Denkens. Als sie ihren tragbaren Musikspielgeräten eine Funktion beifügte, bei der Lieder zufällig abgespielt wurden, beklagten sich die Konsumenten, dass das Zufallsabspielen wohl gar nicht so zufällig sei. Ihnen war nicht bewusst, dass sie nach einem Muster gesucht hatten und daher der irrigen Meinung waren, das Gerät sei „getürkt", weil es zufällig zweimal hintereinander dasselbe Lied gespielt hatte.

Apple beschloss nach sich mehrenden Konsumentenklagen das Programm so umzuschreiben, dass es weniger zufällig war, damit der Mensch es als zufällig wahrnehmen konnte.

Seitdem ist die „Zufalls-/Shuffle"-Funktion eben weniger zufällig, um zufälliger zu erscheinen. Paradox, oder?

Mit negativen Gefühlen geht anscheinend eine Abwärtsspirale einher. Passiert etwas Negatives, sind die Gedanken negativ und vice versa, sich gegenseitig befruchtend.

Glück ist Sicherheit und Ordnung, Unglück ist Gefahr, Unordnung, Unsicherheit. Da es auch Putzfrauen und keine Schmutzfrauen gibt, gibt es auch Glücksbücher und keine Unglücksbücher.

Unangenehme Gefühle erleben wir intensiver als positive. Daraus ergibt sich, dass es schwerer ist, uns zum Lachen zu bringen, als uns mit einem Melodram zu rühren.

Der Mensch hat Versuchen zufolge eine Vorliebe für Tragik. Negative Nachrichten sind größere Schlagzeilen als positive. Verluste tun mehr weh, als Gewinne Freude bereiten. Es hat sich in der Evolution bewährt, das Risiko stärker zu scheuen, als das Glück zu suchen.

Für lange Zeit war eine Aufwärtsspirale, die positive Gefühle, positive Gedanken und Dinge mit sich ziehen sollte, nur eine Annahme. Doch in Laborversuchen bewiesen Barbara Fredrickson und Thomas Joiner vom der US-Universität in Michigan 2002, dass diese Aufwärtsspirale tatsächlich existiert. Glücklich macht, wenn wir das Unsere dazutun können. Die Verhaltensökonomie nennt dies den „Ikea-Effekt". Aus irgendeinem Grund sind wir glücklicher, wenn wir uns etwas in kleinem Rahmen erarbeitet haben, als wenn uns etwas geschenkt in den Schoß fällt. Zusätzlich haben wir dann eine intensivere Bindung zu einem Objekt. Wenn wir zum Beispiel unseren Kasten selbst zusammengebaut haben und uns vielleicht sogar mit einem Partner gemeinsam dabei angestrengt haben, sind wir glücklicher, als wenn alles fix und fertig angeliefert wurde.

Wir Menschen sind umgeben von Dingen und anderen Menschen, die uns hoffentlich eher glücklich als unglücklich machen. Oft weil uns eine Geschichte mit einem Menschen oder einem Objekt verbindet. Unsere Energie in etwas zu investieren macht uns glücklich, und dies zeigt sich auch oft noch Jahre nach der erbrachten Arbeit, wenn wir zum Beispiel stolz auf ein Haus sind, das wir gebaut haben, oder eine Familie, die wir gegründet haben.

Schauspieler kennen diese Glücksquellen, denn sie fehlen ihnen. Es mangelt natürlich an der Möglichkeit, die Leben, die sie auf der Bühne darstellen, real zu durchleben. Zum Beispiel werden jene Dinge, die die Figur besitzt, nicht selbst erarbeitet, sondern vom Requisiteur zur Verfügung gestellt. Schauspieler haben daher Techniken entwickelt, sich mit Dingen schnell vertraut und sich diese zu eigen zu machen und die fehlenden Dinge durch die Fantasie oder andere Erinnerungen zu ersetzen.

Energie in etwas hineinzustecken beginnt zum Beispiel damit, dass wir etwas angreifen und der Sache unsere kostbare Aufmerksamkeit schenken. Gute Schauspieler erbitten sich ein wenig Zeit vor dem Dreh in der Kulisse, die zum Beispiel ihre Wohnung darstellen soll. Sie greifen Dinge an und stellen sich als Mensch in Bezug zu den Dingen. Es handelt sich um eine Art Verankerung in Zeit und Raum.

Auch hier können wir uns wieder von der Schauspieltechnik inspirieren lassen und überlegen, wo wir mit wem oder was verankert sind und ob uns diese Verankerung glücklich oder unglücklich macht und ob und was wir ändern sollten.

Dass etwas anzugreifen uns schnell etwas fühlen lässt, ist gut für Schauspieler. Doch auch für uns ist es wichtig zu wissen, dass wir durch das Angreifen noch schneller Bindungen zu Objekten aufbauen können. Daher drücken uns schlaue

Verkäufer oft Dinge in die Hand und auch Geschäfte sind so ausgerichtet, dass wir Waren angreifen können. Auf unser Glücksgefühl umgemünzt bedeutet das, dass, wenn wir in etwas viel Energie hineingesteckt haben, im Extremfall sogar dafür gelitten haben, uns die Sache auch mehr wert sein muss. Diesen Mehrwert hat sie allerdings nur für uns. Manchmal bedeutet Glück an einer Sache festzuhalten und manchmal sie loszulassen. Je mehr Herzblut von uns in einer Sache steckt, desto schwieriger wird es allerdings loszulassen, da es uns unglücklich macht aufzugeben.

Schmerz und andere Empfindungen koppelt der Körper dem Gehirn zurück. Das Gehirn reagiert auf Aktionen des Körpers. Dies geht auf die Erkenntnis des Psychologen William James (1842–1910) zurück. Er gilt als Begründer der amerikanischen Psychologie und beschäftigte sich in seinem 1884 erschienenen Werk „Was ist Emotion?" damit, dass körperliche Veränderungen Emotionen vorangehen, also: *„Wir weinen nicht, weil wir traurig sind, sondern wir sind traurig, weil wir weinen."*

Schauspieler wissen genau, dass ihre Körperhaltung ihre Rolle beeinflusst. Das beginnt schon bei der Auswahl des richtigen Schuhwerks. Auch Techniken wie die „Alexander-Technik" sind in diesem Zusammenhang hilfreich.

Auch Lachen macht uns glücklicher, jedoch nur in bestimmtem Ausmaß und Rahmen. Daher funktioniert auch Lachyoga in gewisser Hinsicht. Stirnrunzeln hingegen hilft angeblich dabei, analytischer zu denken. Zum Lachen selbst gibt es sogar eine eigene Wissenschaft, benannt nach dem griechischen Wort für Lachen, die Gelotologie.

Verwenden Schauspieler zu viel dieser Technik oder versuchen zu maskieren, dass sie ihre Hausaufgaben nicht gemacht haben und die Rolle nicht erarbeitet haben, also dass die passenden Gehirnstrukturen fehlen, sprechen Zuseher davon, dass das Spiel „so aufgesetzt" gewirkt hat.

Während ein wenig Lächeln oder Lachen vielleicht etwas glücklicher macht, darf man nicht dem sogenannten „Lächelmaskensyndrom“ verfallen. Denken wir an das krampfhafte Dauergrinsen von Tänzerinnen, Flugbegleiterinnen, gewissen Personen im Dienstleistungsbetrieb und wir haben diesen festgefahrenen Gesichtszug vor unserem geistigen Auge.

Denn egal wie oft wir versuchen zu grinsen, um dadurch glücklicher zu werden: Wenn das Leben gerade nicht so spielt, wird kein Glück daraus, weil das Lachen nicht echt ist. Nur das sogenannte „Duchenne-Lächeln“, benannt nach dem französischen Wissenschafter Guillaume-Benjamin Duchenne (1806–1875), zeigt wahre Freude, an der nicht nur die Mundwinkel, sondern auch die Augen beteiligt sind.

Dauerlächeln kann sogar zu Depressionen führen, hat Makoto Natsume von der japanischen Universität in Osaka erforscht. Und Japan ist immerhin das „Land des Lächelns“.

Es gibt noch zahlreiche weitere Glücksfaktoren und die individuellen kennen nur Sie selbst.

Eine kurze Liste weiterer interessanter und vielleicht hilfreicher Aspekte, die das Glück der Spezies Mensch beeinflussen, sei hier zusammengetragen:

Wir wollen, dass das, was wir uns vorstellen, auch eintrifft.

Bei unseren Erwartungen und Zukunftsannahmen verlassen wir uns auf unsere Erinnerung.

Wir glauben uns selbst, sprich dem Bild, das wir uns von der Realität zusammengeschustert haben.

Wir glauben und vertrauen unserer Erinnerung, oft auch ohne zu hinterfragen.

Neue Dinge machen uns glücklich.

Wir versuchen Verluste und Reue zu vermeiden.

Wir wollen gerne das Gefühl der Kontrolle haben, das beinhaltet auch, dass wir kontrollieren, wem und wie wir Kontrolle abgeben. Hingabe ist schließlich nicht Unterwerfung.

Wir wollen gerne recht haben.

Das Gehirn spart Energie, wo es nur kann. Energiesparen macht glücklich. Denken ist wahrscheinlich die wichtigste Sache, bei der Sie aufs Glück pfeifen sollten. Selbst wenn diese andere Art des Denkens Energie kostet, komplizierter ist und nicht unbedingt glücklicher macht.

Wir denken in Schemata, um Arbeitszeit und Energie des Gehirns zu sparen. Diese Gedankenmuster sollten wir immer wieder hinterfragen, auch wenn das anstrengend ist und das Gehirn eigentlich glücklicher dabei wäre, festgefahrene Muster einfach beizubehalten.

Wir wehren uns gegen eine Neuinformation die, auch wenn sie richtig ist, die gemachten Schemata im Gehirn infrage stellt. Geschieht dies, stellt das Gehirn auf „Gefahr“ und versucht diesen vagen Zustand sobald wie möglich wieder in eine sichere Balance zu bringen.

Ist ein Muster angelegt, kann eine Wahrheit auch Basis für viele Lügen sein.

Wir weisen Schuld zu, um uns emotional zu entladen, auch wenn es nichts zum Lösungsprozess beiträgt. Allein schon, um das „Ich-habe-recht“-Prinzip – um zumindest unser Ego in unseren Augen zu schützen – wieder herzustellen.

Einzelergebnisse werden in Mustern zusammengewebt.

Wir suchen nach Mustern, auch wenn es gar keine gibt.

Wir denken nicht logisch, sondern assoziativ.

Das Gehirn zieht bei der Entscheidungsfindung nicht immer unser bewusstes Denken hinzu.

Wir beziehen Entscheidungsgrundlagen aus unserem Erfahrungsschatz und den abgespeicherten Vergleichsobjekten.

Wir zimmern uns Erklärungen zusammen, die praktisch, vielleicht sogar logisch und dennoch falsch sein können.

Der Antrieb, unsere Gene der nächsten Generation weiterzugeben und keine biologische Sackgasse zu sein, ist stark und motiviert und steht in enger Verbindung mit dem Glück.

Wir beurteilen andere nach deren Handlungen, uns selbst jedoch eher nach unseren Absichten.

Und so weiter und so weiter …

Das innere Stehaufmännchen und die Kunst des Scheiterns

Eine wichtige Eigenschaft, wenn nicht die wichtigste, lautet Resilienz. Sie beschreibt, wie schnell unser „inneres Stehaufmännchen" wieder aufsteht oder ob es gar am Boden liegen bleibt. Eines der größten „Erfolgsgeheimnisse" für ein glückliches Leben ist es, die Fähigkeit zu besitzen, erfolgreich zu scheitern. Dazu gilt es auch zu unterscheiden, ob ich in meinen Augen scheitere oder in den Augen anderer, die mir wichtig sind, oder in den Augen der Gesellschaft.

Auch hier spielen Vorraussetzungen in unserem Gehirn eine entscheidende Rolle, denn unsere Resilienz hängt von unserer „Glückshardware" und unserer „Glückssoftware" ab. Zum Beispiel scheint es eine schnelle Verbindung des vorderen Schläfenlappens zur Amygdala zu geben. Während es bei Depressionen nur eine schwache Verbindung gibt.

Egal wie sehr unsere genetischen Vorraussetzungen unsere Resilienzfähigkeit beeinflussen, die wirklich gute Nachricht ist, dass, während das Glück anscheinend einen Eichstrich hat, unsere Resilienz durch unseren Willen beeinflussbar und erlernbar ist.

Wie wichtig Resilienz für das Glück ist, beginnt die Forschung erst jetzt zu belegen. Biografien von Prominenten zeigen uns seit Langem, wie oft Menschen Niederschläge einstecken mussten, bis sie Erfolg hatten. Resilienz und die Fähigkeit, sich immer wieder neu zu motivieren (anders ausgedrückt: nicht wie tief wir fallen, sondern wie stark und hoch wir zurückfedern), sind vielleicht die wichtigsten Voraussetzungen für das Glück.

Bekannte Geschichten werden bei Künstlern als Motivation herumgereicht: Zum Beispiel, dass die Beatles von Decca Records abgelehnt wurden, mit der Begründung, dass „ihre Musik nicht gefiele und die Band keine Zukunft im Showbusiness hätte", dass Fred Astaire in seinen ersten Tests negativ beurteilt wurde („vom Haarausfall bedroht, als Schauspieler untauglich und kann ein wenig tanzen"), dass Oprah Winfrey zu Beginn ihrer Karriere als „nicht fernsehtauglich" ihren Moderatorenjob verlor, dass Steve Jobs mit dreißig von seiner eigenen Firma gefeuert wurde, bevor er Jahre später wieder eingestellt wurde und den Apple-Siegeszug um die Welt einläutete. Selbst Walt Disney wurde von einer Zeitung mit der Begründung, dass er „keine Fantasie und keine originellen Ideen habe", gekündigt. Auch mein Vater wurde von der Zeitung rausgeworfen, die er später kaufte. Was wäre, wenn all diese Menschen weniger resilient gewesen wären und aufgegeben hätten?

Resilienz ist eng mit unserer Fähigkeit zu lernen gekoppelt. Wir lernen, indem wir probieren und scheitern und wieder probieren und wieder scheitern.

Das Schauspiel ist auch hier ein guter Zugang, denn Schauspieler sind Meister darin, immer die gleiche Sache mit Begeisterung immer wieder neu anzugehen. Das Neuangehen ist natürlich nicht so einfach, denn wenn ich etwas einmal erlebt habe, kann ich es nicht „unerlebt" machen. Es gibt nie wieder so etwas wie „das erste Mal".

Und oft haben wir noch schlechte Erinnerungen, denn Scheitern wird oft nicht als etwas, das glücklich macht, interpretiert. Wir sehen eher, dass uns etwas misslungen ist, als dass wir überhaupt die Möglichkeit hatten, es zu versuchen.

Die einzige Chance, die wir haben, wollen wir etwas immer wieder durchleben, ist es, wie in der Fabel über einen Meister, dem es gelingt, die Welt trotz all seines Wissens immer wieder mit Kinderaugen zu betrachten, zu agieren: Mit der Kunst, alles zu wissen und dennoch völlig neu erfahren zu können.

Schauspieler schaffen es, eine Rolle in- und auswendig zu kennen und sie dennoch so zu durchleben, als wüssten sie nicht, was passiert, und sich überraschen zu lassen und neue Zugänge zu finden.

Zu Hilfe kommt uns, dass die Verbindungen in unserem Gehirn immer wieder zerfallen. Wie jeder Mensch benötigt jedoch auch der Schauspieler eine Regenerationszeit, bis er wieder „neu“ erfahren kann. Das ist auch bei anderen Glückserfahrungen so, denken wir an einen Kuss oder ein Stück Schokolade, wir brauchen ein wenig Abstand oder Regenerationszeit, bis wir von Neuem genießen können.

Ausgezeichnete Schauspieler können Szenen auf mehrere Arten spielen, als sie sich der Autor jemals erdacht hat. Schauspieler haben eines der Grundprinzipien der Menschen entdeckt. Genauso wie die Evolution selbst, die herausfiltert, welche Eigenschaften überleben und welche nicht, probieren auch Schauspieler an Charakteren herum: Sie machen eine Sache und schauen, was passiert. Ist das Ergebnis das, welches sie möchten, machen sie weiter. Haben sie nicht erreicht, was sie wollen, wählen die Darsteller einen anderen Ansatz.

Haben Schauspieler eine fest eingefahrene Art und Weise, wie sie eine Szene spielen, deutet das der Zuschauer einfach als schlechtes Schauspiel. Denn wenn ich immer das Gleiche mache, sind die Verbindungen im Gehirn erstellt, die Augen sind mehr oder weniger tot und es wird nichts Neues erfahren. Vom Zuseher hört man dann oft, „der Schauspieler ließ mich kalt“ oder „der Schauspieler hat mich nicht bewegt“. Der Zuseher zahlt aber genau dafür, dass der Schauspieler die Emotionen frisch erfährt, denn nur so kann der Zuseher die Emotionen spiegeln und bekommt so seine Emotionsdosis.

Ganz abgesehen davon, dass es schmerzhaft ist, schlechten Schauspielern zuzusehen, die einstudiert wie auf Schiene das Gleiche tun und die diese hohe Kunst des Gebens vielleicht aus Eitelkeit und purem Egoismus betreiben und gar keine Vorstellung geben, sondern nur nehmen, ist es frei nach Einstein die Definition von Wahnsinn, wenn jemand immer wieder das Gleiche tut und ein anderes Ergebnis erwartet.

Die Kunst des erfolgreichen Scheiterns ist eine der wichtigsten Glückseigenschaften. Und durch unsere Resilienz haben wir die Lebenskraft, nachdem wir gescheitert sind, die Sache von Neuem anzugehen. Wenn wir handeln, kann es zu einer kurzfristigen Reue kommen, langfristig, rückblickend aufs ganze Leben bezogen, bereuen wir allerdings eher nicht gehandelt zu haben, als gehandelt zu haben.

Misslingt mir etwas, bin ich noch nicht gescheitert. Selbst wenn etwas wiederholt scheitert, versage ich nicht und verzage auf keinen Fall. Ein Versager werde ich nur, wenn ich es aufgebe, zu handeln und zu leben. Solange ich lebe, kann ich erfolgreicher scheitern.

Glück, die heilige Kuh

Persönliches Glück und Selbstverwirklichung als höchstes Lebensziel gewinnen in unserer Gesellschaft immer mehr an Bedeutung. „Glück“ und „happy sein“ haben sich einen zentralen Stellenwert in unserer Gesellschaft ergattert. Hingegen sind pragmatisches Denken, rationales Handeln, Disziplin, Rücksicht, Pflichtgefühl, Verantwortungsgefühl, Ehrgefühl und Anstand gegenüber sich selbst, anderen oder auch der Gesellschaft in unserer westlichen Welt ins Hintertreffen geraten.

Nachgelebtes Glück

Zig Studien beschreiben, dass im Moment das Glücksgefühl das höchste aller Güter ist. Laut einer Umfrage aus dem Jahr 1974 antwortete nur die Hälfte der Menschen, dass Glück der Sinn des Lebens sei. Heute bejahen bereits sieben von zehn Menschen diese Feststellung.

Allerdings kann dem Glück nachzurennen oder es „herbeizuwollen“ dazu führen, dass wir so fokussiert auf das Nachrennen sind, dass wir, wenn uns das Leben Chancen und glückliche Zufälle schenkt, A.) sie nicht einmal als solche erkennen, weil wir uns zum Beispiel vor dem Risiko, mögliches Unglück auf dem Weg dorthin zu erfahren, fürchten, und B.) wahrscheinlich weil wir so viel Zeit mit der

Glückssuche verschwendet haben, nicht genug Fähigkeiten erworben haben, also nicht vorbereitet waren diese glücklichen Zufälle überhaupt nützen zu können und nicht nur zu wollen.

Für den Begründer der Logotherapie (vom griechischen Wort für Sinn) Viktor Frankl (1905–1997) geht es um den Sinn im Leben, nicht um das Glück. Bezüglich des Glücks spricht er davon, dass es sich, je mehr wir etwas krampfhaft wollen, desto weiter von uns entfernt. *„Je mehr einer nach dem Glück jagt, umso mehr verjagt er es auch schon. Und je mehr es einem um die Lust geht, umso mehr vergeht sie ihm auch schon."*

Dennoch schreitet die Jagd nach dem Glück in vollen Zügen voran. Im Jahr 2000 hat ein Journalist 50 Bücher, die in den USA zum Thema Glück auf den Markt gekommen sind, gezählt. 2008 waren es 4.000; im deutschen Sprachraum sieht es ähnlich aus.

Seit der zweiten Hälfte des 20. Jahrhunderts sind Selbsthilfebücher ein boomender Markt, der einerseits wirkliche Hilfestellungen bietet, aber andererseits sich selbst am Leben erhält, da er uns auf die Unzulänglichkeiten, die er zu beseitigen versucht, überhaupt erst aufmerksam macht. Im übertragenen Sinn, wie der Schriftsteller Karl Kraus schon sagte: *„Die Psychoanalyse ist die Krankheit, für deren Therapie sie sich hält."*

Es gibt nicht nur Blogs, es gibt sogar Bücher über Leute, die lauter Theorien über das Glücklichsein gelesen haben, jedes Seminar, das sie finden konnten, besuchten und, siehe da, trotzdem nicht glücklich sind. Daher gibt es jetzt schon Bücher, die sich gegen den Glückstrend wenden. Der Zeitgeist schwingt langsam um und es wird uns bewusst, dass zum Glück auch Unglück dazugehört, die Frage lautet nicht „für oder gegen Glück?". Glück und Unglück stehen einander nicht in einer Linie gegenüber, sondern, wie es dieses Buch sagt: Glück und Unglück sind ein Teil des Lebenskreises. Gesprochen wird neuerdings – als Antwort auf die Welle der „Selbsthilfebücher“ – von „Du-kannst-dir-nicht-helfen-Büchern“. Sogar Vertreter der „Positiven Psychologie“ selbst sind mit dem fast abgenutzten Wort „Glück“ nicht mehr glücklich“ und verwenden zum Beispiel lieber „Wohlbefinden“ – manche Bücher sprechen sogar von Glückslügen.

Dann gibt es noch unzählige Bücher, die Glück im Titel haben, aber entweder nicht wirklich etwas mit Glück zu tun haben oder das Wort ist nur im Titel, damit es vom Glückskonsumenten eher gekauft wird. Wir alle wollen glücklich sein, daher verkaufen sich positive Titel mit dem Wort Glück besser.

Außerdem existiert eine Vielzahl von Büchern, die sich tatsächlich mit der Thematik beschäftigen. Es geht sozusagen um einen „Supermarkt der Glücksgefühle“ oder glücksinduzierende Dinge und Tätigkeiten, aber nicht um das Glück selbst. Nur manche Bücher beschäftigen sich mit dem, was Glück tatsächlich ist oder sein kann.

Ähnlich wie bei Diätbüchern, die meist Menschen mit Gewichtsproblemen lesen, scheint es auch mit Glücksbüchern eine Art Ratgeberitis zu geben und sie befällt meist Menschen, die eben genau das sind, was sie nicht sein wollen: nämlich nicht glücklich.

Es gibt zahlreiche Glücksbücher, die uns den geheimen Schlüssel zum Glück versprechen. Wichtig ist, Folgendes nicht misszuverstehen: Wenn in diesem Buch von „Das ist der Schlüssel zum Glück“ die Rede ist, handelt es sich, wenn überhaupt, um einen *möglichen* Schlüssel, der für jemanden, der zu dem Zeitpunkt das richtige Schloss hatte, einmal funktioniert hat. Es handelt sich nicht zwingend um ein Gesetz oder einen allgemeingültigen Schlüssel oder gar einen Hauptschlüssel. Wenn ein Weg für den einen funktioniert, heißt das nicht, dass er für jemand anderen funktionieren muss. Daher für den einen Ja, für andere vielleicht Nein.

Es bringt nicht mit Sicherheit den gewünschten Erfolg, auf andere Menschen zu schauen und sich zu vergleichen, denn diese haben einen anderen Lebensweg. Das Einzige, was geht, ist sich inspirieren zu lassen und zu versuchen von anderen Menschen gut Vorgelebtes in das eigene Glückskonzept einzubauen.

Sind diese Regeln als „Erfahrungsberichte" zu verstehen, dann ist es kein Problem, sie anzuwenden. Wenn man weiß, dass eine bestimmte Person in einer bestimmten Situation glücklich war, dann kann das schon für die eigenen Entscheidungen hilfreich sein. Das macht es aber noch nicht sinnvoll, daraus absolute Regeln abzuleiten, die vielleicht in einem anderen Zusammenhang sogar falsch sind.

Eine kurze statistische Auswertung von Ratschlägen jüngerer Zeit in Zeitungen und Magazinen beinhaltet sechs unter Umständen brauchbare Regeln:

1. Pflegen Sie die Beziehungen zu Familie und Freunden.
2. Verfolgen Sie Ihre Wunschträume.
3. Sorgen Sie für ein Gleichgewicht von Arbeit und Freizeit.
4. Achten Sie auf das „kleine Glück" im Gegensatz zu großen Ereignissen, die selten eintreten.
5. Seien Sie dankbar für das Glück, das Sie erfahren.
6. Fördern Sie die Erinnerung an das Glück durch ein „Glücks-Tagebuch".

Warum dem aber so sein könnte und dass es sich mehrheitlich einfach um Tugendhaftigkeit handelt, das geben die Bücher an. Nur wenn Sie wissen warum, können Sie sich selbst nachhaltig glücklich machen. Zum Beispiel kann es Zeiten geben, in denen es Sie glücklich macht, alleine zu sein, dann ist es der falsche Rat, sich mit glücklichen Menschen zu umgeben. Oder Sie sind ein Mensch, der sich an jedem „kleinen“ Glück erfreut, jede Blume am Wegrand begutachtet und dabei das Ziel vergisst, dann sollten Sie nicht dem Ratschlag folgen, noch mehr auf das „kleine“ Glück zu achten.

Jeder Ratschlag macht für uns nur dann Sinn, wenn er in dem Moment genau der ist, den wir brauchen. Wie in einem Videospiel: Was nützt einem ein versteckter „Hint“ aus dem Level 32, wenn man im Level 28 feststeckt und einfach nicht weiterkommt? Daher ist es besser, das System zuerst zu verstehen und dann, wenn man möchte, die Lage mit den neuen Erkenntnissen zu analysieren und nach den richtigen Ratschlägen zu suchen.

Viele Richtungen und Ansätze sind in den letzten Jahren der Glückswelle populär geworden. Einige Ansätze sind wirkliche mögliche Wege, wenn dieser Weg für mich persönlich gerade passt. Aber nicht die absolute Antwort für alle und zu jeder Zeit. Zum Beispiel ist die oft gehörte Aufforderung, nur „im Jetzt zu leben“, nicht die absolute Antwort für alle. Patienten, die durch eine Verletzung des Frontallappens des Gehirns im Jetzt gefangen sind und gar keine andere Möglichkeit haben, außer sich immer nur dem Augenblick hinzugeben, sind definitiv nicht die glücklichsten Menschen der Welt.

Alles hat seine Zeit und seinen Ort. Für jemanden, der nie im Moment lebt, sondern immer nur an die Vergangenheit und die Zukunft denkt, ist es wichtig, auch das Jetzt zu bedenken und zu lernen den Moment zu genießen. Für so einen Menschen kann es sehr wichtig sein, sich bewusst auf die kleinen Dinge des Lebens zu konzentrieren und nicht nur für ein abstraktes Ziel, das vielleicht nie kommt, zu leben. Doch für jene, die nur im Moment leben, als gäbe es kein Morgen, wäre es vielleicht nicht schlecht, sich über die Zukunft und das zukünftige „Jetzt“ Gedanken zu machen. Außer es ist ihnen gleichgültig, dass, wenn für die Zukunft nicht vorgesorgt ist, die „Momente der Zukunft" vielleicht weniger prickelnd ausfallen werden. Lebt man nur im Jetzt, darf man sich dann, wenn das „Jetzt der Zukunft", für das man eben nicht vorgeplant und vorgearbeitet hat, nicht nach Wunsch ausfällt, wirklich nicht beklagen oder gar andere dafür verantwortlich machen.

Ein möglicher Denkanstoß verkauft eben weniger Bücher und Seminare als das Versprechen: „Das ist der Schlüssel zum Glück, so werden auch Sie leicht und schnell glücklich."

Die Liste ist endlos, kreativ sind Menschen ja, wenn sie nach einem Glücksschlüssel suchen, den sie dann zu Geld machen können, indem sie ihn anderen andrehen. Manchmal werden die Ratschläge richtig unsinnig: Wie Anleitungen, sich negative Gedanken mit einer Stimme zum Beispiel mit dem starken Akzent von Arnold Schwarzenegger vorzustellen oder gar laut nachzumachen. So ein Ratschlag macht maximal einmal glücklich, wenn man darüber lacht. Was aber nichts daran ändert, dass wir innere Stimmen haben, die oft nicht positiv sind und auf die wir oft nicht, aber manchmal eben schon hören sollten. Ganz abgesehen davon ist der Ratschlag dem eindrucksvollen Erfolgsmenschen Arnold Schwarzenegger gegenüber nicht nett und Glück beginnt sicher nicht damit, sich über andere Menschen lustig zu machen. Dieser Schauspieler ist mit seiner Autobiografie „Total Recall" unter die Autoren gegangen und braucht wahrscheinlich keine Glücks- oder Erfolgsbücher, denn allein sein Superstar-Status, seine gemeisterten Karrieren und sein dynamischer Webauftritt sowie seine Fähigkeit, Menschen zu Fitness zu inspirieren, zeugen davon, dass er alle Erfolgsregeln längst kennt. Sein Lebensweg zeigt wie kaum ein anderer, wie man mutig und glücksunabhängig vorlebt und nicht nur nachlebt.

Glücksgrenzen

Glück ist neben Freiheit eine heilige Kuh des westlichen Lebens. Für Bürger der westlichen Demokratien ist ihr Glück verfolgen zu dürfen selbstverständlich, in den USA ist dies sogar Verfassungsrecht. Allein die beiden Kühe vertragen sich nicht immer so, wie wir es erwarten. Was wäre, wenn, wie wir momentan beobachten können, unbegrenzte Möglichkeiten zwar Freiheit darstellen, aber nicht zwingendermaßen im gleichen Ausmaß glücklich machen?

Ist uns Glück wichtiger als Freiheit, sollten wir überlegen, ob wir nicht Freiheit auf einer Ebene aufgeben müssen, um Freiheit auf einer anderen Ebene zu erlangen. Das klingt vielleicht radikal, führt aber über Vertrauen zum Glück. Denn egal wie sehr wir die Idee von uneingeschränkter Freiheit lieben, fest steht, dass wir biologisch begrenzt und nicht grenzenlos sind. Und unser Gehirn reagiert mit seiner Glücksausschüttung eben nicht willentlich auf philosophische Ideen.

Wahl wird oft mit Freiheit in Verbindung gebracht. Freiheit ist ein glücksbringendes Konzept, weil Beschränkungen, die, wie wir wissen, Reaktanz herausfordern, unglücklich machen. Aber Wahlfreiheit bedeutet nicht gleich Glück. Es ist ein Irrglaube, dass wir, weil wir frei wählen können, auch automatisch glücklich sind. Im Gegenteil, Beschränkungen, vor allem auf staatlicher Ebene durch rahmengebende Gesetze, machen wahrscheinlich eher glücklich. Und geben uns im Tausch gegen die Freiheit, alles tun zu können, die Freiheit, die Sicherheit und die Sorgenfreiheit, unsere kostbare Aufmerksamkeit auf gewählte Dinge zu lenken.

Weiters lassen wir ausser Acht, während wir so „glücklich" über die Freiheit sind, dass wir vielleicht gar keine Handlungsfreiheit haben. Der Mensch ist vor allem bei der Wahl für eine Welt gemacht, in der die Natur die Grenzen gesetzt hat, in einer grenzenlosen Welt müssen wir aufs

Glück pfeifen lernen und uns glücksunabhängig selbst Grenzen setzen.

Das Glück hängt stark mit Naturgesetzen, Tatsachen und Dingen, die tatsächlich möglich sind, zusammen. Überhaupt ist das Wort „pragmatisch“, vom Griechischen für Handlung und Sache, also auf Taten und Dinge beschränkt, viel zu wenig in Verwendung.

Handeln kann glücklich machen. Träumen aber auch. Träumen ist allerdings leichter und auch nicht durch die Realität begrenzt. Sich einzubilden die Taten werden, nachdem wir motiviert wurden, schon von alleine folgen, ebenfalls. Würden wir einfach tun und handeln, bräuchten wir jedoch gar keine positiven Floskeln, die uns Dinge erlauben und Träume zulassen. Wenn wir die Fähigkeiten und Möglichkeiten besitzen, brauchen wir nichts zuzulassen und um Erlaubnis fragen und benötigen keine positive Motivation, wir handeln einfach guter Dinge.

Gefährlich ist, wenn wir uns einreden lassen, dass unser Geist alle Macht hat und wir nur das Glas halb voll sehen müssen. Auch in Situationen, in denen es offensichtlich ist, dass das Glas leer oder sogar heruntergefallen und in tausend Scherben zerbrochen ist.

Es gibt Menschen, die zum Beispiel eine schwere Krankheit als ein Wachrütteln und als eine positive Sache interpretieren. Doch das sagt wahrscheinlich mehr darüber aus, wie diese Menschen ihr Leben vor der Krankheit gesehen und gelebt haben, als darüber, dass jeder Krebskranke zusätzlich „Positivitis“ braucht. Völlig verständlich ist daher der Ärger der Menschen, die zum Beispiel an Krebs erkrankt sind und zusätzlich noch mit der Pflicht zum Glück geplagt werden. Es ist keinesfalls richtig, hoffnungslose Lagen als nicht ernst einzustufen.

Wir können zwar darüber nachdenken und einfach der Selbstverleugnung anheimfallen oder uns das Glas als nicht zerbrochen vorstellen, aber das macht das Glas weder heil noch halb voll. Die Konsequenz ist dann nämlich unsere Enttäuschung, weil wir die Erwartung haben, das Glas halb voll zu sehen. Wenn wir versuchen uns Wasser in das zerbrochene Glas einzuschenken, ist irgendwann die Realität nicht mehr zu verleugnen, denn das Glas ist immer noch kaputt und das Wasser läuft aus. Während wir so vom Positivismus, vom „Alles ist möglich" eingelullt wurden, verlieren wir wertvolle Zeit, die wir brauchen, um uns um ein neues Glas zu kümmern.

Nicht jeder Realismus ist gleich Negativität und nicht alle Traurigkeit gleich Depression. Introspektive Zeiten und Traurigkeit können auch wichtige Prozesse darstellen und sind Phasen, die wir brauchen, die wir uns in der heutigen Zeit, in der wir immer voll da sein müssen, aber nicht mehr gönnen.

Prinzipiell ist es unverständlich, warum Menschen ihre kostbare Lebenszeit damit verschwenden, nach Geheimrezepten zu suchen, anstatt das Leben mit allen Erfahrungen zu leben. Das einzige „Geheimrezept" lautet nämlich: „Leben kann man nur leben." Wahrscheinlich ist es mit dem geistigen Reichtum des Glücks so wie mit dem materiellen Reichtum: Die meisten Menschen laufen dem Reichtum hinterher, während manche Menschen einfach reich sind.

Ins Kreuzfeuer der Kritik ist das Herbeireden und Herbeiwünschen gekommen, als es zu Katastrophen in der Realität führte. Das Magazin Profil titelte bereits 2008: „Das faule Geschäft der Lebenshilfe-Ratgeber."

Dem Herrn im besagten Zeitschriftenartikel wurde eingeredet, dass das Geheimnis zu Erlangung des allumfassenden Glücks sei, Gedanken eisern im Zaum zu halten, negative zu meiden und positiv zu denken. So hat er den Erfolg „visualisiert", aber komplett auf die Voraussetzungen des Erfolges vergessen. Coaches inspirieren und bringen uns dazu, unseren Hintern von der Couch zu heben, dazu braucht es oft unrealistische Lockmittel. Macht sich jedoch infolge die beinharte Realität bemerkbar, folgt der Täuschung die herbe Enttäuschung. Es bedurfte einer psychiatrischen Behandlung und der Diagnose „selbst antrainierte Überheblichkeit, akute Wirklichkeitsverweigerung und krankhaft übersteigerter Erfolgshunger", um dem Pleitier nach einigen wirtschaftlichen Fehlschlägen wieder die ungetrübte Sicht auf die Realität zu geben.

Weglaufen, schönreden, Fakten unterdrücken und wegschieben, sich peinigen oder in die Fantasie flüchten, die Welt nur positiv zu sehen, all dies ist, wenn überhaupt, im Notfall ein Gewürz in der Lebenssuppe. Aber es darf eben nicht zur Suppe selbst werden.

Oft wird beim irrealen Wunschtraum nicht bedacht, dass wir uns alle in einem gewissen Rahmen, der uns gegeben ist, bewegen. Nur dort und vor unserer eigenen Türe kehrend können wir versuchen uns langsam in eine andere Richtung zu entwickeln und eventuell den Rahmen auszudehnen.

Gewisse Dinge wie die Entdeckungen Galileo Galileis (1564–1642), die zum Beispiel Nikolaus Kopernikus' (1473–1543) Heliozentrisches Weltbild stützten, sind heute unangezweifelt Fakt. Die Erde dreht sich um die Sonne. Damals verursachte diese gegen den Glauben gehende Erkenntnis einen Aufruhr und einen Prozess bei der heiligen Inquisition und er musste bis zu seinem Lebensende in Hausarrest bleiben. 1992, 350 Jahre später, wurde er von der Kirche rehabilitiert, seine damals unglaublichen Theorien sind nun Allgemeinwissen.

Was uns dies zeigt, ist, wie Wissenschaft und Glauben eben nicht immer übereinstimmen. Und wenn wir noch so viel glauben, die Realität beugt sich nicht unserem Glauben, sondern unser Glaube muss sich irgendwann der Realität beugen.

Die Menschheit hat beschlossen gewisse Dinge, auf die wir uns verlassen können, festzulegen. Zum Beispiel den Urmeter. Wir wissen genau, wie lange er ist, und wenn Sie auf ein Lineal schauen und ich auf ein Lineal schaue, dann kommen wir zum selben Ergebnis, auf dieser Basis können wir arbeiten und kommunizieren.

Darauf, dass ein Meter immer ein Meter sein wird, können wir uns verlassen. Mit Ihrer Wahrnehmung können Sie spielen, aber durch Ihre Wahrnehmung nicht die Realität verändern. Wenn Sie zum Beispiel ein zu kleines Zimmer optisch breiter machen möchten, können Sie das damit erreichen, dass Sie die Wand so mit Streifen bemalen oder eine dementsprechende Tapete aufkleben, dass das Zimmer größer erscheint.

Sie sollten jedoch nicht versuchen für dieses Zimmer Möbel zu kaufen, die dem Abbild des Zimmer in Ihrem Gehirn und nicht den tatsächlich nachmessbaren Maßen entsprechen.

Happy und doch nicht glücklich

Warum überhaupt diese Idee, dass man glücklicher sein muss, als man einfach ist? Wir müssen uns bewusst sein, dass der Anspruch auf Glück, die Suche nach dem Glück oder gar das Recht auf Glück stresst und somit glücklich, aber auch unglücklich machen kann.

Aber anstatt Dinge um ihrer selbst willen zu tun und einfach zu leben, egal ob mit Glück oder ohne Glück, *muss* jetzt alles glücklich sein. Und wenn die Welt nicht so will, wie wir uns das vorstellen, dann schreiben wir uns ein Anrecht auf Glück zu und beschweren uns, wenn wir unglücklich sind.

Wie George Bernard Shaw so treffend formulierte, verwandeln wir uns in eine „*(…) selbstsüchtige kleine Anhäu-*

fung von Achs und Wehs, die sich empört, weil die Welt nicht alles versucht, sie glücklich zu machen".

Da Glück das Motivationswerkzeug der Schöpfung ist, wollen alle Menschen glücklich sein. Aber damit nicht genug, das Glück wird immer mehr erwartet und sogar verlangt. Es wird vorausgesetzt, dass wir glücklich sein sollen, und wenn wir es nicht sind, sollen wir unser Leben damit verbringen, das Glück zu finden. So erstellen wir lange Listen für Wunschträume, wie unser Leben nun auszusehen habe. Erschwerend hinzu kommt, dass wir in einem globalen Dorf leben und uns mit weltweiten Höchstwerten vergleichen. So fühlen wir uns im Vergleich mit einem retouchierten Bild eines Supermodels nicht so schön. Absichtlich schreibe ich hier fühlen, denn wir vergleichen uns oft nicht bewusst und in einer rationalen Entscheidung. So schön wie das retouchierte Bild kann niemand sein, das ist nicht einmal das Model selbst. Aber emotional sehen wir die Welt so nicht; ohne dass wir uns bewusst entscheiden, vergleichen wir und auf diese Weise entstehen Minderwertigkeitskomplexe. Fühlt sich heutzutage jemand dem Hochglanzvorbild gegenüber minderwertig, können wir zum Chirurgen gehen und die Ungerechtigkeit des Schicksals durch plastische Chirurgie ausbessern.

Wenn dieser Schönheitswahn sich jetzt aber auch auf die Psyche ausweitet, und zwar unter dem Vorsatz, negative Gefühle auszumerzen und positiver zu sein, sieht die Zukunft bitter aus.

Da wir für alles selbst verantwortlich sind und Glück und Erfolg hoch bewertet werden, ist der Druck in unserer modernen Welt, dass zum perfekten Leben nicht nur perfektes Aussehen, perfekte Familie, perfekter Job, sondern auch noch das Glücklichsein dazugehört, enorm gestiegen. So weit, dass es fast wie Terror anmutet. Es herrscht ein Zwangsoptimusmus, den nicht nur Flugbegleiterinnen, sondern nun alle Menschen versprühen müssen, der alle negativen Gefühle, die genauso ihre Daseinsberechtigung haben und für das Glück sogar notwendig sind, wie ein Schönheitschirurg vermeintliche Imperfektionen, ausradiert.

Jetzt wird also nicht nur das physische Schönheitsbild von der Gesellschaft vorgegeben, jetzt soll es auch noch das geistige sein. Genetische „Minderwertigkeiten", die nur Minderwertigkeiten sind, wenn wir Menschen zum Beispiel danach bemessen, wie viele Glücksstoffe und Rezeptoren sie genetisch vorbestimmt im Gehirn haben, werden festgelegt.

Ich möchte zwischendurch stark betonen, dass in keiner Weise irgendwo in diesem Buch von psychisch ernsthaft kranken Menschen die Rede ist, die auf ärztliche Hilfe und Medikamente wie Psychopharmaka tatsächlich angewiesen sind.

Was aber sehr wohl zu überdenken ist, ist, dass Millionen von Menschen und weite Teile der Bevölkerung von Glückspillen abhängig sind, die illegalen Drogen nicht unähnlich sind. Was legal und was illegal ist, bestimmt sowieso nur die momentane Gesellschaftsordnung, zum Beispiel war Kokain zu Freuds Zeiten nicht nur legal, sondern sogar sehr beliebt. Heute sind Psychopharmaka ein Segen für Menschen, die sie wirklich brauchen, aber sie für die breite Masse zugänglich zu machen scheint keine gute Idee. Ärzte und Psychologen sind sich selbst uneinig, ob es die richtige Herangehensweise ist, auch natürliche Unterschiede im Glücksbefinden chemisch auszugleichen. Muss ein natürlicher Sauertopf mit extremen Gemütsschwankungen durch eine Therapie, die mühsam sein Denken ändert? Müssen Pillen unseren Sauertopf, wenn schon nicht in eine Frohnatur, zumindest in einen nach außen hin „normal" wirkenden Menschen verwandeln?

Damit sind wir übrigens schon beim nächsten Punkt: Wir sollen nicht glücklich *sein*; solange wir nach außen hin glücklich *aussehen*, auch wenn es durch plastische Geisteschirurgie ist, ist ja alles in Butter ...

Die Frage ist nur: Wie viel moderne Medizin überlebt der Mensch noch? Die Gesellschaft verwandelt sich von einem Sozialdarwinismus langsam in einen Glücksdarwinismus, bei dem jetzt eben unglückliche Menschen durch den Rost fallen. Und wie man zu seinem glücklichen Aussehen, ob durch nachhaltige oder durch schnelle Methoden kommt, ist für den Außenstehenden nicht nur schwer zu beurteilen, sondern ihm wahrscheinlich auch gleichgültig. Dass manche Unternehmen ernsthaft mit dem Gedanken spielen, das Glücksempfinden potenzieller zukünftiger Angestellter zu testen, ist nur ein grausamer Anfang.

Psychopharmaka sind absolut salonfähig geworden. Das National Institute of Health (NIH) nimmt an, dass ungefähr zwanzig Prozent der US-Bürger, also rund 48 Millionen Menschen, bereits besagte Medikamente für nicht medizinische Zwecke illegal verwendet haben. Eine schöne neue Welt, die da in den USA zusammengebastelt wird. Immer mehr Bürger sind süchtig nach Glückspillen wie „Prozac", dessen Wirkstoff „Fluoxetin" als Antidepressivum wirkt. 1988 kam es in den USA auf den Markt und 1990 auch in Deutschland. Es handelt sich um eine weniger schnell wirkende Pille als die, die sich der Autor Aldous Huxley in seinem Klassiker „Schöne Neue Welt" bereits 1931 erträumt hat.

Höchst bedenklich sind die offiziellen Statistiken, wie viele Menschen, vor allem Schüler und Studenten, während des Prüfungsstresses Psychopharmaka missbrauchen. Und auch um die Berühmtheiten, an deren Tod eine Kombination von legalen und illegalen Drogen zumindest mitschuldig ist, ist es ewig schade. Anstatt den Verstand walten zu lassen und zu verstehen, dass das Leben nicht ein ständiges „High" ist, geben wir unserer Schwäche, uns immer gut fühlen zu wollen und fühlen zu müssen, nach: „Oh, ich bin so unglücklich!" – Zack! Nimm Prozac!; „Oh, ich kann mich nicht konzentrieren!" – Zack! Nimm Aderol!; „Oh, ich bin so unruhig" – Zack! Nimm Xanax!

Ein weiteres Argument des Positivwahns ist es, genetisches Anderssein, das uns von Natur aus glücklicher oder unglücklicher sein lässt, auszugleichen und uns eben alle in Frohnaturen zu verwandeln. Oder zumindest in Menschen, die eben glücklicher aussehen und in der Gesellschaft grinsend funktionieren, auch wenn sie es innerlich nicht sind. An dieser Stelle kann man wirklich nur sagen: *„Fuck Happiness"*, warum müssen wir alle glücklich sein? Warum messen wir dem Glück so einen hohen Stellenwert bei?

Der Zugang zu „Glückspillen" ist einfacher denn je. Wir werden fast gezwungen, das, was von Natur aus „ungerechterweise" nicht jedem gleich mitgegeben wird, auszumerzen. Jetzt sollen nicht nur sozial alle gleichgestellt sein, sondern auch mental gleichgeschaltet werden. Fast wie Kommunismus im Kopf.

Und da sich der Mensch anpasst und oft schon Kindern, die nicht stillsitzen wollen und denen Verhaltensauffälligkeiten attestiert werden, Medikamente verabreicht werden, geht es irgendwann einmal wirklich nicht mehr ohne Arzneien. Eine Pille ist eben leichter zu verabreichen, als dem Kind wesentlich mehr Zeit und Zuwendung zu schenken und dem Zappelphilipp Disziplin beizubringen. Überhaupt ist einem nicht ausgewachsenen Gehirn solche Medikamente zu verabreichen mehr als fragwürdig. Es kann nicht sein, dass so viele einer ganzen Generation auf einmal schon im Kindesalter psychisch krank sind. Problematisch ist auch, dass Kinder oder Teenager, die schon früh auf Medikamente eingestellt werden, wahrscheinlich nicht mehr davon loskommen. Irgendwann ist der innere Schweinehund so stark, dass wir ihn nicht mehr in den Allerwertesten treten können. Was diese in so einer Masse verbreiteten Medikamente, die man rasch einmal verschrieben bekommt, verhindern, ist, dass die Menschen ja nicht das Gefühl haben, wirklich zu leben, denn dazu gehören die positiven *und* negativen Seiten, auch wenn man sich oft nicht 100%ig wohlfühlt, sondern nur 0,1%ig oder manchmal kläglich scheitert.

Da das Glück uns alle betrifft, ist es besonders gefährlich, mit diesen Mechanismen zu spielen. Immer mehr Stimmen werden von Psychologen laut, dass, nur weil das Glück gerade modern ist, nicht alles mit Pillen wegreguliert werden darf. Geht es ums Glück und vor allem die Verabreichung eines medizinischen Cocktails für Schulkinder, wird die Sache wirklich gefährlich.

Die Massenmedien reagieren und vermehrt finden sich kritische Artikel über die vermeintliche Welle von psychischen Beeinträchtigungen und Störungen. 2011 schreibt das Magazin Newsweek über eine Flutwelle der Bipolar-Diagnose vor allem im Kindesalter. Als manisch-depressiv wurden früher Patienten in Einzelfällen, noch seltener Kinder diagnostiziert. Heute sind die Diagnosen Depression, Aufmerksamkeitsdefizit-/Hyperaktivitäts-Störung (als ADD im Amerikanischen ein gebräuchliches Wort) und manische Depression (kurz verharmlost als bipolar, ebenfalls ein im Amerikanischen sehr gebräuchliches Wort) fast in jedem Kindergarten präsent.

Selbst wenn es sich wirklich um eine plötzliche Krankheitswelle handelt, von der weite Teile der Bevölkerung sogar schon in der Kindheit erfasst werden, ist es umso wichtiger festzuhalten, dass die Pharmafirmen derzeit ihren Fokus lediglich auf Symptomerleichterung legen und gar nicht spezifisch nach Heilung forschen. Selective serotonin reuptake inhibitors, kurz SSRI, sind Medikamente, die verhindern, dass Serotonin wieder aufgenommen wird. Ähnlich wie bei illegalen Drogen werden die Rezeptoren „verstopft“ und das

Gehirn hat zum Beispiel somit wesentlich mehr Serotonin im Umlauf. Allerdings handelt es sich hauptsächlich um „alte" Botenstoffe, die eben nur länger im Umlauf bleiben was das genau für Langzeiteffekte und unabsehbare Spätfolgen hat, ist ebenfalls noch unklar. Das Symptom ist scheinbar zumindest für den Moment behoben, aber Heilungsweg ist dies keiner.

Aus gewinnmaximierender Sicht macht dies natürlich auch Sinn, da eine Pharmafirma an Menschen, die ihr ganzes Leben lang Pillen nehmen müssen, wesentlich mehr verdient, als wenn die kurzzeitige Einnahme einer Arznei Patienten kuriert.

Die Depressionswelle, wie US-Psychologe Martin Seligman in seinem exzellenten Buch „Der Glücks-Faktor" schreibt, ist auch oft auf ein verschobenes Selbstbild und überzogene Vorstellungen zurückzuführen. Und diese beiden Dinge lassen sich durch Wunderpillen nicht kurieren. Er definiert mögliche Ursachen zur Epidemie der Depression sehr treffend:

1. Aufbau eines Selbstwertgefühls, das insofern ungerechtfertigt ist, als es nicht auf erbrachten Leistungen, sondern auf Anspruchsdenken beruht.

2. Es legt den Menschen nahe, sich als Opfer (der Lebensumstände, der frühkindlichen Erfahrungen etc.) zu fühlen.

3. Es fordert zu einem ungezügelten Individualismus auf.

4. Verlassen auf das schnelle und unmittelbare Glück.

Ein weiteres Zeichen einer Depression sind auch überzogene Annahmen und Erwartungen.

Es ist völlig einleuchtend, dass zum Beispiel Furcht, die nicht auf realen Tatsachen basiert, krankhaft ist, vor allem wenn sie sich in dauerhafte, lähmende Angst verwandelt. Umgekehrt sind Glück und der Anspruch und die Erwartung von Glück, die nicht auf realen Tatsachen basieren, ebenfalls krankhaft.

Sogar das tibetische Oberhaupt, der Dalai Lama, der oft in Zusammenhang mit dem Glück zitiert wird, sagt: Um Selbstbewusstheit und die Selbsterkenntnis auf einer tieferen Ebene zu verbessern, kommt es darauf an, dass die Auffassung von sich selbst tatsächlich in der Realität wurzelt. Das Ziel muss sein, eine unverzerrte Meinung von sich selbst zu haben, eine genaue Einschätzung der eigenen Fähigkeiten und Merkmale.

Das Verwurzeltsein eignet sich dazu, den Rahmen, in dem es glücklich zu sein gilt, zu beschreiben. Ein in der Realität verwurzelter Lebensbaum ist eine wunderschöne Metapher für das Lebensglück. Wird uns allerdings eingeredet, dass der ganze Baum alleine nur durch Gedankenkraft verpflanzbar ist oder dass er ständig in der Jahreszeit blühender Frühlingstage glücklich festsitzen muss, ist dies eine Fehleinschätzung der Lage. Wir sollten uns unseres Lebensbaumes bewusst sein und unsere Lebensenergie auf diesen Baum richten, ihn hegen und pflegen und uns neue Wurzelzweige, die mitunter sehr weit reichen können, wachsen lassen. Und anstatt im ewigen Frühling stecken zu bleiben, könnten wir auch die anderen Jahreszeiten und den mitunter kalten, harten Winter durchleben und die ersten Sonnenstrahlen des nächsten Frühlings umso mehr genießen. Und mehr noch: Wenn wir nie einen harten Winter durchmachen, wie sollen wir jemals vom unbesiegbaren Frühling, der in uns blüht, erfahren?

Da wir all dies eigentlich wissen, ist es unverständlich, wieso immer noch so hohe Erwartungen gesetzt werden, zwanghaftes positives Denken an der Tagesordnung ist und wir immer das Beste erwarten, auch wenn es unwahrscheinlich und unrealistisch ist.

Selbst die Kunst weiß längst, dass es glücklich macht, wenn etwas besser als gedacht kommt und nicht umgekehrt, und besingt dies sogar in zahlreichen Liedern. Die Textzeilen, die Glücksgefühle beschreiben, handeln davon, wie zum Beispiel in der Erfolgshymne für die Olympischen Spielen, 1988, von Whitney Houston aufgenommen, „One Moment in Time“: „Wenn ich mehr bin, als ich gedacht hätte, sein zu können.“ Oder: „Ich lebte. Ich liebte. Ich machte. Ich habe getan. Es war mehr, als ich dachte, dass es sein könnte“ – aus Beyoncés dem Humanitarian-Tag 2012 der Vereinten Nationen gewidmeten Lied „I was here“. In kaum einem oder gar keinem Lied ist zu hören, dass es einen so glücklich gemacht hat, wenn etwas „schlechter als gedacht“ ausgeht. Oder wann war das letzte Mal, dass Sie ein Lied gehört haben, in dem besungen wurde, was für ein unbeschreiblich tolles Gefühl es war, dass alles schlechter gekommen ist, als Sie es sich vorgestellt haben?

Wenn wir uns hauptsächlich mit Wunschträumen, die uns „die grenzenlose Kraft unseres Verstandes gebar“, umgeben, nehmen wir der Realität die Macht, uns zu überraschen und besser zu sein, als wir es uns je erträumt haben.

Sie rauben uns die Fähigkeit, das echte Geschenk des Lebens wahrzunehmen, denn das wahre Glück ist das Leben selbst. Leben in vollen Zügen, Erfahrungen machen, Probleme lösen oder manchmal auch nur ein Stückchen weiterkommen, sich selbst ein bisschen besser kennenlernen und es noch einmal probieren.

Und dazu gehört das Glück, aber auch das Unglück und alle anderen Erfahrungen. Nur die guten zu wollen ist ein Holzweg. Warum nicht seine persönliche Höchstwertlatte jeden Tag ein kleines bisschen höher legen und das Leben nicht zu ernst nehmen, wenn die Latte manchmal in den Keller fällt? „Humor ist schließlich, wenn man trotzdem lacht.“

Die Frage lautet, ob wir unser ganzes Leben nach dem Glück ausrichten sollen und das Gefühl haben, das Recht auf das Glücklichsein gepachtet zu haben, anstatt uns zu hinterfragen. Wie in Federico Fellinis Meisterwerk „8 ½“: *„Wer hat Dir gesagt, dass Du das Recht hast, glücklich zu sein?“*

Modeerscheinung Glück

In der Wende vom 19. zum 20. Jahrhundert waren die „Hysterie“ und die „Nervosität“, vor allem bei Frauen, der psychologische Forschungsgegenstand, der die Gesellschaft bewegt hat. Als Gegenmittel zur weiblichen „Hysterie“ wurde daher der Vibrator als „medizinisches Gerät“ erfunden. Dieses Buch ist zwar nicht als Vibrator zu gebrauchen, dennoch hoffe ich, dass es etwas zur Glücksaufklärung beiträgt. Und so gegen die momentane Glückshysterie hilft und dabei, sich nicht von der krampfhaften Jagd nach dem Glück tyrannisieren zu lassen.

Eine weitere moderne Entwicklung ist, dass unsere Welt immer komplexer wird. Wir können Prozesse zunehmend weniger durchschauen und müssen umso mehr auf sie vertrauen. Im Gegenzug scheint es allerdings so, als ob wir immer mehr Vertrauen *ineinander*, die Gesellschaft und die Welt verlieren. Wo wir doch so dringend vertrauen möchten, dass jeder Mensch seines zum Ganzen beiträgt. Wir wollen Vertrauen in Menschen setzen, mit denen wir näher zu tun haben, darauf, dass sie gewisse Dinge mit Anstand erledigen und man ihnen überhaupt ein gewisses Grundvertrauen entgegenbringen kann. Wir wollen aber auch Menschen vertrauen, die wir nie getroffen haben, denen wir aber vertrauen müssen, zum Beispiel wenn wir eine Flugreise machen, allen voran dem Piloten des Flugzeugs. Aber auch dem Kofferträger, dem Ingenieur, der das Flugzeug gebaut hat, und noch wichtiger dem, der es wartet. Wir wollen vertrauen, dass dieser Mensch seine Arbeit leistet, und zwar voll und ganz, und nicht einen Test vergisst, der den ausschlaggebenden Unterschied bei der Flugsicherheit machen kann.

Einstein formulierte so schön: „Jeden Tag erinnere ich mich hundert Mal daran, dass mein inneres und äußeres Leben von der Arbeit anderer, lebender und bereits verstorbener Menschen abhängt und dass ich mich bemühen muss, im gleichen Maße zu geben, wie ich empfangen habe und immer noch empfange."

Paradox, dass wir uns in einer Welt, in der wir uns immer mehr auf unsere Mitmenschen verlassen müssen, in der jeder von uns extrem spezialisiert ist und die Arbeitsteilung so zersplittert ist wie kaum vorher, auf unser persönliches Glück konzentrieren und nicht auf das Glück aller und das Vertrauen in die Gemeinschaft. Stattdessen scheint sich aber eher ein extremer Vertrauensverlust auf allen Ebenen bemerkbar zu machen.

Vielleicht ist es auch kein Zufall, dass es um die Jugend einen ähnlichen Kult gibt wie um das Glück. Jungsein bedeutet die Illusion von allen Möglichkeiten zu haben, die einem offenstehen, von vorne zu beginnen, Potenzial zu haben. Einzig hat man in der Jugend nicht die Erfahrung des Alters. Kein Mensch möchte in einem Videospiel, wenn er einmal im Level 15 angekommen ist, wieder von vorne beginnen. Und dennoch gibt es sogar eine Kleidungskette namens „Forever 21" – für immer 21 sein, was, wie Ihnen jeder Vampir bestätigen wird, eher der blanke Horror ist. Es würde Sie wahrscheinlich eher in tiefe Sinnkrisen als in das ewige Glück stürzen.

Zauberwort Wissenschaft

Begibt man sich in psychologische Behandlung, ist dies zumeist weniger als Tischgespräch tauglich und wird auch selten so an die große Glocke gehängt, als wenn man ein Motivationsseminar oder ein „Life Coaching“ besucht hat. Auch wo es früher Firmenpsychologen gab, werden heute oft „Glückscoaches“ und sonstige Berater hinzugezogen. Da Glück offensichtlich mehr in Mode ist als Psychotherapie, könnte man fast von einer Art Umetikettierung von Psychologen und Psychotherapeuten zu Coaches und Lebensberatern sprechen. Zu bedenken ist jedoch, dass es sich dennoch um zwei verschiedene Berufsgruppen handelt. Und dass es sehr wohl einen Unterschied macht, ob jemand Psychologie oder Medizin studiert hat und jahrelange Berufserfahrung mit Patienten vorweisen kann, auch wenn er vielleicht weniger spaß- oder glückserzeugend berät, oder ob jemand ein paar Kurse besucht hat und sich ein unterhaltsam verpacktes, mit ausgesuchten wissenschaftlichen Fakten, die nicht immer das Gesamtbild akkurat repräsentieren müssen, gespicktes Seminar zurechtgelegt hat.

„Ausgesucht“ ist beim neuen Zauberwort der „Glücksforschung“, der Wissenschaft, genau der springende Punkt. Wenn wir uns nur Ergebnisse heraussuchen und aus Daten herauslesen, was wir herauslesen *möchten*, wird Wissenschaft zur Glaubenssache, und das darf nicht passieren. Wird von einer faktischen Ebene alles auf eine Glaubens- und Gefühlsebene gezogen und wählen Menschen nur die Fakten aus, die sie glauben wollen, schaffen sie sich so ihre eigene „wissenschaftlich“ untermauerte Realität.

Umso mehr müssen wir, besonders bevor Einzelergebnisse medienwirksam die Runde machen und in Seminaren propagiert werden, auf genaues wissenschaftliches Arbeiten achten.

Ein Fehler ist es auch, den Unterschied zwischen einem Zusammenhang und Ursache und Wirkung zu verdrehen. Denn: Zusammenhang bedeutet nicht Ursache und Wirkung. Nur weil es zum Beispiel einen Zusammenhang zwischen Glück und Heirat zu geben scheint, bedeutet das nicht: Wenn ich heirate, dann bin ich glücklich.

Wissenschaftliches Arbeiten bedeutet eben nicht, was gerade bequem ist, herauszupicken, sondern soweit wie möglich nur zu beobachten und nicht anzusagen. Nur zu beobachten ist sowieso ausschließlich in Grenzen möglich, denn wir selbst stellen dabei auch immer einen Faktor dar. Wie bei einem Orakel, denn wir bekommen, wenn überhaupt, nur dann eine brauchbare Antwort, wenn wir die richtigen Fragen stellen.

Am besten beschreiben das Dilemma mit der Wissenschaft wohl Bemerkungen von zwei der größten Wissenschafter aller Zeiten:

Albert Einstein (1879–1955) zu Werner Heisenberg (1901–1976): „Es ist unmöglich, nur beobachtbare Größen in eine Theorie aufzunehmen. Es ist vielmehr die Theorie, die entscheidet, was man beobachten kann."

Heisenberg führt weiter aus, dass ein „... Teil des Universums, der uns selbst einschließt, nicht zum ‚Gegenstand' gehört". Dennoch gilt, „dass der Gegenstand vor oder wenigstens im Moment der Beobachtung in Wechselwirkung stehen muss mit dem übrigen Teil der Welt, nämlich der experimentellen Anordnung, den Maßstäben usw.".

Das heißt, dass Formulierungen von Gesetzen nicht ohne Bezugnahme auf das Bewusstsein möglich sind, während die klassische Meinung lautete: „...auf der Annahme – oder sollten wir sagen auf der Illusion [beruhte] –, dass wir die Welt beschreiben können oder wenigstens Teile der Welt beschreiben können, ohne von uns selbst zu sprechen."

„... wir müssen uns daran erinnern, dass das, was wir

beobachten, nicht die Natur selbst ist, sondern Natur, die unserer Art der Fragestellung ausgesetzt ist."

Nicht nur steht alles, was wir beobachten, mit uns selbst in Wechselwirkung, es ist auch ein ganz kleiner Teil des Ganzen: Heisenberg schreibt in der Kopenhager Deutung der Quantentheorie: „Zunächst ist es an dieser Stelle wichtig, sich daran zu erinnern, dass wir uns in der Naturwissenschaft nicht für das Universum als Ganzes, das uns selbst einschließt, interessieren, sondern dass wir unsere Aufmerksamkeit auf gewisse Teile des Universums richten und zum Gegenstand unseres Studiums machen."

Zwei der größten Genies der Wissenschaft weisen uns also darauf hin, wie sehr das, was wir erfahren, sogar in der Wissenschaft von uns selbst abhängt. Aber auch wenn viel debattierbar ist, gibt es Gesetze, die immer und immer wieder bestätigt werden. Gewisse Dinge wissen wir und müssen nicht glauben. Glauben bedeutet nicht zu wissen. Im tieferen Sinne bedeutet glauben nicht verstehen müssen, sondern dem Geheimnis zu vertrauen, das wir nicht wissen müssen. Aufschlussreich zum Glauben ist, dass Wissenschafter herausgefunden haben, dass die Fähigkeit zu glauben in dem Bereich des Gehirns sitzt, in dem sich Fakten mit Gefühlen verbinden.

Nur zu glauben und nicht zu wissen ist insofern gefährlich, als es nun einmal gewisse Gesetze physischer Natur gibt. Klappen Sie bitte das Buch zu und legen Sie es auf einen Tisch und verschränken die Hände vor der Brust. Was passiert? Hat sich das Buch von alleine bewegt? Mit Sicherheit nicht von selbst, denn nach Newtons Trägheitsprinzip verharrt ein Körper in seinem Zustand, sofern er nicht durch einwirkende Kräfte zur Änderung seines Zustandes gezwungen wird.

Gewisse Dinge sind einfach so, wie sie sind, auch wenn es ums Glück geht. Solange wir leben, gibt es zwar immer die

Chance auf einen Plan B und eine neue Herangehensweise, aber gewisse Dinge sind einfach Tatsache, zum Beispiel gibt es keinen Planeten B.

Erforschen wir Glück auf Basis der Glücksauslöser, ist es es voller Widersprüche. Essen macht glücklich, Fasten auch. Sex macht glücklich, Enthaltsamkeit auch. Nach der aristotelischen Logik kann also eigentlich keines davon die Ursache von Glück sein. Damit ist die Logik mit ihrer Argumentation und dem Erstellen von allgemeinen Glücksrezepten am Ende. Daher galt das Glück über so lange Zeit als unerforschbar, denn es hieß über Jahrhunderte hinweg, Glück sei eine persönliche Angelegenheit, die man nicht erforschen könne.

Neben der Psychologie, der Medizin, wenn es um „Behandlungen" des Unglücks und der Depression geht, und der Philosophie hat die Spitzenstellung bei der Glücksforschung im Moment die Soziologie inne. Im Moment beißt sich die Sozialwissenschaft am harten Kern des Glücks die Zähne aus und versucht verzweifelt festzunageln und allgemeingültige und immergültige Gesetze zu erforschen. Die meisten Studien kümmern sich um Ursachen und Auslöser des Glücks. Also darum, wann und unter welchen Umständen Menschen glücklich sind.

Wissenschaftliche Ergebnisse sind durchaus brauchbar, aber wir müssen verstehen, wo vor allem bei den Sozialwissenschaften die Störvariablen liegen, die wir bei unserer Interpretation einberechnen müssen. Wir müssen also zuerst einmal wissen, welche weiteren Systemschwächen wir hier bedenken müssen. Um das, was die Sozialwissenschaften herausfinden, richtig für das eigene Glück nutzen zu können, ist es notwendig zu verstehen, wie sie zu ihren Ergebnissen kommen.

Schauen wir uns zum Beispiel Befragungen über das Glück einzelner Länder an. Die Daten für solche Statistiken entstehen durch Umfragen. Das ergibt ein technisches Problem: Umfragen stellen Korrelationen, also gleichzeitiges Auftreten bestimmter Eigenschaften, fest.

Außerdem handelt es sich immer nur um statistisch signifikante Ergebnisse. Das bedeutet, wenn wir 100 Menschen (Probanden) haben und 75 dies und das machen, dann stimmt dies und das. Aber was ist mit den anderen 25? Die sind eben nicht signifikant und daher werden sie im Endergebnis, das oft medienwirksam verwendet in einer Schlagzeile endet, nicht berücksichtigt.

Also zum Beispiel macht Yoga 75 Menschen glücklicher, 25 aber nicht wirklich glücklicher, dann heißt es in der Schlagzeile: „Yoga macht glücklich."

Weiters geht es in der Wissenschaft um Variablen und gerade bei der Glücksforschung ist ein Hauptproblem das, dass Glück nicht genau definiert und sehr subjektiv ist und daher für jeden etwas anderes bedeutet oder zumindest bedeuten kann.

Wenn 100 Menschen auf einer Skala von 1 bis 10 ankreuzen, wie glücklich sie sind, können theoretisch die beiden Personen, die 2 und 8 ankreuzen, faktisch gleich glücklich sein, subjektiv jedoch nicht.

Auch die viel publizierte Umfrage, der zufolge die Dänen um einen signifikanten Prozentsatz glücklicher sind als die Deutschen, kann verschiedenartig ausgelegt werden. Erstens handelt es sich ja nur um die befragten Dänen, sagt also nicht aus, ob ich persönlich, schon gar wenn ich nicht Däne bin, jetzt glücklicher als ein Däne wäre, sondern nur dass die Mehrheit der Dänen eben nach den in der Umfrage gestellten Fragen glücklicher ist. Es sagt auch nichts darüber, ob Dänen gar Fragebögen einfach anders ausfüllen und das Wort glücklich anders verstehen als andere Nationen. Diese Statistik kann außerdem nicht sagen, was passiert, wenn ein Deutscher nach Dänemark übersiedelt und dänischer Staatsbürger wird. Wird er dann glücklicher oder drückt er den Glücksdurchschnitt der Dänen?

Studien zufolge sind verheiratete Menschen glücklicher als nicht verheiratete, religiöse Menschen glücklicher als nicht religiöse, extrovertierte Menschen glücklicher als introvertierte und so weiter. Aber ob das immer der Fall ist oder ob das nur im Moment so war, und vor allem warum es so ist, und ob es auf jeden zutrifft, sagen uns die Daten nicht.

Vielleicht ist es zum Beispiel so, dass verheiratete Menschen in der Regel glücklicher sind, das bedeutet aber nicht, dass alle Menschen verheiratet glücklicher sind oder gar dass Heiraten glücklich machen muss oder dass Geschiedene zwangsläufig unglücklich sind. Jeder Mensch hat seine eigene Lebensreise und wir können daher aus Studien vielleicht Anlehnungspunkte finden, aber da das Glück so individuell und dynamisch ist, sie nicht auf alle unsere Lebensumstände anwenden.

Oft gibt es bei Studien auch ein „Henne und Ei"-Problem. Denn wenn wir feststellen, dass verheiratete Menschen im Vergleich zu nicht verheirateten Menschen glücklicher sind, liegt die Frage nahe, ob die Heirat den Ausschlag gegeben hat oder ob es eher daran liegt, dass glücklichere Menschen eher heiraten als unglückliche.

Oft handelt es sich also nur um eine Perspektive, ein kleines Fenster, das natürlich mitunter sehr aufschlussreich sein kann, aber von kontrollierten Laborbedingungen und dem fehlerhaften Selbstbericht verschiedener Menschen beeinflusst ist.

Sozialwissenschaftliche Studien über das Glücklichsein hängen sehr von Fragebögen ab und jeder, der schon einmal einen ausgefüllt hat, weiß wie subjektiv sie sind. Zum Beispiel: Wie glücklich sind Sie im Moment auf einer Skala von 1 bis 10?

Wenn wir einen Fragebogen an verschiedenen Tagen zum

Glücklichsein ausfüllen, kommen verschiedene Ergebnisse, die von der Tagesverfassung beeinflusst sind, heraus. Ganz zu schweigen davon, wie unterschiedlich ein anderer Mensch eine gewisse Situation sieht oder einschätzt. Oder vielleicht antworten wir nur, dass wir glücklich sind, weil von uns erwartet wird, dass wir glücklich sind. Oder weil wir selbst von uns erwarten, dass wir glücklich sind oder nach unseren moralischen Vorstellungen sein sollten.

Wir können niemals alles untersuchen, es ist immer nur ein geringer Teil, zusätzlich getrübt durch unsere Wahrnehmung; und vor allem in der Soziologie getrübt durch Statistik und die dortigen Variablen.

Aus der Soziologie nicht wegzudenken sind die Erkenntnisse von Paul Felix Lazarsfeld (1901–1976). In Wien geboren studierte er an der Universität Wien Mathematik und ging 1933 als Stipendiat der Rockefeller Foundation nach New York, wo er beschloss zu bleiben. Er gilt als der Begründer der empirischen Sozialforschung. Durch seine „latente Klassenanalyse" lassen sich nicht direkt messbare Konzepte wie zum Beispiel Lebensstil, Freizeitverhalten und eben auch Glück über direkt messbare Variablen zu Typologien empirisch abbilden.

Eng in Zusammenhang steht dies mit der Rasch-Skalierung, die zum Beispiel den hierzulande sehr wichtig bewerteten PISA-Studien zugrunde liegt.

Sein Institut finanzierte sich durch die kommerzielle Marktforschung. 1932 wurden bei einer Untersuchung für den österreichischen Rundfunk zu Hörerinteressen zum ersten Mal Kreuztabellen verwendet, um mehrere Merkmale miteinander zu verbinden. Alle diese Rechnungen werden heutzutage von Computern durchgeführt und sind auch Basis von zum Beispiel Einschaltquoten.

Weiters basieren die Ergebnisse der Studien auf der Erkenntnis, dass wir Ergebnisse hochrechnen können. Das ist natürlich sehr praktisch, da wir zum Beispiel nicht einfach und kostengünstig jeden einzelnen Dänen zu seinem Glück befragen können. Hochrechnungen funktionieren. Wenn sich die Stichprobe mit Merkmal X, zum Beispiel einer Parteiwahl, so verhält, dann verhalten sich auch alle anderen mit diesem Merkmal so, das Ergebnis wird also auf die Gesamtmenge der Menschen hochgerechnet. Allerdings ist heutzutage zu bedenken, da wir in unseren Interessen zersplitterter sind denn je, ob wir nicht wesentlich mehr Stichproben brauchen, die die Basis der Hochrechnungen sind.

Lazarsfeld erstellte auch das Modell des Zweistufenflusses der Kommunikation. Und zwar wirken Massenmedien nicht direkt auf die Masse der Menschen. Sondern die Mehrheit wird durch Meinungsführer, die die Position eines Multiplikators einnehmen, auf gewisse Inhalte und Medien gelenkt. Die Medien sind daher kaum in der Lage, Meinungen zu ändern, sie verstärken vielmehr bestehende Einstellungen und Überzeugungen. Heute nimmt man an, dass es sich weniger um eine starre Rollenzuweisung als um eine flexible Rollenzuweisung handelt. Anhand von jungen sozialen Medien wie Twitter kann jeder mitverfolgen, wie sich aus einem jungfräulichen System binnen kürzester Zeit Meinungsbildner und Multiplikatoren herauskristallisiert haben.

Auch hier ergeben sich relativ homogene Gruppen von „Folgern", die den Multiplikatoren zuhören und deren Texte weiterverbreiten. Schlichtweg weil Menschen meist Menschen folgen, die sie mögen, da sie sie glücklich machen. Ganz krass ist das beim Zweiparteiensystem der USA, in dem Demokraten wahrscheinlich mehrheitlich Demokraten folgen und Republikaner wahrscheinlich mehrheitlich Republikanern.

Aber ganz unproblematisch ist das auch nicht, viele Studien basieren darauf, dass das Objekt selbst bestimmt, wie glücklich es zu einem gewissen Zeitpunkt ist. Hier kommt das Heisenberg-Prinzip zum Tragen; nur dadurch, dass wir beobachten, verändern wir das Objekt. Und es ist auch erwiesen, dass, wenn Probanden einen Testbogen zu Hause ausfüllen, die Ergebnisse anders ausfallen, als wenn die Fragen zum Beispiel von einem Wissenschafter gestellt werden. Denn die meisten Menschen möchten gerne gut dastehen und geben an glücklicher zu sein, als sie sind. Noch einmal anders fallen die Ergebnisse aus, wenn die Fragen von einem gutaussehenden Wissenschafter des anderen Geschlechts gestellt werden. Wir könnten die Liste der Störvariablen ewig weiterführen.

Auch wenn die Wissenschaft, vor allem die Sozialwissenschaft, nicht perfekt ist, bedeutet dies nicht, dass wir das Kind mit dem Bade ausschütten sollen.

Bei allen Systemschwächen nicht zu vergessen ist jedoch, dass die Wissenschaft uns wichtige Ergebnisse zum Glück liefert und sie die beste Methode, die wir bisher haben, ist, um Dinge festzulegen. Wir müssen nur ihre Systemschwächen, vor allem die der Sozialwissenschaften, kennen, um sie richtig zu benützen. Daher nehmen wir die wissenschaftlichen Erkenntnisse als das, was sie sind.

Empfehlenswert ist es daher, pragmatisch sein Leben anzupassen, zu sehen, was funktioniert, und selbst auszuprobieren, und wenn etwas geht, zu verstehen, warum etwas so ist.

Und vor allem müssen wir glücksunabhängig handeln, um uns und vielleicht unsere Umwelt zu ändern. In den poetischen Worten Rainer Maria Rilkes: *„Du musst dein Ändern leben.“*

Überleben im Supermarkt der Glücksgefühle

Bereits das Orakel von Delphi sprach: „Μηδὲν ἄγαν“, „nichts im Übermaß“, „von nichts zu viel“. Aber wer hört denn heute auf Orakel? In der Welt des Überflusses drohen uns die Dinge, die uns nachhaltig glücklich machen, durch die Finger zu gleiten oder irgendwo im Wohlstandsmeer vom Mehr, das uns umgibt, schwer auffindbar versunken zu liegen. Es gilt, die Idee, dass das Ansteigen des Reichtums, der Auswahl und des Überflusses in der westlichen Welt mit der Erwartung des Anstiegs des Glücks gleichzusetzen ist, zu überdenken.

Überlebenshilfe im Supermarkt der Glücksgefühle ist nicht nur, sich mit dem Glück und seiner Unzulänglichkeit für das moderne Leben auszukennen, sondern auch alle bereits aufgezeigten Glücksfaktoren, Glücksumstände und die mentale „Glückssoftware“, die Sie verwenden, zu kennen.

Maßloses Unglück

In vieler Hinsicht ist der Mensch für die heutige Zeit eine unglücklich machende Fehlkonstruktion. Unsere limitierte Aufnahmekapazität steht einer Welt der Datenexplosion ausgeliefert gegenüber. Auch wenn das Gehirn oft mit einem

Computer verglichen wird, funktioniert es nicht binär wie ein Computer, also können wir keine genauen Werte angeben. Aber in einem bildlichen Vergleich können wir uns zum Beispiel vorstellen, dass im menschlichen Gehirn pro Sekunde elf Millionen Bits an Information eingehen. Das sind weniger als 1,4 MB, die meisten Mobiltelefone machen heute Bilder, die mehr Speicherplatz brauchen. Zusätzlich verarbeitet das Bewusstsein in einer Sekunde nur 40 bis 50 Bits. Soweit der Rest des Aufgenommenen überhaupt verarbeitet werden kann, wird dies im Unterbewusstsein abgelegt.

Alles andere, was um uns passiert, entgeht unserer Wahrnehmung. Die Aufmerksamkeit ist sehr beschränkt. Was verarbeitet wird und wie und was von uns dazu verdammt wird, nicht beachtet zu werden, hängt auch mit unserem Glücksgefühl und dem zur Verfügung stehenden Dopamin zusammen. Unsere kostbare Aufmerksamkeit ist eines unserer höchsten Güter, wenn nicht unser höchstes Gut.

Auch unsere Fähigkeit, Dinge im Gedächtnis zu behalten, damit wir zum Beispiel Dinge vergleichen können, um dann daraus auszuwählen, ist begrenzt.

Der Psychologe George A. Miller (1920–2012) erkannte und beschrieb, dass der Mensch sieben (plus/minus zwei) Dinge in seinem Kurzzeitgedächtnis behalten kann. Schon der englische Philosoph John Locke (1632–1704) entdeckte dieses Phänomen vor über dreihundert Jahren. Man könnte also sagen, dass nicht nur die Woche sieben Tage hat sowie Schneewittchen sieben Zwerge und die Zahl Sieben auch in Las Vegas eine Glückszahl ist, sondern dass sie etwas Magisches an sich hat, wie auch legendäre Auftritte in der Weltgeschichte bestätigen.

Zum Beispiel die sieben klassischen Weltwunder der Antike: die Hängenden Gärten der Semiramis, der Koloss von Rhodos, das Grab des Königs Mausolos II. zu Halikarnassos, der Leuchtturm auf der Insel Pharos von Alexandria (davor die Stadtmauern von Babylon), die Pyramiden von Gizeh, der Tempel der Artemis in Ephesos und die Zeusstatue des Phidias von Olympia.

Können Sie die sieben Todsünden aufzählen? Für alle, die sich nicht an David Finchers Meisterwerk „Sieben" mit Brad Pitt, Gwyneth Paltrow und Morgan Freeman erinnern können, der sie uns ins Gedächtnis eingebrannt hat, hier seien sie aufgezählt:

GULA – Unmäßigkeit, Völlerei, Gefräßigkeit, Maßlosigkeit, Selbstsucht, Gelüste
LUXURIA – Macht und Reichtumsgelüste, Habsucht
AVARITIA – Geiz, Habgier, Trägheit
ACEDIA – Faulheit, Feigheit, Ignoranz, Zorn
IRA – Rachsucht, Vergeltung, Wut, Neid
INVIDIA – Eifersucht, Missgunst, Hochmut
SUPERBIA – Eitelkeit, Stolz, Überheblichkeit

So, und an wie viele der gerade aufgezählten Weltwunder können Sie sich erinnern? Oder wie viele Tugenden aufzählen?

Maßlosigkeit ist nicht grundlos eine Todsünde. Der Mensch ist nicht für den Überfluss gemacht. Wo ist die Weisheit, die wir im Wissen verloren haben? Wo ist das Wissen, das wir in der Information verloren haben? Wo ist das Glück, das wir in der unlimitierten Suche nach dem Glück verloren haben?

Studien bestätigen, dass Maßlosigkeit und die damit in Verbindung stehende Verschwendung uns unglücklich machen. Professor Ruut Veenhoven an der Erasmus-Universität in Rotterdam stellte in seiner Studie „Hedonismus und Glück" fest, dass übermäßiger Konsum nicht glücklich macht, regelmäßiger jedoch schon: „*Verschwender und Verschleuderer sind weniger glücklich als maßvoll gemäßigte, bescheidene Konsumenten.*"

Die alte Regel „weniger ist mehr“ gilt immer noch. Aber anstatt mit gemäßigtem Konsum, bescheidenem Leben und mit dem, was man hat, glücklich zu sein, werden wir zu einem Streben nach mehr oder gar nach so viel wie möglich animiert. Wer propagiert heute die Einstellung des griechischen Philosophen Sokrates? –*„Wie zahlreich sind doch die Dinge, derer ich nicht bedarf.”*

Es war nur eine Frage der Zeit, bis die Kultur der Maßlosigkeit sich auch am Glück zu schaffen machen würde. Aber Glück alleine ist ja gar nicht einmal genug, schon gar nicht das kleine Glück, nein, Euphorie muss es sein!

Die Menschen sind der Markt und der reagiert auf den Hype, kaum eine Werbekampagne kommt mehr ohne „happy“, „happy place“, „Glücklichsein“ oder hierzulande auch ohne den viel verwendeten Anglizismus „Wellness“ aus.

Infolge hat die Marktwirtschaft das „Glück“ für sich entdeckt. Der Wirtschaftsmensch, Homo oeconomicus, ist zu vielem fähig und hat uns viel Sicherheit gebracht. Das ist ihm hoch anzurechnen und ich bin sicher nicht gegen ihn eingestellt. Aber ihm jetzt die Interpretation des Glücks zu überlassen, ist ein grober Denkfehler, denn er wird das Glück zuerst quantifizieren und dann maximieren: Also zuerst abzählen und dann so viel wie möglich davon beschaffen.

Wir sind sowieso schon Analphabeten des Glücks und jetzt versuchen wir es auch noch zu maximieren. Maximum bedeutet vor allem nicht zwingend Optimum. Manchmal stehen sich Maximum und glückbringendes Optimum sogar entgegen. Maximierung kann nicht nur nicht glücklich, sondern sogar unglücklich machen.

Weiters stellt sich die Frage, ob es um die Maximierung des Glücks aller geht oder, so wie es heute eher interpretiert wird, jeder für sein Glück verantwortlich ist, also eher um die Maximierung des Glücks des Einzelnen. Beide stehen miteinander in Verbindung, können sich ergänzen, schließen einander aber manchmal auch aus. Aus gesellschaftlicher Hinsicht macht die Maximierung von Einzelinteressen vielleicht kurzzeitig den Einzelnen, aber auf lange Sicht wahrscheinlich keine Nation glücklich. Denn wenn nur Einzelinteressen maximiert werden und nicht genügend an das Glück der anderen und das Glück aller gedacht wird, wird der Einzelne vom Unglück der anderen, das ihn umgibt, wieder unglücklich. Es gibt eine soziale Rückkoppelung, die das Glück der Einzelnen mit dem Glück aller verbindet.

Das ist Mitgrund dafür, dass, wie wir gesehen haben, die Menschen in westlichen Demokratien, die einen gesunden Mittelstand haben, in denen es keine krassen sozialen Unterschiede gibt, glücklicher sind als jene in Ländern, deren Systeme darauf gerichtet sind, dass Einzelne extrem viel Geld und Macht bekommen können, während der Mittelstand langsam in die Unterschicht abrutscht und verschwindet.

Die Maximierung des Glücks des Einzelnen in Kombination mit einer Welt, die den Überfluss und nicht die Genügsamkeit verehrt, beeinflusst das Glück nachhaltig.

So macht das, was früher glücklich machte und genug war, um sich daran zu erfreuen, nicht mehr so glücklich. Die Übersättigung und Überreizung verstellen uns den Blick auf so manche Glücksquellen. Ist uns vielleicht im erreichten Wohlstand, der Dauerbeschäftigung mit unserem Wohlbefinden und der wichtigen Stellung, die wir der Jagd nach dem persönlichen Glück einräumen, das Glück gar abhanden gekommen?

Je mehr wir haben, umso schwieriger wird es, sich zu begnügen. Die Schriftstellerin Marie von Ebner-Eschenbach formulierte treffend: „*Sich mit wenigem begnügen ist schwer, sich mit vielem begnügen unmöglich.*“

Die Qual der Wahl

Da wir nicht alles haben können, und schon gar nicht alles auf einmal, bedeutet Überfluss auch Entscheidung. Entscheidungen, auch wenn sie uns das Gefühl der Freiheit geben, machen nicht unbedingt glücklich, sondern stellen oft einen Stressfaktor dar und wie wir bereits wissen, hängt Stress mit (Un-)Glück zusammen.

Wir sind heute mehr als je zuvor täglich mit Unmengen an Entscheidungen konfrontiert. Sowohl mit großen mit Langzeit- und möglichen, vielleicht sogar versteckten Spätfolgen als auch mit kleinen Entscheidungen des täglichen Lebens. Wir sind ständig gefragt irgendetwas auszuwählen und unsere Aufmerksamkeit für die Entscheidungsfindung zu verwenden. Alles ist verhandelbar, nichts ist festgelegt, sogar soziale Strukturen sind so aufgeweicht, dass wir uns komplett selbst definieren können und oft sogar müssen. Diese Freiheit ist wunderbar, bedingt allerdings, dass wir uns, um glücklich zu sein, den Entscheidungsstress bewusst machen müssen, um ihn in Grenzen zu halten, und uns selbst Grenzen schaffen müssen. Auch wenn Grenzen und Beschränkungen dem freiheitsliebenden Menschen missfallen und sie bedeuten, nicht zu entscheiden, sondern Entscheidungsgewalt abzugeben.

Entscheidungen sind mit Konsequenzen, die glücklich oder unglücklich machen, verknüpft. So bringt mehr Entscheidungsfreiheit eben auch mehr Entscheidungsstress. Der Körper versucht Unglück zu meiden, vor allem wenn es durch unsere Entscheidungen verursacht wurde. Die Kehrseite davon ist, da wir ein Produkt all unserer Entscheidungen sind, dass wir selbst schuld sind, wenn wir unglücklich sind und Reue verspüren. Umso schwerer wiegt die Verantwortung auf unseren Schultern, und das macht nicht unbedingt glücklich. All dies in Kombination mit einer Welt, in der es eine immer unübersichtlichere Menge an Auswahl gibt; da kann die Wahl schnell zur Qual werden.

Menschen scheinen auch nicht dafür gemacht zu sein, sich zwischen essenziellen Dingen wie Freizeit, Arbeit und Familie ständig entscheiden zu müssen. Früher waren diese Bereiche eher gekoppelt und es entstand nicht ein dauernder Entweder-oder-Entscheidungsstress. Das Glück liegt nicht nur in einem Bereich, sondern darin, dass alle Bereiche kombiniert und kombinierbar sind, in Symbiose leben oder zumindest in einem ausgeglichenen Verhältnis stehen.

Freud sagte, Berichten zufolge, dass es Lieben und Arbeiten sei, was ein gesunder Mensch fähig ist zu tun. Allerdings ist dieses „und“ in der heutigen Zeit immer schwieriger. Liebe und Arbeit, schon gar wenn es sich um eine Karriere handelt, die einem alles abfordert, sind manchmal schwer vereinbar. Wie können wir uns jemals zwischen zwei so wesentlichen Teilen unseres Lebens entscheiden? Und dennoch werden Entscheidungen im Großen und oft in den täglichen kleinen Dingen der modernen Welt ständig von uns gefordert. Wir versuchen für die Karriere alles zu geben und streben gleichzeitig danach, Eheleben, Kinder und Freundeskreis unter einen Hut zu bekommen. Der US-Schauspieler John Cusack brachte diese ultimative Vereinigung in der Vermeidung einer Entscheidung zwischen Lieben und Arbeiten in einer Wortkreation als Antwort auf eine Twitter-Frage zu Liebe und Karriere mit einer Mischung aus Love und Career, also „Lovareer“, auf den Punkt.

Eine Wahl zu haben bedeutet immer, etwas oder jemanden auszuwählen und eine andere Sache oder Person oder Lebenswahl nicht zu nehmen. Daher bedeutet Wahl immer auch Verlust. Wahl bedeutet auch, dass wir unsere Entscheidung vielleicht bereuen. Und Reue und der Trieb, Reue zu vermeiden, sind einflussreiche Glücksfaktoren.

Wenn wir uns entscheiden, gewinnen wir eine Sache, während wir eine oder gar mehrere andere Dinge verlieren oder zumindest nicht bekommen. Doch wie wir bereits wissen, etwas auf- oder herzugeben liegt uns Menschen nicht sehr und bedeutet meist Unglück. Noch schlimmer: Was ist, wenn wir uns entscheiden und später daraufkommen, dass uns unsere Wahl unglücklich macht, und wir sie bereuen?

Jeder, der Kinder beobachtet hat, weiß, wie schwer es für sie ist, zum Beispiel eine Eissorte auszuwählen, denn Vanille auswählen bedeutet Schokolade nicht bekommen. Und vielleicht bekommt der Bruder Schokolade und wir erkennen später, dass wir doch lieber Schokolade statt Vanille hätten wählen sollen. Erwachsene wird zumindest die falsche Wahl einer Geschmacksrichtung nicht so unglücklich machen wie ein Kind, für das die Welt viel leichter untergeht. Aber das Muster der Reue, die es zu vermeiden gilt, bleibt gleich. Wenn es sich um Entscheidungen mit gravierenden Langzeitfolgen und unabsehbaren Spätfolgen wie bei der Wahl zwischen zwei möglichen Ehepartnern oder zwei Studienrichtungen dreht, kann die Reue ganz andere Stärken erreichen.

In Maßen ist Reue wichtig für den Lernprozess. Der Mensch tut alles, um Reue zu vermeiden, und lernt daher, wie er sich in Zukunft verhalten soll, um nicht den gleichen Glücksfehler zweimal zu machen. Bereits bei den Erwartungen beginnt dieses Denken: „Wenn ich jetzt diese Entscheidung treffe, werde ich das dann später bereuen?“ Und später setzen sich unsere nachträglichen Überlegungen, die an der Entscheidung nichts mehr ändern können, fort. Zum Beispiel: „Was wäre gewesen, wenn …?“, oder „„Hätte ich dieses oder jenes nicht gemacht, dann müsste ich mich jetzt nicht mit dieser Sache oder Person auseinandersetzen“.

„Würde“, „wäre“, „hätte“, dieses Im-Konjunktiv-Denken in Kombination mit Reue legt ein Muster fest, das beim nächsten Mal in einer von uns ähnlich interpretierten Situation angewendet wird, um dieses Mal dann Reue zu vermeiden.

Um aus einer Situation zu lernen, sind diese Fragen hilfreich. Nehmen sie allerdings überhand, schon gar bei Situationen, die wir nachträglich nicht mehr verändern können, kann sich dieses Denken gegen uns wenden und uns vielleicht sogar in unseren Handlungen lähmen. Beginnt dieses Denken beim Lernprozess nicht mehr zu helfen, sondern unkontrolliert alles zu überschatten und krankhaft zu werden, kann es zu zermürbenden Selbstvorwürfen, verringertem Selbstbewusstsein oder gar Depressionen führen.

Wir versuchen Reue also um jeden Preis zu vermeiden und versuchen daher die bestmöglichen Erwartungen, die sich am wahrscheinlichsten bewahrheiten werden, aufzustellen, um glücklich zu sein. Dazu brauchen wir allerdings Daten und Vergleichsobjekte, auf denen selbige basieren.

Handelt es sich bei Vergleichsobjekten allerdings um eine unüberschaubare Menge, werden zwar die Sinne angeregt und wir sind beeindruckt, aber daraus auswählen und riskieren, dass wir Reue empfinden, wollen wir nicht. Daher platzieren Supermärkte ganz gezielt ihre Produkte, damit es nach viel Auswahl aussieht, aber die Auswahl nicht übermannt.

Weiters ist die Auswahl kulturspezifisch. Denken Sie an einen amerikanischen Supermarkt, in dem es einen ganzen Gang voller verschiedener Müslisorten gibt, im Vergleich zu einem europäischen Supermarkt, in dem es trotz geringerer Auswahl auch alles gibt.

Sheena Iyengar, Professorin der Columbia Business School, beschäftigt sich besonders damit, was und wie Konsumenten auswählen.

In einem Experiment, in dem Kunden in einem Supermarkt zwischen 24 Marmeladensorten auf einem Tisch und nur sechs Marmeladensorten auf einem zweiten Tisch auswählen durften, zeigte sich, dass die Kunden die größere Auswahl attraktiver fanden, Mehr als 50% der Leute blieben also bei dem Tisch mit 24 Marmeladen stehen. Der tatsächliche Umsatz war jedoch auf dem Tisch mit dem geringen Warenangebot sechsmal höher.

Die große Auswahl schien zwar verlockend, erzeugte bei den Kunden jedoch Stress und Unsicherheit, welche Sorte sie nun auswählen sollten, und daraufhin kauften die Kunden lieber gar nichts. Bei dem Tisch mit nur sechs Marmeladen wurden die Kunden nicht überfordert und abgelenkt, sondern wählten eine Sorte und kauften diese.

Die Eigenschaft des Glücks schlägt auch bei Über- und Unterforderung wieder zu: Natürlich schätzen wir uns komplett falsch ein. In der Vorstellung regieren eben unsere Ideale wie Maximierung der Auswahl. Wenn es aber um Realität geht, auf die das Glück reagiert, macht uns ein Überfluss an Auswahl nicht wirklich glücklich.

Entscheidungen treffen zu müssen und das Einkaufen haben sogar die Medizin erreicht. Immer mehr wird sie zu einer Medizin der Wahl, was dem Patienten zwar Wahlfreiheit gibt, ihn aber zusätzlich belastet, da er eben nicht Medizin studiert hat und es sich oft um keine leichten Entscheidungen handelt. Glaubten wir früher den „Göttern in Weiß“, sind diese Gottheiten nun gefallen und werden angezweifelt. Jeder Patient informiert sich vorab im Internet. Das führt dazu, dass das absolute Vertrauen in den Arzt nicht mehr vorhanden ist. Das mag bei einem nicht kompetenten Arzt gut sein, bei einem kompetenten Arzt können Zweifel und eine zu große Auswahl an verschiedenen Ärztemeinungen jedoch der Gesundheit der Patienten sogar abträglich sein.

Wieder ist es auch im Bereich Gesundheit so, dass wir uns selbst schlecht einschätzen können. Im Zuge einer Studie wurden Menschen befragt, wie sie sich im Falle einer Krebsdiagnose verhalten würden. 65% der Versuchspersonen gaben an, dass sie im Ernstfall selbst entscheiden möchten, welche Behandlungen sie bekommen. Bei einer Umfrage unter tatsächlich an Krebs erkrankten Patienten sank diese Rate jedoch auf 22%. Die Patienten verließen sich lieber auf den Rat des Arztes, ohne eine Entscheidungsmöglichkeit wahrzunehmen.

Zwar möchten wir das Gefühl der Auswahl und der Freiheit, aber andererseits natürlich auch das Unglück vermeiden, dass sich ergibt, wenn wir falsch wählen. Schwierige Entscheidungen mit zahlreichen unüberschaubaren Faktoren werden so lieber Fachleuten überlassen, an deren Kompetenz wir glauben. Wir geben also die Wahlfreiheit willens auf, um sie jemandem, dem wir vertrauen, zu geben.

Das Hamsterrad des Glücks

Wir wissen bereits, dass Glück mit Lernen und daher mit Anpassung zusammenhängt. Das Glück von gestern ist der Normalzustand von heute.

Auch wenn wir nicht wollen, wir gewöhnen uns an Dinge. Nehmen wir etwas wahr, besonders neue und unerwartete Reize, ist unser Gehirn aufmerksam, verbraucht viel Energie und die Pupillen weiten sich. Beim nächsten Mal haben wir uns an den Reiz gewöhnt, dem Reiz kann gefahrlos weniger Aufmerksamkeit geschenkt werden oder er kann überhaupt missachtet werden. So lassen wir uns zum Beispiel nicht durch die tickende Uhr im Hintergrund, das Tippen auf der Tastatur und auch nicht durch unseren Herzschlag ablenken. Prinzipiell ist dies ein wunderbarer Mechanismus, der Habituation, also Gewöhnungseffekt, genannt wird. Wenn es ums Glück geht, ist dies allerdings nicht immer so wunderbar, denn Dinge können uns glücklich machen, aber wir gewöhnen uns eben daran und empfinden dann kein Glück mehr.

Diese Weiterentwicklung, zu der Anpassung gehört, ist zwar für die Evolution nützlich, aber für unser momentanes Glück leider abträglich. Anpassung bedeutet, dass wir uns an Reize, denen wir ausgesetzt sind, gewöhnen. Wenn der Reiz wieder eintritt, kennen wir ihn schon und reagieren anders als beim Mal davor.

Wir gewöhnen uns an das Glück. Um wieder die gleiche Menge Glück zu bekommen, müssen wir den Reiz anpassen, in der Regel verstärken. Daher ist das erste Mal etwas erfahren so besonders. Alle nachfolgenden Erfahrungen müssen einen stärkeren Reiz oder geänderte Umstände mit sich bringen, um wieder gleich glücklich zu machen.

Aus dem Gewöhnungseffekt ergibt sich auch, dass, egal wie verzweifelt wir probieren, uns im ständigen Glückszustand zu halten, unser Glück zu maximieren und unsere Zeit in die Suche nach immer mehr Glück zu investieren, wir uns im Kreis drehen.

Eine Maximierung des Glücks ist durch den Anpassungseffekt unmöglich gemacht.

Dieser Mechanismus, das Immer-mehr-haben-Wollen, ist aus einer Zeit, in der wir Menschen weder versucht haben unsere Gesellschaft aus den Angeln zu heben, noch die Fähigkeit besaßen, die Natur zu beherrschen und unseren eigenen Planeten zu vernichten. Es war gleichgültig, wie viele Fische wir haben wollten, wir konnten die Meere nicht leerfischen. Jetzt sind wir dazu fähig und wenn wir uns nicht selbst in unserem Konsumverhalten zügeln, werden wir und unsere Kinder und Kindeskinder den bitteren Preis zahlen, wenn wir uns nicht nachhaltig entwickeln.

In der Ökologie wird Suffizienz im Zusammenhang mit Nachhaltigkeit und der Frage nach dem rechten Maß, das wir uns durch Selbstbegrenzung geben müssen, immer mehr zum Schlagwort.

Unsere Großeltern waren froh, dass sie den Krieg überlebt haben, und daher dankbar für alles, was danach kam. Die Elterngeneration, teilweise noch aus Kriegskindern oder Kindern bestehend, die durch ihre Eltern und deren Erfahrungen einen emotionalen Maßstab dafür haben, wie gut es uns eigentlich geht, hat es leichter. Den Generationen, die in den Reichtum hineingeboren sind, fehlt dieser Maßstab und die Erwartung ist, dass es weiter nach oben gehen muss. Die Frage ist: Wohin denn noch?

Die Extremform des „Habenwollens“ ist die „Habsucht“, die wohl nicht grundlos als Todsünde rangiert. Heute, da wir versuchen die Natur zu beherrschen, arbeitet dieses Prinzip gegen uns. In der Zeit des Unmaßes ist es völlig sinnlos, immer mehr zu wollen, Glück maximieren zu wollen. Glück ist unendlich. In der Unendlichkeit immer mehr zu wollen ist schwachsinnig. Gegen das unendliche Rennen auf diesem Hamsterrad des Glücks haben wir nur eine einzige Waffe, und zwar zu sagen: „Genug!“

Dem Gewöhnungseffekt steht die Sensibilisierung gegenüber. Sensibilisierung bedeutet, dass die Verbindungen im Gehirn, die eine gewisse Sache betreffen, stark sind. Wenn wir uns an etwas gewöhnt haben, sind die Verbindungen diese Sache betreffend im Gehirn schwach. Und das können wir uns zunutze machen, denn wir können bewusst unsere Aufmerksamkeit auf etwas lenken und die Verbindungen im Gehirn stärken. Zum Beispiel können wir uns Dinge bewusst machen. Und uns bewusst, auch wenn es eine Entscheidung gegen das gute Gefühl des Glücks ist, sagen: „Genug!“ Genug im Sinn von uns zufriedenzugeben und auch genug mit der unverhältnismäßig wichtig genommenen Glückssuche.

Glück im Sonderangebot

Im Supermarkt der Glücksgefühle unseres Lebens haben es sich Firmen und Menschen mehr als je zuvor zum Ziel gemacht, uns „glücklich" zu machen. Wir lassen uns aber nur glücklich machen, wenn wir das Gefühl haben, dass wir ein Bedürfnis dazu haben. Bedürfnisse werden von uns gestillt, aber nur, wenn wir sie als solche wahrnehmen. Das prinzipielle Ziel der Werbung ist es, uns dazu zu bringen, etwas zu kaufen. Handelt es sich nicht um etwas, das wir brauchen, müssen wir zuerst auf unser „Unglück" aufmerksam gemacht werden, damit wir selbiges dann ausgleichen, indem wir das Produkt kaufen.

Ein weiterer Trick, bei dem Geschäftemacher sich unseres Glücksempfindens bewusst sind, ist, dass wir etwas bevorzugen, wenn wir es gleich erhalten, statt wenn wir es erst für die Zukunft in Aussicht gestellt bekommen. Besser jetzt als später, und das sogar, wenn wir in Zukunft vielleicht einen besseren Preis bekommen könnten. Hier wird mit der Beschränkung durch die Unsicherheit der Zukunft gespielt. Im Zweifelsfall genießen wir die Freiheit, uns lieber gleich glücklich zu machen als vielleicht später. In der englischen Fachsprache heißt dieses Verhalten „Hyperbolic Discounting".

Beim Einkaufen sollten wir außerdem bedenken, dass es zwei verschiedene Gehirnregionen zu geben scheint, die Preis und Geschmack beurteilen und die unsere Entscheidung, um Reue zu vermeiden und Glück zu erlangen, beeinflussen. Und natürlich spielt auch immer mit, dass wir einerseits etwas Neues wollen, das uns glücklich macht, aber andererseits unser rationales Denken uns zum Beispiel sagt, dass wir es uns nicht leisten können oder dass der Kauf nur eine Ersatzhandlung ist.

Es ist auch nicht immer eindeutig, was uns kurzfristig, langfristig (oder beides) glücklich macht. So ergibt sich, dass wir Dinge wollen oder kaufen, die wir eigentlich, wenn wir die Sache überdenken, gar nicht *wirklich* wollen.

Erschwerend kommt hinzu, dass etwas, das uns jetzt kurzfristig glücklich macht, uns langfristig gesehen unglücklich machen kann; und umgekehrt.

Dinge, die wir kaufen, sind in der Regel neu und das macht uns, wie wir wissen, glücklich. Allerdings nur, bis das Hamsterrad des Glücks wieder zuschlägt. Zu versuchen sich Glück zu kaufen ist ein Teufelskreis, der, genauso wie das Glück selbst, nie endet. Daher sollten wir nur Dinge kaufen, weil wir sie tatsächlich brauchen und nicht, nur weil sie uns glücklich machen.

Mäßigen wir uns in der Zeit des Unmaßes nicht selbst, führt dies nur zur Übersättigung. Im schlimmsten Fall entsteht unglücklich machende Reizmonotonie, die uns gar kein oder kaum noch Glück fühlen lässt. Da die westliche Welt schon in vieler Hinsicht gesättigt ist, müssen Bedürfnisse künstlich geweckt werden oder es muss auf neue, weniger übersättigte Märkte ausgewichen werden. Die Dauerschleife aus Bedürfnis wecken, dem Verlangen, glücklich gemacht zu werden, daraufhin sich ein Stück Glück zu kaufen, das aber sehr oft nur von kurzer Dauer ist, bis ein weiterer Bedarf geweckt wird, bildet ein Hamsterrad des Glücks, das langfristig nicht glücklich macht.

Auch wenn wir uns bewusst abschotten, werden wir ständig von Informationen und auch Werbung bombardiert. Und wieder einmal ist es so, dass wir denken, wir können bewusst Dinge kontrollieren, aber das Unbewusste schlägt uns ein Schnippchen. Denn besonders erfolgreich werden Botschaften kommuniziert, wenn sie das Bewusstsein nicht direkt verarbeiten kann, sie also am Rande unserer Wahrnehmung aufgenommen werden. Denn dort schaltet sich das Bewusstsein nicht direkt ein und kontrolliert, was wir aufnehmen und was nicht. Daher sind zum Beispiel Werbetafeln, an denen wir vorbeifahren, während wir uns auf den Verkehr konzentrieren, so erfolgreich. Oft werden Werbebotschaften am Rande unserer Wahrnehmung, man könnte fast sagen, implantiert, um später zum Tragen zu kommen.

Auch wenn wir dem Überfluss kaum entkommen, können wir trotzdem entscheiden, wie wir uns als Person definieren, und wissen, was nur Glück auslöst oder was dauerhaft von Bedeutung ist. Denn wenn sich Menschen zusätzlich über konsumierte Dinge und Statussymbole definieren, kommt irgendwann der Punkt, an dem sie entweder am Unglück des Überkonsums zerbrechen oder einsehen, dass sie nicht die Produkte, die unsere Zeit und Aufmerksamkeit fordern, sind. Wie Brad Pitt in David Finchers Filmklassiker „Fight Club" beschreibt: „You are not your fucking Khakis."

Die Kraft des Nein

Wenn wir uns die Masse an Erfahrungen vor Augen führen, die wir nicht erleben werden, alleine schon, weil wir in dieser Lebenszeit und in diesem Körper, der uns gegeben ist, festsitzen, können wir recht gelassen zu noch mehr Dingen „Nein" sagen.

Wir sind darauf konditioniert, „Ja" eher positiv und „Nein" eher negativ zu bewerten. Neinsagen bedeutet immer Verlust, daher wird es eher mit Unglück und mit Negativem in Verbindung gebracht. Wenn wir den Verlust allerdings nicht als Verlust, sondern als „Ja" für das freigewordene Potenzial, das durch unser „Nein" erst möglich geworden ist, sehen, ist „Nein" zu sagen eine Glücksquelle. Denn wenn wir „Nein" sagen, bedeutet es auch, dass wir Zeit und Energie für andere Dinge haben.

Das gibt uns zum Beispiel auch die Zeit, die wir zur Muße

und zur vielleicht sogar notwendigen Langeweile brauchen. Langeweile war immer ein wesentlicher Teil menschlicher Existenz. Sie ist ein Teil der menschlichen Introspektion, die oft zu weiteren Durchbrüchen und Verarbeitungen führt.

Umgekehrt ist es auch so: Je schneller wir ein „Nein“ bekommen, desto schneller können wir unsere Aufmerksamkeit auf etwas anderes richten. Ein „Nein“ ist auch ein Geschenk, denn es bedeutet, dass sich jemand mit uns auseinandergesetzt hat. Jemand hat uns seine kostbare Lebensenergie geschenkt und sich die Zeit genommen, uns abzusagen. Jemand hat sich die Zeit genommen, uns Feedback zu schenken. Als Erwachsener ist ein „Nein“ sehr oft und ganz unemotional, selten persönlich zu nehmendes Feedback, das zusätzlich bedeutet hat, dass jemand unsere Existenz wahrgenommen hat.

Ein „Nein“, das sich daraus ergibt, dass uns jemand auf diese Weise ignoriert, sagt mehr über den Menschen aus, der sich nicht die Zeit nimmt, „Nein“ zu sagen, oder vielleicht zu feige dazu ist, uns abzusagen, als über den Menschen, der das Risiko eingegangen ist und mutig genug war das Angebot zu machen.

Ein „Nein“ ist nicht unbedingt eine Ablehnung oder negativ, ein „Nein“ muss kein Ende sein, es kann auch ein Anfang sein oder ein „Okay, das nicht, dann etwas anderes“. „Nein“ gibt also auch die Chance, zu etwas anderem „Ja“ zu sagen.

Wir müssen nicht Glück maximieren, uns ständig glücklich machen, zu allem „Ja“ sagen, weil wir „Nein“ fürchten. Alles erfahren und kein Glück auslassen können wir in der Welt des überfordernden Überflusses auch gar nicht. Zu viel macht genauso unglücklich wie zu wenig. In einer Zeit des Zuviel von allem müssen wir gegen unsere Natur entscheiden, und lieber weniger statt mehr ins Herz schließen.

Mein Vater sprach immer vom „Mut zur Lücke“.

Rausch der Lebendigkeit

Glück kann nur im Moment erfahren werden, das bestätigen auch die biologischen Grundlagen des Glücks.

Alles, was annähernd wirklich ist, ist der Moment oder das Jetzt. Da Zukunft und Vergangenheit auf jeden Fall Konstrukte unseres Gehirns sind, macht es Sinn, sich den Moment näher anzusehen. Das Jetzt, in dem das Glück entsteht. Und wohin denn schauen, wenn nicht dorthin, wo alles, was wir empfinden, entsteht und zusätzlich vom Bewusstsein so interpretiert wird, dass wir es dann als Glück bezeichnen: zum Gehirn.

Daher ist die Gehirnforschung heute eine wichtige Basis für die Glücksforschung. Sie bestätigt viele philosophische Erkenntnisse der letzten Jahrtausende und fügt neue hinzu, die mitunter nicht in unsere vom individuellen Glück regierte Weltsicht passen. Im Folgenden ein Abriss dazu ohne Anspruch auf Vollständigkeit, sehr vieles ist noch wissenschaftliches Neuland.

Glücksgeister und die Biologie

Die Erkenntnis, dass alle Prozesse, auch das Glück, ihren Ursprung im Gehirn und in den Nervenzellen des Körpers haben, ist relativ neu. Auch wenn sie sich noch darüber streiten, wo genau diese Prozesse ablaufen, sind sich Wissenschafter darüber einig, dass das Bewusstsein aus dem Gehirn hervorgeht und wir nicht von irgendeinem „Geist", der innerhalb oder gar, wie viel früher angenommen, außerhalb unseres Körpers lebt, beherrscht werden.

Biologie ist die Lehre des Lebens und daher auch Basis für den Richtungsweiser des Lebens, für das Glück. Wir können zwar weiterhin an Geister glauben und sie außerhalb von uns oder auch in uns beschwören, jedoch ist für in der Neuzeit lebende und denkende Menschen klar: *Glück ist biologisch.*

Erst im 20. Jahrhundert wurde erforscht, dass die Zellkommunikation eine Mischung aus elektrischen und chemischen Vorgängen ist, und damit entdeckten die Biologen die Gehirnforschung für sich.

Denn ganz einfach gesagt: Wenn wir leben, kommunizieren Nervenzellen miteinander und Glück entsteht in uns. Dieser biologische Prozess wird in der Folge vom Verstand interpretiert oder uminterpretiert.

Beginnen wir am Anfang dieser spannenden Geschichte der biologischen Grundlagen des Glücks.

Der griechische Arzt Hippokrates (460–370 v. Chr.), nach dem der Hippokratische Eid benannt wurde, dessen Ethik die Basis des ärztlichen Berufes ist, vertrat die Auffassung, dass alle geistigen Prozesse im Gehirn entstehen. Mit dieser Auffassung stand er allerdings alleine. Erst heutzutage können wir mittels verschiedener Instrumente ins Gehirn „hineinschauen" und teilweise begreifen, wie dieses Wunderding funktioniert.

Platon (ca. 427–347 v. Chr.) hingegen wählte einen weniger auf Experimenten und Beobachtungen basierenden Ansatz, sondern meinte, dass wir eine immaterielle und unsterbliche Seele haben. Weil dies zwei getrennte „Dinge" sind, können wir uns über uns selbst Gedanken machen, so seine Ansicht, die gut ins Christentum passte und daher von der Kirche aufgegriffen wurde und so die Jahrtausende überdauerte.

Thomas von Aquin (1225–1274) griff im dreizehnten Jahrhundert den Gedanken auf, dass die Seele das Bewusstsein erzeugt. Sie ist nach dieser Vorstellung nicht nur vom Körper getrennt, sondern auch göttlichen Ursprungs.

Im siebzehnten Jahrhundert entwickelte René Descartes (1596–1650) weiter, dass der Mensch eine duale Natur besitzt. Einen materiellen Körper und von der Seele her einen immateriellen Geist. Der Geist ist nach der Auffassung heilig und daher als Gegenstand wissenschaftlicher Betrachtung nicht geeignet.

Die Wissenschaft lässt uns religiöse Konzepte hinterfragen, offensichtlich sind wir nicht von einem Geist innerhalb oder außerhalb unseres Körpers besessen. In das Bild des modernen Menschen, der selbst entscheiden und selbst verantwortlich sein will, passt dieses Gedankenkonzept auch nicht. Heute leben wir in einer Zeit, in der wir nicht mehr an Geister, die es zu beschwören gilt, glauben, sondern an uns selbst, die es zu beschwören gilt, wenn wir dem Glauben anstatt dem Wissen anhängen.

Seit 1791 Luigi Galvani (1737–1798) entdeckte, dass Muskeln durch selbst erzeugte Elektrizität zucken, wurden Gedanken laut, dass vielleicht doch etwas anderes hinter den Zellen steckt als Magie.

Im neunzehnten Jahrhundert beschäftigte sich der deutsche Physiologe Hermann von Helmholtz (1821–1894) mithilfe der Methoden der Physik mit der Hirnforschung. Er knüpfte an Galvani an und stellte fest, dass die elektrische Energie nicht als Nebenprodukt erzeugt wird, sondern Mittel ist, um Nachrichten zu senden.

Elektrizität ist also Teil der Zellkommunikation. In einem faszinierenden Prozess, der im Detail immer noch Forschungsgegenstand ist, spielen die Zellen ganz präzise

„Stille Post". So werden Informationen korrekt und ohne Datenverlust über das ganze System verbreitet. Interessant ist, dass nicht nur das Gehirn befiehlt, sondern dass der Weg in beide Richtungen geht: Das Gehirn befiehlt und der Körper reagiert und Sinnesinformationen der Außenwelt werden über Rückenmark und Gehirn übertragen.

Spannend dabei ist, dass es sich bei der Zellkomunikation nicht einfach um eine Leiterfunktion wie in einem Draht handelt. Auch wenn in einem Draht das Signal fast mit Lichtgeschwindigkeit (300.000 km pro Sekunde) geleitet wird, kann es über große Entfernungen schwach werden. Den Zellen scheint aber die Genauigkeit wichtiger als die Geschwindigkeit zu sein. Mit unterschiedlicher Geschwindigkeit, bis zu 30 Metern pro Sekunde, leiten die Zellen die Botschaft aktiv weiter.

Wenn Ihnen also jetzt, während Sie in einer Lesepause versucht haben dieses Buch am Kopf zu balancieren, das Buch auf die große Zehe gefallen ist, können Sie sicher sein, dass Ihr Gehirn den Reiz in der Stärke wahrnimmt, in der er stattgefunden hat.

Haben Sie nichts gespürt, dann war Reiz des gefallenen Buches nicht stark genug, um die Kommunikation in Gang zu setzen. Der Prozess ist nämlich ein Alles-oder-Nichts, ist etwas nicht stark genug ihn auszulösen, passiert nichts, wird er ausgelöst, so wird er präzise und ohne „Datenverlust" weitergeleitet. Sollte also nur ein Blatt Papier aus dem Buch auf Ihren Fuß gefallen sein und Sie haben dies optisch nicht wahrgenommen, werden Sie nicht einmal bemerkt haben, dass etwas passiert ist. Es wurde kein Reiz ausgelöst. Und falls uns nicht jemand darauf hinweist, wird uns nicht einmal bewusst, dass etwas außerhalb unserer Wahrnehmung passiert ist.

Der deutsche Physiologe und Helmholtz-Schüler Julius Bernstein (1839–1917) fragte sich, was diese „Alles oder

Nichts"-Impulse hervorbringt und wer oder was der Träger des Aktionspotenzials ist.

Er erkannte, dass es eine Zellmembran gibt und dass im Ruhezustand eine stetige Spannungsdifferenz zwischen Innen- und Außenseite der Membran vorliegt. Er klärte auch, wie die Zelle fähig ist, ihr Ruhepotenzial aufrechtzuerhalten. Es folgte die Ionentheorie und die Erkenntnis, dass Kalium und Natriumionen durch die Membran hindurchgelassen werden oder eben nicht. Alan Hodgkin (1914–1998) und Andrew Huxley (1917–2012) bekamen für die heute Ionentheorie genannte Entdeckung 1963 gemeinsam den Nobelpreis für Medizin. Sie besagt, dass es Kanäle oder Tore in der Zellmembran gibt, die im Ruhezustand geschlossen sind.

Für die Glücksforschung von Bedeutung ist, dass, wenn ein Reiz das Ruhemembranpotenzial der Zelle ausreichend stört, sich die Tore öffnen und Natriumionen einströmen. Die Ladung der Zelle steigt massiv positiv an. Dann öffnen sich die Kaliumtore und Kalium wird aus der Zelle gelassen, damit sie wieder in den Ruhezustand zurückkommen kann. Ein Protein sorgt dann dafür, dass am Ende des Prozesses wieder die optimale Menge an Kalium außen und Natrium innen vorhanden ist.

Der Prozess ist noch wesentlich komplexer, aber wir verfügen jetzt über ein vereinfachtes Bild davon, wie Zellen, derer es vielerlei Arten gibt, „sprechen", das für uns Nichtphysiker reichen sollte.

Es stellt sich nun die Frage, wie diese Zellen *miteinander* sprechen? Sie sind zwar so klein, dass mehrere hundert in den folgenden Beistrich passen würden, sind aber nicht miteinander verkabelt, sondern durch einen sogenannten Spalt voneinander getrennt. Lange Zeit gab es einen Streit darüber, ob es ein physischer oder ein chemischer Prozess ist, diesen Zwischenraum zu überbrücken. Jetzt steht fest, dass ein chemischer Botenstoff den Zwischenraum zwischen zwei Neuronen überbrückt und auf der anderen Seite von einem Rezeptor in Empfang genommen wird. Die Grundlage dafür lieferten Henry Dale (1875–1968) und der damals in Österreich lebende Otto Loewi (1873–1961), die 1936 dafür den Nobelpreis in Medizin erhielten. Loewi erhielt 1909 außerdem einen eigenen Lehrstuhl für Pharmakologie an der Karl-Franzens-Universität in Graz und entdeckte 1921 den ersten Neurotransmitter.

Und jetzt sind wir im Herzen dessen, was wir dann in weiterer Folge mit unserem Geist als Glück und dergleichen Empfindungen beschreiben und interpretieren.

Von Schlüsseln und Schlössern

Doch bevor wir einen Hauptschlüssel des Glücks kennenlernen, müssen wir noch das dazugehörige Schloss kennen. Denn was wäre ein Schlüssel ohne ein dazugehöriges Schloss?

Die Idee, dass es überhaupt verschiedene, voneinander abgegrenzte Gehirnregionen gibt, die für verschiedene Funktionen verantwortlich sind, verdanken wir Franz Joseph Gall (1758–1828), dem deutschen Arzt, der 1781 bis 1802 an der Universität Wien tätig war. Er erkannte, dass alle geistigen Prozesse biologischer Natur sind. Dieser deutsche Arzt und Anatom war einer der Ersten, der mit seinen Untersuchungen von Schädeln festhielt, dass das Gehirn wohl gewisse Zentren habe, die er als „Organe“ bezeichnete. Diese Theorie der „Phrenologie“ wurde damals als „Bumpology“ bezeichnet, die mittlerweise überholte Annahme, dass man von der Beschaffenheit des Schädels auf tiefer liegende Charaktereigenschaften schließen kann. Die grundlegende Denkrichtung dass es im Gehirn verschiedene Bereiche gibt, stimmte allerdings und war bahnbrechend.

Die Kirche sah Gefahr in den neuen Erkenntnissen und vertrat daher die damals gängige Meinung, dass es einen materiellen Leib gibt und eine immaterielle Seele, die außerhalb des Körpers wohne und unzerstörbar sei. Die denkende Substanz sei nur dem Menschen eigen, sie bringt das Bewusstsein hervor und spiegelt die immaterielle Seele wider, geistige Prozesse werden von der Seele ausgeführt.

Es hat also sehr lange gebraucht, bis wir zum heutigen Wissensstand gekommen sind, dass das Gehirn verschiedene Bereiche hat. Einer, der für das Glück wichtig ist, ist das Striatum, nach dem lateinischen Wort für „gestreift“. Es handelt sich um den Teil des Gehirns mit den meisten Dopamin-Rezeptoren.

Gefunden wurde dieser Teil mehr oder weniger zufällig in einem Rattenversuch. Forscher steckten Drähte in die Rattengehirne und da das Lustzentrum recht zentral liegt, trafen sie zufällig genau dort hinein. Drückte die Ratte einen sehr dünnen Hebel, wurden ganz schwache Stromstöße in das Zentrum geschickt. Über kurz oder lang zogen die Ratten diese Stromstöße der Nahrung, der Fortpflanzung und letzten Endes sogar dem Leben selbst vor. Die armen Ratten hatten sich totgelüstet und die Forscher wussten, dass sie da etwas ganz Besonderem auf der Spur waren.

Was bei Ratten funktioniert, funktioniert sehr oft beim Menschen. In einem sehr dunklen Kapitel der amerikanischen Psychologie, in dem zum Beispiel der Stirnlappen vom Hirnstamm in der Prozedur der Lobotomie bei psychisch Kranken durchtrennt wurde, pflanzten Forscher Menschen Elektroden ins Gehirn und untersuchten die direkte Stimulation des Gehirns.

Im Striatum laufen alle Informationen wie in einer riesigen Schaltzentrale zusammen. Das Striatum kann nicht alles verarbeiten und wählt daher eben aus. Bei der Entscheidung, was verarbeitet wird und was nicht, spielt das Dopamin eine tragende, oft entscheidende Rolle. Dort ist der Ort, an dem unsere Gefühlswelt, Informationswelt, aber auch das Bewegungsverhalten auf neuronaler Ebene stattfinden. Das ist der magische Ort, der mehr als jeder andere Teil des Gehirns für bewusstes Denken, Körperbewegung, Sprache und Überlegen und Planen von Handlungen zuständig ist. Und genau dort sitzt auch das Zentrum des Glücks. Das zeigt, wie eng Glück mit dem Menschsein zusammenhängt und welche zentrale Funktion ihm zugedacht ist. Und es ist außerdem ein genialer Streich der Schöpfung, Glück mit Bewegung zu verbinden. Vermutlich deshalb, damit wir Menschen nicht lange darüber nachdenken, sondern den Impulsen nachgeben und so handeln, wie die Schöpfung sich das vorgestellt hat, damit wir uns zum Beispiel, koste es, was es wolle, fortpflanzen.

Ein Teil des Striatums ist der Nucleus Accumbens, vom Lateinischen „sich hinlegender, beiwohnender Kern“, der eine zentrale Rolle im Belohnungssystem sowie auch beim Suchtverhalten spielt.

Das Gehirn wertet nicht moralisch, wie es das Bewusstsein tut. Daher ist es auch bei der Sucht den Neuronen weniger wichtig, um welche Form der Sucht es sich handelt, ob Spiel-, Sex-, Sport-, Aufmerksamkeitssucht oder auch Glückssucht. Jede Sucht ist eben genau gleich: Sie macht abhängig und oft auch glücklich, zumindest im Moment. Wir wissen schon von Literaturfiguren wie Faust, der seine Seele für vergängliches Vergnügen verkauft, dass es keine gute Idee ist, sich abhängig zu machen. Weitere Variationen des Motivs „Tausche Seele gegen Vergnügen“ finden wir in Oscar Wildes „Das Bildnis des Dorian Gray“ – zwar nach außen schön, jedoch nach innen völlig verfault. Glück ist wie Schokolade. Sie versüßt das Leben, führt aber als Hauptnahrungsmittel zum Übergewicht.

Nach dem Schloss nun zum „Schlüssel" des Glücks. Erst Studien über Medikamente gegen Schizophrenie verdanken wir dieses Wissen über das Glück. Der schwedische Nobelpreisträger Arvid Carlsson (geb. 1923) bewies, dass Dopamin, ein biogenes Amin, daher sein Name, ein Neurotransmitter im Gehirn ist. Wenn das Gehirn lernt, vernetzt es sich neu. Und Dopamin trägt zur Entstehung neuer Verknüpfungen im Gehirn bei. Neuronen formieren sich neu. Im Alter scheint das Auftreten von Dopamin im Gehirn abzunehmen. Auch hier handelt es sich um ein spannendes Forschungsgebiet, in dem es noch viel zu forschen gibt.

Der Botenstoff Dopamin wird als eine Art Luststoff mit dem Glück in Verbindung gebracht, denn er wird während angenehmer Tätigkeiten ausgeschüttet. Dieses verhältnismäßig einfache Molekül leistet aber noch viel mehr. Wie wichtig dieser Botenstoff und das Funktionieren des dazugehörigen Systems für uns sind, zeigen die schrecklichen Auswirkungen bei Krankheiten. So wie bei der Huntington-Krankheit, im Volksmund auch bekannt als „erblicher Veitstanz", einer unheilbaren Erkrankung des Gehirns, benannt nach dem amerikanischen Arzt, der erkannte, dass es sich dabei um eine Erbkrankheit handelt. Oder auch bei der Parkinson-Krankheit, bei der Dopamin im Gehirn verringert ist und eines der Symptome der Verlust der präzisen Kontrolle über den Bewegungsapparat ist. Denken Sie an das Muskelzittern des US-Schauspielers Michael J. Fox, der sich sehr dafür einsetzt, eine Kur für seine Krankheit zu finden.

Auch wenn mit unserer Motorik alles in Ordnung ist, können wir ohne Dopamin im Striatum keine zielgerichteten Bewegungen ausführen. Im schlimmsten Fall können wir uns gar nicht mehr bewegen. Auch der Sinn dafür, was wir tun wollen und wie wir es angehen sollen, geht uns ohne Dopamin im Striatum verloren. Das Parkinson-Syndrom wird zum Beispiel vermindert, wenn zusätzliches Dopamin verabreicht wird. Bei zu viel Dopamin entwickeln sich jedoch psychotische Syndrome. Allein durch seine Entdeckung steht Dopamin eng mit Geisteskrankheiten in Verbindung. Dopamin ist wesentlich mehr als nur ein Luststoff, er spielt eine zentrale Rolle bei der Bewegungssteuerung, beim Lernen und eben auch beim Glück.

Zurück zum Glücksschloss: In diesem Fall bilden dieses nun Rezeptoren, die den Botenstoff empfangen. Die meisten Rezeptoren für das Dopamin befinden sich, soweit wir wissen, im Striatum. Es gibt fünf verschiedene Rezeptoren, die in zwei Gruppen eingeteilt werden. D1-Rezeptoren wirken stimulierend und D2-Rezeptoren wirken hemmend. Dieser Prozess ist relativ komplex, zum Beispiel haben beide Zellen hemmende Rezeptoren, die aussendende Zelle wahrscheinlich dazu, um den Prozess zu hemmen oder gar zu stoppen.

Dieses Gebiet ist noch nicht zur Gänze erforscht, jedoch scheint es eine Verbindung zwischen der Beschaffenheit unseres Gehirns und unserer Persönlichkeit zu geben. Zum Beispiel haben die Abenteuerlust und die Begierde, Neues zu erfahren, aber leider auch einer Sucht zu verfallen, Komponenten in unserer Gehirnchemie und die Rezeptoren scheinen ein Schlüssel dazu zu sein.

Das Wort „Sucht" und das Wort „suchen" haben übrigens nicht zufällig die gleiche Wurzel. Zwischen der Lust an Neuem und der Gefahr, einer Sucht zu verfallen, besteht ein Zusammenhang. Schon Laborratten, die besonders neugierig sind, verfallen leicht einer Sucht.

Um zu beweisen, wie wichtig die Rezeptoren in Zusammenhang mit Suchtverhalten sind, besonders die D2-Rezeptoren, machten Wissenschafter am Brookhaven National Laboratory Rattenversuche. Dabei gelang es ihnen, durch eine Gentherapie die Rezeptoren in den Köpfen von Ratten zu steigern und den Tieren so das Trinken abzugewöhnen.

Besonders hervorstechend ist die Erkenntnis von Nora

Volkow, ebenfalls vom Brookhaven National Laboratory, dass bei süchtigen Personen die sowieso schon niedrige Zahl an D2-Rezeptoren durch die Sucht weiter vermindert wird.

Genetisch bedingt ist neuen Vermutungen nach, dass manche Menschen für Sucht anfälliger sind als andere. Das angebliche „Alkoholismus-Gen“ ging vor einiger Zeit durch die Weltpresse.

Abgesehen von einer möglichen genetischen Vorbestimmung sieht es auch noch so aus, als ob man die Rezeptoren zerstören kann, wenn man einer Sucht verfällt. Und durch die verringerten Rezeptoren ist man auch noch für andere Suchtformen anfälliger.

Ganz abgesehen davon kann, wer genetisch weniger Dopaminrezeptoren besitzt, anscheinend schlechter aus Fehlern lernen. Und ist eher geneigt den gleichen Fehler immer wieder zu machen.

Wie viele und welche Rezeptoren wir haben, hängt also von unseren Genen ab und dort beginnt die genetische Vorbestimmung des Glücks.

Das soll jetzt keineswegs als Entschuldigung dafür verwendet werden, nicht das Seine dazuzutun, wir müssen immer handeln. Aber wir können dieses Wissen, dass unsere Gene eben doch mehr vorbestimmen, als uns lieb ist, dafür verwenden zu akzeptieren, was ist, und das Beste daraus machen.

Eigentlich ist es eine gute Nachricht, dass das Glück auch mit unseren Genen zu tun hat. Denn wissen wir dies, können wir uns umsomehr vor dem Glücksstress schützen, den die absolute Verantwortung für unser eigenes Glück mit sich bringt.

Wir können unser gottgegebenes Glücksempfinden annehmen und endlich aufhören an uns herumzudoktern und uns damit unglücklich zu machen, unser Glück zu maximieren und so viel Wert auf das Glück zu legen.

Über erwünschte und unerwünschte Nebenwirkungen der Glückspillen

Wenn es uns also nur um Glück geht und nicht darum, Ziele zu verfolgen und längerfristige moralisch gefärbte Konzepte umzusetzen wie Glückseligkeit, warum dann nicht einfach eine Glückspille einwerfen und alle Probleme sind gelöst, wir sind glücklich? Schließlich beruhen Glücksgefühle ja in gewisser Hinsicht nur auf einem biologischen Prozess. Doch das wäre zu schön, um wahr zu sein, denn dann würden Drogen ja langfristig funktionieren.

Zu bedenken ist allerdings, dass Glückspillen vereinfacht gesagt erreichen, dass die Verbindung der Zellen im Aktivstadium stecken bleibt. Botenstoffe werden nicht aufgenommen, da die Andockstelle künstlich verstopft ist. Also der Rezeptor nicht aufnehmen kann und daher mehr Stoffe im Gehirn herumschweben. Anstatt eines Lichtblitzes ist die Verbindung wie bei einem Lichtschalter ständig angeschaltet. Botenstoffe werden normalerweise produziert und dann verwendet; wenn sie nun nicht aufgenommen werden können, befinden sich automatisch mehr im Gehirn. Man hat zwar mehr Botenstoffe, jedoch handelt es sich nicht um frisch produzierte, sondern um die, die eben nicht aufgenommen werden konnten. Sobald die Wirkung des Medikaments oder der Droge nachlässt, werden die Stoffe wieder „flutsch" von den Rezeptoren aufgenommen, sodass die Rezeptoren noch gut nach der Dauerverstopfung funktionieren.

Psychopharmaka wie der Verkaufsschlager der Pharmaindustrie „Prozac" oder spezielle medizinische Anwendungen, illegale Drogen wie MDMA, 3,4-Methylendioxy-N-Methylamphetamin, besser bekannt als Ecstasy, mit all diesen Substanzen wird in die Chemie des Gehirns eingegriffen. Interessanterweise wurden viele Drogen wie zum Beispiel Amphetamine ursprünglich zur Gewichtskontrolle verwendet. Die Erstsynthese gelang 1887 an der Humboldt-

Universität zu Berlin. Um diese Zeit herum war auch Kokain weit verbreitet und legal. Wann eine Droge als legal oder illegal angesehen wird, obliegt der Gesellschaft.

Drogen sind besonders gefährlich, da sie keine körpereigenen Stoffe sind. Wenn das Glück durch Drogen hergestellt wird, dann sind die dem Körper eigenen Mechanismen, die den Prozess stoppen, nicht in Kraft gesetzt. Zusätzlich stumpfen die Rezeptoren und andere unsachgemäß verwendete Prozessteile mit ziemlicher Sicherheit irgendwann einmal ab.

Leider können wir uns selbst so schlecht betrügen. Drogen erzeugen angenehme Gefühle, ohne die damit normalerweise zusammenhängenden Verhaltensweisen oder Ereignisse, die uns sonst ohne Drogen glücklich machen. Die unangenehmen Gefühle, die wir mit Drogen loswerden wollen, sind zwar kurzzeitig weg – aber nicht die Verhaltensweisen, die sie ausgelöst haben; das, was uns unglücklich gemacht hat, ist also immer noch da.

Es ist so, als würde man eine Hautunreinheit auf der Nase dadurch kurieren, dass man Rasierschaum auf den Spiegel sprüht und sie nicht mehr sieht. Ja, die unangenehmen Gefühle sind zwar übertüncht – aber nur weil ich sie nicht mehr wahrnehme, sind sie nicht tatsächlich weg.

Komplexes multifaktorielles Glück

Striatum und Dopamin sind wichtige Elemente des Glücks, Befriedigung und Lust können dadurch erklärt werden. Allerdings handelt es sich beim Glück, und auf jeden Fall bei der Glückseligkeit und beim Lebensglück, um ein komplexeres Konzept, das von Prozessen beeinflusst wird und noch mit weiteren Körperfunktionen zusammenarbeitet.

Daher sind Emotionsstörungen so schwer zu behandeln. Depression hat wahrscheinlich eine genetische Komponente, es gibt jedoch kein einzelnes „Depressionsgen“. Vielmehr scheint Depression bei einem bestimmten Zusammenspiel vieler Gene aufzutreten, das eine Disposition vorgibt. Zu diesem biologischen Vorgang spielen dann auch noch das Verhalten und das Umfeld eine Rolle.

Nicht nur das Dopamin und die Gehirnstrukturen beeinflussen unser Glück. Die Hirnanhangsdrüse (Hypophyse) produziert körpereigene Opiate und auch Endorphine, körpereigenes (endogenes) Morphium steht uns ebenfalls zur Verfügung, um das Überleben zu sichern. Vor allem wenn wir uns in Extremsituationen befinden und Schmerz ausgeschaltet werden muss, um wiederum unser Überleben zu sichern. So wunderbar sich diese Stoffe anfühlen, nicht von der Schöpfung eingeplant ist, dass wir uns in einem ständigen „High“ befinden, das unsere Schmerzen auf Dauer ausschaltet.

Das Stresshormon Cortisol wird vor allem wenn es darum geht, zu fliehen oder zu kämpfen, in höheren Mengen ausgeschüttet. In der Regel haben wir in der Früh mehr davon im Blut als am Abend. Während ein wenig Cortisol wichtig ist, ist Dauer-Cortisol, also Dauerstress, dem Glück abträglich. Höhere Cortisolmengen im Blut werden auch damit in Verbindung gebracht, dass Menschen mehr oder zu viel Nahrung zu sich nehmen. Interessant dabei ist, dass die Menge an Cortisol, die als Reaktion auf die gleiche Situation ausgeschüttet wird, individuell ist. Manche Menschen lassen sich anscheinend leichter stressen als andere. Auch der genaue Zusammenhang zwischen dem Stresshormon Cortisol und dem Glück ist noch weiter zu erforschen.

Eng mit dem Glück in Verbindung steht auch das wunderbare Bindungshormon Oxytocin, das mit Vertrauen in Verbindung gebracht wird. Wie wir bereits wissen, macht Vertrauen glücklich.

Für das Wohlbefinden ist weiters der Stoff Serotonin stark verantwortlich. Beim ihm handelt es sich mehr um einen Stimmungsaufheller, der uns inneren Frieden gibt und der für die Zufriedenheit zuständig ist.

Serotonin ist ein Gewebshormon, das vor allem im Verdauungstrakt vorkommt, und ein Neurotransmitter. Der Botenstoff Serotonin wird im Gehirn zur Stimmungsregulation verwendet, er tritt besonders dann auf, wenn wir in Ruhe und Sicherheit Nahrung zu uns nehmen können. Er ist auch Teil des Serums, welches die Spannung (Tonus) der Blutgefäße reguliert, daraus leitet sich auch sein Name ab.

Dass es einen Stoff gibt, der die Blutgefäße zusammenzieht, wurde bereits Mitte des 19. Jahrhunderts angenommen. In den 1930er-Jahren wurde er erstmals isoliert und in den 1950er-Jahren im Gehirn nachgewiesen. Doch erst durch die Molekularbiologie Mitte der 1990er-Jahre fanden wir die vierzehn verschiedenen Serotonin-Rezeptoren, die für die vielfältige Wirkung dieses Stoffes verantwortlich sind. Serotonin wird drei- bis fünfmal die Sekunde ausgeschüttet und hat eine harmonisierende Wirkung auf den Körper.

Das Serotonin-Niveau wird auch durch Schlaf und sonstige Dinge, die zu einem gesunden Leben gehören, beeinflusst. Die Wissenschafter konnten sogar bestätigen, dass bei Trägern gewisser Gene Serotonin intensiver wirkt. Die Presse hat diese gleich als sogenannte „Glücksgene" aufgegriffen. Speziell handelt es sich um das Gen SLC6A4.

Serotonin lässt sich anscheinend auch durch unsere Ernährung beeinflussen. Es ist ein weit verbreiteter Stoff, sogar Einzeller können Serotonin produzieren. Walnüsse, Ananas, Bananen, aber auch Kakao enthalten Serotonin.

Wäre es nicht wunderbar, wenn wir Glück einfach nur essen könnten? Leider wäre dies wieder einmal zu schön, um wahr zu sein, denn der Schluss, dass man Glück essen kann, stimmt nicht. Das oral eingenommene Serotonin kann die Blut-Hirn-Schranke nicht überwinden. Aber die aufgenommenen Kohlenhydrate bewirken wenigstens, dass mehr Botenstoffe im Gehirn ausgeschüttet werden.

Dem Gehirn beim Glück zuschauen

Heute können wir dem lebenden Gehirn durch bildgebende Verfahren bei der Arbeit zusehen. Durch das Scannen von Gehirnen bekommen wir viele Antworten. Für viele Dinge gibt das nicht viel her, wie für die Frage der Willensfreiheit, aber Fragen dazu, wo etwas im Gehirn passiert, beantwortet diese Technik sehr gründlich.

Magnetresonanztomografie (fMRT) und Positronenemissionstomografie (PET) sind riesige Maschinen, die aus einer Röhre bestehen, um die ein kilometerlanger Supraleiter gewickelt ist, der in einem Heliumbad bei minus 269 Grad Celsius abgekühlt wird und durch den Strom geschickt wird. Dieser erzeugt ein Magnetfeld, das 30.000 Mal stärker ist als das der Erde, und es produziert recht viel Lärm. Durch diese elektromagnetischen Wechselfelder im Radiofrequenzbereich werden Wasserstoffkerne im Körper resonant angeregt und im Empfängerstromkreis werden dadurch elektrische Signale induziert. Das klingt sehr kompliziert und es ist auch eine technische Errungenschaft, denn dadurch bekommen wir Einblicke in das Gehirn. Die daraus entstehenden bunten Bilder sind äußerst eindrucksvoll und finden in den Medien dementsprechendes Echo. De facto ist es jedoch so, dass die bunten Bilder kein Abbild des Gehirns per se sind, sondern Dinge gemessen, verglichen und statistisch bearbeitet und in Bildpunkten zusammengefasst werden, die, um die Anschaulichkeit zu vergrößern, dann auf das anatomische Bild des Gehirns projiziert werden. Und dennoch sagt es irgendwie irgendetwas über unser Gehirn aus. Mehr, als wenn wir gar nicht ins Gehirn schauen. Dieses Verfahren scheint zumindest mehr Auskunft zu geben als die im 19. Jahrhundert höchst populäre Phrenologie.

Eines der spannendsten Ergebnisse von Untersuchungen ist, dass Dopamin in Erwartung einer Erfahrung ausgeschüttet wird. Wir kennen das dann als Vorfreude oder Antizipation. Es ist also auch oder hauptsächlich ein Vorhersagestoff.

Wolfram Schulz, derzeit Professor an der Universität von Cambridge, wies nach, dass sowohl Primaten als auch bei Menschen die Erwartung einer Belohnung vom Striatum registriert wird. Untersucht wird so etwas, indem einem Reiz ein Lichtsignal vorgesetzt ist, das mit dem Reiz in Verbindung gebracht wird. Das Lichtsignal selbst ist noch keine Belohnung, aber es zeigt an, dass die Belohnung kommen wird. Das können Sie sich so vorstellen, wie wenn Sie auf einer Anzeigetafel einen leckeren Kuchen sehen oder angekündigt wird, dass Sie in Kürze schmackhaftes Essen erhalten werden. Dann spüren Sie den Speichel im Mund zusammenlaufen und der Körper bereitet sich auf etwas vor. Dieser einfache kontrollierte Ablauf weist auf das Prinzip bei komplexeren Vorgängen hin. Wenn Sie sich selbst beobachten, merken Sie, dass Sie das Prinzip im weitesten Sinne auf große Ziele ausweiten können. Zum Beispiel einen geschäftlichen Abschluss, auf den Sie sich freuen, auf den Urlaub, den Besuch des Liebsten und so weiter.

Wir gewinnen das Gefühl der Befriedigung und des Glücks also auch durch den Weg, *bevor* wir etwas erreichen, nicht nur dadurch, dass wir etwas erreichen. Während wir auf dem Weg Herausforderungen bewältigen, sind wir glücklich.

Und wenn wir uns an die Wundt-Kurve erinnern, kann

es nach dem Höhepunkt nirgends anders mehr hingehen als nach unten. Menschen interpretieren diesen Stimmungsabfall dann zum Beispiel als Melancholie des Erreichten. Schauspieler wissen, dass sie nach einem großen Dreh oft in ein tiefes Loch fallen und nicht selten unglücklich werden.

Wenn wir verstehen, dass das Glück eben in Wellen kommt und geht, können wir es genießen, solange es da ist, von der Vorfreude beginnend bis zur Talfahrt. Nehmen wir das Glück nicht so wichtig, wir sind am Leben, wir fühlen, egal ob das jetzt Glück oder Unglück ist.

Eintöniger Gleichklang des Unglücks

Das Glück steht, wie wir schon erfahren haben, im Dienst der Evolution und nicht im Dienste der Menschheit. So ist es auch wenig überraschend, dass wir uns an das Glück gewöhnen, damit wir es als neuen Status quo ansehen können, es weitergehen kann und wir uns weiterentwickeln.

Daher macht uns etwas, das immer gleich bleibt, nicht mehr so glücklich und kann sich sogar zum Gleichklang entwickeln. Denken Sie an Ihre Lieblingsspeise. Und jetzt stellen Sie sich vor, Sie müssten diese jeden Tag essen. Ihre Lieblingsspeise wird wahrscheinlich schnell zu Ihrer „Nichtlieblingsspeise“ werden. Wie schon die alten Römer wussten: „*Variatio delectat.*“ Die Abwechslung bringt den Genuss.

Sie selbst wissen wahrscheinlich auch, dass der erste Bissen immer am besten schmeckt, der zweite dann gut und der dritte nicht mehr so. Am übernächsten Tag schmeckt der erste Bissen dann aber wieder wunderbar, noch besser, wenn es dazwischen etwas anderes zu essen gab.

Die Kombination aus der persönlichen Vorliebe und unserer Anpassung bedeutet Glück, denn Glück besteht aus dem immer Gleichen, aber eben immer ein bisschen anders.

Glück ist blind und bedient sich der Löschtaste

Den Zellen selbst ist es gleichgültig, wie wir welches Glück moralisch bewerten. Wie schon Cicero (106–43 v. Chr.) sagte: *„Glück ist blind."*

Einzelne Teile unseres Gehirns streben nach Belohnungen, sind aber den Umständen gegenüber blind. In der Fachsprache heißt das dann „Reward Distinction Blindness" – „Belohnungsunterscheidungsblindheit".

Tabus des Glücks entstehen, wenn Menschen etwas glücklich macht, was sie nach den momentanen Gesetzen der Gesellschaft nicht glücklich machen darf, oder wenn das, was uns glücklich macht, anderen schadet.

Wie wir erfahren haben, benötigt der Mensch Sicherheit mit einer Brise Überraschung, um optimal leben zu können. Die Sicherheit brauchen wir zum Beispiel, um uns in Ruhe fortzupflanzen. Das Gehirn möchte, dass alles in geordneten Bahnen verläuft, und verwendet seine kostbare Energie speziell darauf, wenn etwas aus der Reihe tanzt.

Daher gibt es ein eigenes Zentrum im Gehirn, den Anterior Cingulate Cortex (ACC), der sich mit Fehlern und Unstimmigkeiten beschäftigt. Das Zentrum hält eine rote Flagge hoch, wenn etwas nicht in das System passt.

Ein weiterer wichtiger Bereich, der sich als einer der letzten beim Erwachsenwerden entwickelt, ist der Dorsolateral Prefrontal Cortex (DLPFC). In diesem Bereich wird „bearbeitet", „abgestimmt" und auch „herausgeschnitten". Es gibt also eine Art Löschtaste des Gehirns. Diese Löschtaste kann für, aber leider auch gegen uns arbeiten. Wenn sie richtig und auch im moralischen Sinn der momentanen Zeit „gut“ programmiert ist, ist sie eine wichtige Funktion. Sie scheint aber in vieler Hinsicht auch dafür verantwortlich zu sein, dass wir betriebsblind werden und gar nicht merken, wenn gewisse Dinge nicht so sind, wie sie sein sollten.

Daher sind für unsere Wahrnehmung Daten also bei Weitem nicht gleich Daten. Der gleiche äußere Einfluss kann völlig verschieden bearbeitet werden. Wir sehen, was wir sehen wollen, und blenden den Rest, in vielen Fällen sogar unbewusst, aus.

Wo wir nicht alle Aspekte genau betrachten können oder wollen, glauben wir dem, was wir glauben. Man könnte fast sagen, dieser „Glaube“ ist eine Art von Blindheit.

Der Rausch der Lebendigkeit, der für jeden Menschen erkennbar ist, wenn er gefühlt wird, ist also blind. Eine Interpretation dessen, was Glück sein darf und was nicht, ist immer von moralischen Vorstellungen und gängigen Theorien der Gesellschaft, in der wir leben, geprägt. Glück an sich ist jedoch wertefrei.

Der siebte Himmel und die Liebe auf den letzten Blick

Als ich mich unsterblich verliebte, konnte ich mit so viel Glück auf einmal kaum umgehen. Es fokussierte mich absolut, übernahm die Kontrolle und ich konnte mir selbst nur zuschauen, denn alles geschah in einer bis dato für mich unbekannten Intensität. Es standen mir für den Gefühlsrausch des Glücks und den danach folgenden Tiefen, denn ohne Tiefen keine Höhen, keinerlei Bewältigungsstrategien zur Verfügung. Aber ich bin die Tochter eines Glücksforschers und wusste, wie ich mir meine Bewältigungsstrategie erarbeiten konnte, wenn alle kitschigen Liebeslieder auf einmal Sinn machen und mein Leben widerzuspiegeln scheinen, leider auch die Herzschmerzlieder. Ich dachte mir, das wäre doch gelacht, wenn ich so viel Glück nicht überlebe.

Liebesglück ist eine der schönsten Formen des Glücks. Und hier wird deutlich, dass das Glück nicht alleine steht, sondern in Bezug zu jemandem oder rückbezüglich auf uns selbst existiert. Wir schenken und empfangen Liebe, Lieben und Geliebtwerden macht glücklich. Es gibt viele Formen der Liebe: Mutterliebe, Nächstenliebe, Selbstliebe und die in unserer Gesellschaft alles übertrumpfende „wahre" Liebe.

In ihrem romantischen Ideal zeichnet sich die Liebe genau dadurch aus, dass sie eben unberechenbar und nicht vom Bewusstsein lenkbar ist. Da wir in einer Zeit leben, in der wir durch unsere bewussten Entscheidungen sogar für unser eigenes Glück komplett verantwortlich sein sollen, ist es kaum verwunderlich, dass wir diese Idee, dass eine „fremde Macht“ über uns kommt und für uns entscheidet, als die einzige Form von wahrer Liebe idealisieren.

Glückselixier Liebe

Menschen sehnen sich nach Intimität, als Zustand höchster Vertrautheit, wie auch das Wort selbst sagt, das aus dem Lateinischen für „sein Innerstes teilen“ stammt. Geschieht das in Kombination mit einem anderen Menschen, mit dem wir möglicherweise zusätzlich den Wunsch von Mutter Natur erfüllen, uns fortzupflanzen, entsteht eine unwiderstehliche Glücksdroge. Sie besteht aus einem Cocktail von Substanzen, die wir noch kennenlernen werden, und beeinflusst unsere Sinne so, dass das schönste und glücklichste Gefühl auf Erden entsteht. Die wahre Kunst besteht darin, diesen beglückenden Zustand zu fassen und den Lebensbogen vom siebten Himmel bis hin zur Liebe auf den letzten Blick zu spannen. Gelingt dies, durchleben wir über Jahre hinweg Leidenschaft, Liebe und Langzeitbindung mit einer Person, die zur gleichen Zeit ebenso fühlt.

Aber auch hier ist das Leben leider kein Wunschprogramm und wir müssen uns bewusst sein, dass wir gerade beim Liebesglück zwar unseres dazutun, aber vieles gar nicht kontrollieren können. Zum Beispiel können wir leidenschaftlich in eine Person verliebt sein, während wir mit einer anderen Person eine Langzeitbindung eingegangen sind.

Wie wir bereits wissen, kommt es beim Glück sehr oft anders als gedacht.

Auch beim Liebesglück gilt alles, was wir bereits über das Glück gelernt haben. Glück ist Bindung mit anderen Menschen. Es ist noch gar nicht lange her, dass Wissenschafter das Bindungshormon Oxytocin entdeckt haben. Und damit Ihr Oxytocin nicht zum – wie der US-Schauspieler und Komiker Craig Robinson scherzhaft formulierte – „Oxytoxin" wird, ist es wichtig, sich mit dem, was bisher auf biologischer Ebene erforscht wurde, vertraut zu machen.

Das Bindungshormon Oxytocin ist ein ganz besonderer Stoff, ein wahres Wundermittel. Oxytocin löst ein Gefühl der Geborgenheit und Vertrautheit aus. Er ist nicht nur für die Art des Verhaltens zwischen Mutter und Kind, bei der Partnerschaft, sondern auch für unsere sozialen Beziehungen mitverantwortlich.

Oxytocin bedeutet auf Griechisch „schnelle Geburt" und ist für den Geburtsvorgang von großer Bedeutung und so wurde es auch entdeckt. Auf Englisch heißt „gebären" auch „labor", also Arbeit. Und wie wir bereits wissen, hängen das Für-etwas-Arbeiten und das Belohntwerden mit Glück zusammen. Bei dieser größten Liebesarbeit des Lebens wird das wunderbare Hormon in Massen ausgeschüttet. Nach dem Glücksprinzip „Ende gut, alles gut" sind die Schmerzen vergessen und es gibt kaum glücklichere und erschöpftere Gesichter als die von Müttern, die ihr Neugeborenes in den Armen halten, und von Vätern, die mitgefiebert und die Geburt begleitet haben.

Man muss kein Wissenschafter sein, um zu erkennen, dass wohl keine Frau eine Geburt durchstehen oder sicher kein zweites Mal über sich ergehen lassen würde ohne starke körpereigene Drogen. Männer würden wohl, egal wie viele Drogen der Körper produzieren würde, keine Kinder bekommen wollen, wenn es bedeutet, dass ihr Geschlechtsorgan nachhaltig verändert oder gar etwas kürzer würde. Aber das ist ein anderes Thema, bei dem wohl ein Glück über das andere triumphiert.

Männer, die mit ihren Frauen aktiv in der Schwangerschaft mitleben, haben erhöhte Oxytocinwerte und sind so auch hormonell auf die kommende Lebensumstellung durch den Nachwuchs vorbereitet. Aber auch ohne Schwangerschaft, wenn der Stoff als Spray hergestellt wird, bringt er uns zu sozialerem Verhalten. In einem Versuch an der Universität Zürich wurde bewiesen, dass man mit einem Oxytocin-Spray, auch wenn Vertrauen vorher enttäuscht wurde, die Teilnehmer zu freigiebigerem Verhalten bringen kann.

Nicht nur Oxytocin beeinflusst unser Liebesglück, eine noch nicht komplett erforschte Substanz, die dem Oxytocin entgegenspielt, aber überraschenderweise auch mit ihm zusammenarbeiten kann, ist Vasopressin, vom lateinischen „vas“ für Gefäß und „pressio“ für Druck.

Noradrenalin, die Vorläufersubstanz des Adrenalins, ein Neurotransmitter und ein Hormon, das vom Nebennierenmark produziert wird, hat eine direkte Verbindung zur Schaltzentrale der Hormonproduktion, dem Hypothalamus. Es sorgt für die vermehrte Ausschüttung von Sexualhormonen. Das Verlangen nach dem potenziellen Partner wird gesteigert und es ist unmöglich, an jemand anderen zu denken.

Endorphine haben „Gegenspieler“, die sogenannten Dynorphine. Jeder, dem schon einmal das Herz gebrochen wurde, weiß, dass sie existieren. In einem Versuch wurden den Dynorphinen ähnliche Stoffe eingenommen und das Ergebnis waren rasende Gedanken, Schwäche, Schüttelfrost, Verlust der Selbstkontrolle.

Als ob es mit all diesen Substanzen, die uns das Liebesglück schwer bis gar nicht kontrollieren lassen, nicht genug wäre, ist das Liebesglück auch von dem uns aus dem Kapitel „Rausch der Lebendigkeit“ bekannten Serotonin beeinflusst. Wir sind verliebt und spüren das Liebesglück, da ist unser Serotoninspiegel nicht wie erwartet hoch, sondern der Cocktail fällt spannenderweise auf den fruchtbaren Boden eines niedrigen Serotoninspiegels. Der Gehirnbotenstoff Serotonin sorgt, vereinfacht gesagt, allgemein für gute Laune, fällt der Spiegel unter das gewohnte Maß sind Mattheit und sogar ernsthafte Depressionen die Folge.

Die im Jahr 2000 mit dem Nobelpreis für Chemie ausgezeichnete Psychologieprofessorin an der Universität von Pisa, Donatella Marazziti, fand heraus, dass Verliebte durch dieselben Symptome auffallen wie langjährig an Zwangsneurosen Leidende: Die Fähigkeit, sich gedanklich abzuwenden und anderen Dingen zuzuwenden, ist vermindert und den Betroffenen schwirren immer wieder die gleichen Gedanken durch den Sinn.

In einer Untersuchung der Bluttests von Verliebten und Zwangsneurotikern fand die Psychologin heraus, dass die Werte beider Gruppen im Durchschnitt 40 Prozent unter den Werten der psychisch gesunden, nicht verliebten Kontrollgruppe lagen.

Wie sehr diese Werte unsere Gefühle beeinflussen, zeigt, dass wir mit dem Willen zwar vielleicht etwas für das Lebensglück ausrichten können, geht es allerdings ums Glück selbst und gar ums Liebesglück, hat unser Willen relativ wenig Einfluss.

Es riecht nach Glück

Eine vielleicht zu wenig beachtete Quelle des Glücks ist unsere Nase. Gerüche als Glücksfaktor bringen uns näher an den Urmenschen in uns als viele andere Sinne. Wie Patrick Süskind in seinem Buch „Das Parfüm" schreibt: „Die Menschen (...) konnten sich nicht dem Duft entziehen. Denn der Duft war der Bruder des Atems. Mit ihm ging er in die Menschen ein, sie konnten sich seiner nicht erwehren, wenn sie leben wollten. Und mitten in sie hinein ging der Duft, direkt ans Herz, und unterschied dort kategorisch über Zuneigung und Verachtung, Ekel oder Lust, Liebe oder Hass."

Während man die Augen vielleicht verschließen kann, hat man sofort eine Reaktion auf einen Geruch, der in die Nase steigt. Viele Gerüche, vor allem Gerüche aus der Kindheit, machen glücklich. Ich habe zum Beispiel eine alte Kiste, in der es noch nach meinen Großeltern riecht, wenn ich sie aufmache. Dies tue ich nur in besonderen Fällen, damit der Geruch noch lange erhalten bleibt und ich mich auch in Zukunft daran erfreuen kann.

Auch Schauspieler wissen, dass Gerüche sie leicht in eine Rolle versetzen. Gerüche bringen Erinnerungen hervor und stehen eng in Verbindung mit Emotionen. Da Gerüche schwierig einzufangen sind, verwenden Schauspieler oft eher Musik oder Bilder. Aber mental sind viele Gerüche abgespeichert, an die man sich bewusst erinnern kann. Denn Gerüche sind ein von unserem Bewusstsein weniger beachtetes, aber nicht minder kraftvolles Mittel, um Erinnerungen und die damit verbundenen Gefühle wieder heraufzubeschwören.

Aber damit nicht genug, auch beim Liebesglück spielt unsere Nase eine Hauptrolle. Sogenannte Pheromone, die interessanterweise selbst geruchlos sind, sind Sexuallockstoffe. Es sind mittlerweile vierundzwanzig Pheromone erforscht, welche die Stimmungen der Menschen beeinflussen. Es handelt sich um Botenstoffe, die der zwischenmenschlichen Kommunikation dienen. Jeder Sinneseindruck und jede Bewegung der angebeteten Person kann ein wahres Feuerwerk der Gefühle auslösen. Auch der Handel hat das Liebesglück bereits für sich entdeckt, denn in Dessousläden wird sogar Parfüm mit Pheromonen angeboten.

Zusätzlich gibt es das vomeronasale Organ, es handelt sich um ein kleines Grübchen am Inneren der Nasenscheidewand, von dem man dachte, dass es beim Menschen nicht mehr existiere. Dieses Überbleibsel der Urzeit spielt eine entscheidende Rolle dabei, wie wir den potenziellen Partner empfinden.

Alles, was ich hier anführe, sind Beweise dafür, dass man sich nicht blindlings auf seine Gefühle und das Glück verlassen darf, denn Mutter Natur kann uns durchaus ein Bein stellen, wenn wir uns nur vom Glück leiten lassen.

Meine Mutter weist beim „Liebesnarrisch"-Sein immer auf Spätfolgen hin, die man nicht bedenkt, wenn man völlig die Kontrolle verliert: „Das ist ja alles wunderbar, aber Glück hin oder her, man darf trotzdem nicht völlig den Kopf verlieren."

Denn sogar einen Tropfen Schweiß eines passenden Mannes findet frau besonders an ihren fruchtbaren Tagen unwiderstehlich. An anderen Tagen weniger, aber dennoch ist es so, wie der Volksmund sagt: „Man muss einander riechen können."

Damit ein Reiz im Gehirn weitergetragen wird, schaltet sich PEA (Phenylethylalanin), ein körpereigenes Amphetamin, ein. Von Zelle zu Zelle trägt es den Reiz weiter bis zum Großhirn, das dann den euphorischen Entschluss fasst, sich immer so fühlen zu wollen. Also nach unserer Definition glücklich zu sein. Das kann ungewollte Folgen haben, wenn wir nicht wissen, wann wir lieber aufs Glück hätten pfeifen sollen.

In großen Mengen machen diese euphorisierende Substanz sowie ihr chemisch nachgebaute Drogen extrem süchtig. In Studien wurde nachgewiesen, dass Verliebte deutlich erhöhte PEA-Werte aufweisen.

Die Partnerwahl ist eine der wichtigsten, wenn nicht die wichtigste Entscheidung unseres Lebens. Schließlich soll Ihr Partner Sie ein Leben lang glücklich machen und dabei sollten Sie unbedingt auf Ihre Nase achten. Der Berner Zoologe Claus Wedekind studierte die Duftkomponente bei der

Partnerwahl. Dabei hat er herausgefunden, dass Menschen genau den Duftcocktail aussuchen, der am besten zur eigenen Duftspur passt, vor allem in Bezug auf die eigene Immunität.

Interessant ist ebenfalls, dass Frauen, die die Pille, also Hormone, nehmen, oft anders wählen als Frauen, deren Hormonhaushalt natürlich geregelt ist.

Seit der Mensch aufrecht geht, ist es Männern nicht mehr möglich, mit Sicherheit zu erkennen, wann Frauen fruchtbar sind. Man nennt dies auch den „versteckten Eisprung". Seit Wissenschafter jedoch Kopuline entdeckt haben, ist der Beweis dafür, dass der Eisprung vielleicht gar nicht so versteckt ist, erbracht. Bei Kopulinen handelt es sich um Stoffe, die erstmals in der Vagina von Rhesusaffen gefunden wurden. Sie dienen dazu, den Männchen die Zeit des Eisprungs zu signalisieren. Und diese Stoffe wurden auch bei Menschen entdeckt. An fruchtbaren Tagen hat die Frau einen Stoff in ihrer Scheide, der das Testosteron der Männer in ungeahnte Höhen schnellen lässt. Hat man zum Beispiel gerade an so einem Tag einen One-Night-Stand und denkt, es ist die große Liebe, da der Sex besser als je zuvor erlebt war, kann man leicht diesem Trick von Mutter Natur auf den Leim gehen und sich an jemanden binden, mit dem man eigentlich auf lange Zeit und im aktuellen sozialen Gefüge gar nicht kompatibel ist.

So wunderbar sich diese Substanzen anfühlen, auf Kopuline sollten Sie Ihre Beziehung nicht aufbauen, sondern auf glücklich machende Beziehungsarbeit.

Glück können wir mittlerweile in gewisser Hinsicht in Pillenform beeinflussen und auch bei der Liebe wird daran gearbeitet.

Der Wissenschafter Larry Young von der Emory-Universität in Atlanta ist davon überzeugt, dass Liebe fernab von Poesie und Pathos nichts anderes ist als das Ergebnis chemischer Prozesse, die eines Tages mit Pillen und Spritzen „machbar" werden.

Im Wissenschaftsmagazin Nature schrieb er: „Wenn es gelingt, Liebe in ihre chemischen Einzelbestandteile zu zerlegen, werden wir nicht nur die menschliche Sexualität verstehen, sondern auch Substanzen entwickeln können, die Zuneigung bzw. Abneigung erzeugen."

Es entsteht ein Trank so wie ein „Love Potion Number 9". Die Frage ist nur, ob das Menschen auch auf ihr Lebensglück bezogen glücklich macht.

Euphorische Liebe können wir nicht selbst herstellen, da dies eben keine bewusste Entscheidung ist. Und genau darin liegt das Glück: Wir sind einfach verliebt und so wird unser Bewusstsein von uns selbst glücklich gemacht. Ein großer Teil des Liebesglücks liegt jedoch darin, dass wir Vertrauen schenken und uns fallen lassen. In der Sicherheit, dass der andere uns auffangen wird. Auf Englisch heißt es sogar „to fall in love" und unzählige Lieder handeln davon, dass einen der andere auffängt, man soll sich nur fallen lassen und einfach glücklich sein. Wir sehnen uns also nach mehr als nur dem Hormonfeuer der Gefühle.

Wenn wir uns nur aufgrund eines Trugschlusses durch einen Hormoncocktail fallen ließen und nicht die notwendige Beziehungsarbeit geleistet haben, dann gibt es ein böses Erwachen. Genauso wie „einfach glücklich sein" ist „wahre Liebe" nur eine romantische Idee. Eine romantische Idee, die auf Mutter Natur basiert, deren Interesse darin liegt, dass wir uns fortpflanzen, nicht darin, dass wir ein ganzes Leben lang, in Form der monogamen Ehe, glücklich und verliebt sind. Daher bringt es auch nichts, sich von einer Liebesaffäre in die nächste zu stürzen und jedes Mal, wenn die „großen" Gefühle vorbei sind, einfach den Partner zu wechseln.

Was wir tun sollten, ist, den Liebestaumel zu nützen, um Glücksarbeit und Beziehungsarbeit zu leisten, solange dies mit Unterstützung der Natur leicht von der Hand geht. So ist für die späteren Phasen, in denen es schwierig werden kann und in denen wir mehr Unglück als Glück verspüren, die Vertrauensbasis gelegt.

Der Zwang, in einer Beziehung stets glücklich zu sein, lässt uns verkennen, ob es sich lediglich um eine schwierige Phase handelt, an der wir wachsen sollen, oder eben wirklich um eine schlechte Beziehung, die wir beenden sollten.

Aus lauter Angst vor etwas Unglück haben wir schon längst das Handtuch geworfen, anstatt das Handtuch dafür zu verwenden, den Schweiß von der Stirn zu wischen und zu sagen: „C'est la vie! Das ist Leben, die guten und die schlechten Seiten."

Glück beginnt schon bei der Partnerwahl, und zwar dort, wo wir sie nicht komplett dem zufälligen Liebesglück überlassen, sondern andere Faktoren miteinbeziehen. Immerhin ist nach alten Weisheiten und nach neuesten Studien die Auswahl des Partners einer der wichtigsten Glücksfaktoren unseres Lebens.

Eine stabile Paarbeziehung gilt als eines der Basiselemente des Glücks. Durch mehrere Studien ist gesichert, dass verheiratete Menschen glücklicher sind als alle anderen. 40% bezeichnen sich als „sehr glücklich", wohingegen nur 23% der Unverheirateten sich so bezeichnen. Über siebzehn Nationen und alle ethnischen Gruppen hinweg gilt die Ehe als wichtiger Glücksfaktor.

Der Psychologe Erich Fromm (1900–1980) stellte fest,

dass der Mensch einer Konsumgesellschaft den Marktwert des potenziellen Partners berechnet. Nach seinen Theorien agieren wir gemäß den Gesetzen des Marktes. Wir wünschen uns den bestmöglichen Partner, den wir uns, gemessen an unserem eigenen Marktwert, gerade noch leisten können.

Umso mehr sollten wir aufpassen, dass wir das wandelbare Glück nicht als Hauptkriterium für den Marktwert des anderen wählen und andere Faktoren, die langfristig an Bedeutung gewinnen, in unserer Entscheidungsfindung vernachlässigen.

Am Leben gehalten wird der Mythos von der „einzigen großen wahren Liebe", der kleinen Kindern von Beginn an eingeimpft wird, auch durch Hollywood-Liebesfilme. Wie kleine Mädchen erwarten wir, dass die Märchen sich bewahrheiten. Aber das Leben besteht nun einmal nicht nur aus schablonenhaften Geschichten: Liebe auf den ersten Blick, gefolgt von Hoffnung, ein wenig Katz-und-Maus-Spiel, Romantik, Enttäuschung und dann im Endeffekt, egal wie, ein Happy End.

Gefährlich sind diese Schablonen vor allem, wenn wir uns ihrer nicht bewusst sind. Viele davon spielen nämlich trotzdem eine wichtige Rolle für unser Glück. Zwischen dem dritten und achten Lebensjahr wird laut Untersuchungen in einem größtenteils unbewussten Prozess eine „Liebesschablone" geprägt. Jene Menschen, die von Anfang an engen Kontakt mit dem Kind haben, beeinflussen diese Vorgabe. Wie in der Familie miteinander gesprochen wird, wie die Eltern miteinander umgehen, Familientraditionen, bis hin zu kleinen Bewegungen. Mit der Hilfe dieser Schablone begibt sich der Jugendliche beim Erwachen sexueller Gefühle auf die Suche nach dem Partner, der in diese Schablone passt. Im Erwachsenenalter wird diese Schablone durch Erfahrungen in Beziehungen, gute wie leider auch schlechte, ergänzt.

Und trotzdem halten wir am Rezept der „wahren" Liebe, die einen „einfach so" überkommt, fest. Es ist ja alles so romantisch und die Narrenfreiheit des Verliebtseins genießen wir auch noch. Ein weit verbreitetes Glücksrezept, das zum ziemlich sicheren Unglück führt, ist zum Beispiel das Märchen, dass jeder nur mit dem richtigen Menschen, der sein „Seelenverwandter" ist, die wahre Liebe finden und erfahren könne.

Weiter behauptet das „Rezept der wahren Liebe": Leidenschaftliche Liebe lasse nie nach und ein Leben lang bliebe man verliebt wie am ersten Tag.

Diese flatterhaften Gefühle sind wunderbar und sollten immer wieder Teil der Basis, auf der eine Ehe geschlossen und Kinder in die Welt gesetzt werden sollten, sein, aber nicht Hauptbausteine. Denn sonst folgt der klare Schluss: Falls diese Gefühle extrem nachlassen oder gar aufhören, sollten Sie sich scheiden lassen, denn dann war es keine „wahre Liebe".

Das klingt doch eher nach einem Rezept fürs Desaster als nach lebenslangem Liebesglück. Frei nach George Bernard Shaw: Eine Ehe, die größtenteils oder nur auf passionierter Liebe basiert, bringt zwei Menschen zusammen, die unter dem Einfluss der verrücktesten, gewaltigsten und oft trügerischsten Gefühle zueinandergefunden haben. Die beiden müssen schwören, dass sie in diesem abnormalen, sich verausgabenden und aufgeregten Zustand verbleiben, bis der Tod sie scheidet.

Sogar Studien beweisen, dass 90 Prozent aller Paare spätestens nach zwanzig Ehejahren diese intensive Leidenschaft verloren haben.

Die amerikanische Anthropologin Helen Fischer studierte die Dauer von Ehen über mehrere Kulturen und Zeiträume hinweg. Sie kam zu dem Schluss, der mittlerweile wissenschaftlich bestätigt und weit verbreitet ist, dass nach vier

Jahren die meisten Ehen scheitern. Ist die Beziehung zu Beginn von intensiver sexueller Aktivität gekennzeichnet, ändert sich das Sexualleben mit einer Empfängnis und sobald das Baby zum Kleinkind wird.

Wie Nietzsche so treffend formulierte: *„Man soll sich beim Eingehen einer Ehe die Frage vorlegen: Glaubst du, dich mit dieser Frau bis ins Alter hinein gut zu unterhalten? Alles andere in der Ehe ist transitorisch, aber die meiste Zeit des Verkehrs gehört den Gesprächen an."*

So schön und so romantisch die Liebe ist, das wahre Liebesglück zeigt sich nicht, solange man die rosa-lila-Brille des Verliebtseins aufhat. Und das gilt nicht nur für Partnerschaften, auch für alle Dinge, die neu sind. Sie haben eben diesen Reiz des Neuen, ob es jetzt neue Dinge oder neue Menschen sind. Da der Liebescocktail die von der Schöpfung definitiv erwünschte Fortpflanzung ermöglicht, ist er eine der stärksten Mächte in unserem Leben.

Natürlich funktioniert jede Beziehung anders. Und doch gibt es Ähnlichkeiten und Muster und außerdem bleiben wir selbst ja immer die Gleichen. Beobachten Sie sich also selbst genau, bevor Sie weitreichende Entscheidungen treffen! Sonst machen Sie sich vielleicht selbst unglücklich, weil die eigene Natur Sie übertölpelt. Wenn Sie im siebten Himmel schweben und an eine Langzeitbindung denken, dann ist es wichtig, komplette Inkompatibilitäten zu erkennen. Natürlich ist der eigene Blick in so einer Situation oft vernebelt und nur gute Freunde oder Eltern, auf die Sie nicht hören möchten, erkennen, welche Gefahr auf Sie zukommt.

Versuchen Sie innezuhalten, auch wenn Sie noch so verliebt sind! Stellen Sie fest, ob Sie auf das Glück pfeifen sollten oder es wert ist, dafür zu kämpfen. Sprechen Sie mit jenen Menschen, die Sie lieben, denen Sie vertrauen, und bitten Sie sie um eine ehrliche Meinung, auch wenn diese Ihnen wehtut. Entscheiden müssen ohnedies Sie selbst. Doch wie oft bewahrheitet sich das, was Nahestehende von Anfang an sehen, und selbst kommt man erst Jahre später darauf, wenn man gründlich enttäuscht worden ist, dass manches von Anfang an nicht gepasst hat.

Im Endeffekt ist die „wahre Liebe" eben nicht ein Trip am Hormon-High, sondern die Liebe, die ein Leben lang hält. Denn wie der Schriftsteller Mark Twain sagte: *„Kein Paar weiß wirklich, was vollkommene Liebe ist, bevor es nicht ein Vierteljahrhundert miteinander verheiratet ist."*

Auch wenn es unromantisch wirkt, müssen wir uns vor Augen halten, dass euphorische Liebe nicht nachhaltig und nicht rational nachvollziehbar ist. Sie ruft Symptome wie bei Drogenkonsum hervor: Leichtsinn, Energieschübe, bis hin zu körpereigenem Heroin, kurz, das, was in unserem Kulturkreis als die „wahre Liebe" bezeichnet wird. Sie ist etwas völlig anderes als die kameradschaftliche Liebe, die über Jahre hinaus wachsen und ebenfalls sexuelle Komponenten aufweisen kann. Beide Prozesse beschreiben zusätzlich völlig unterschiedliche Kurven in der Glücksausschüttung.

Bevor wir uns jetzt also Gedanken machen, ob uns die Schwerkraft oder die Anziehungskraft in einer Beziehung hält, sollten wir den Menschen sowie die Geschichte des Liebesglücks ein wenig besser kennenlernen.

Liebe wird heutzutage oft – geht es nach romantischen Filmen, dann nur – mit eben genau dieser romantisierten Form der Liebe gleichgesetzt. In der westlichen Welt gibt es dieses gesellschaftliche Konstrukt seit dem 12. Jahrhundert, der Zeit der französischen Troubadoure. Es geht dabei um Geschichten von höher gestellten Frauen, die per Definition unerreichbar waren, sowie um Ritterlichkeit und den Schmerz einer sich nie erfüllenden Sehnsucht.

Der mittelalterliche Minnegesang hat die „wahre Liebe" allerdings nicht erfunden, sondern sie lediglich als für die damalige Zeit und als Basis des Liebesverständnisses der westlichen Welt interpretiert. William R. Jankowiak von der Universität in Nevada, Las Vegas, und Edward F. Fischer von der Universität in Tulane stellten 1992 fest, dass romantische Liebe in 88 Prozent der von ihnen untersuchten 166 Kulturräume vorkommt.

Obwohl es zum Beispiel in Europa ein Nord-Süd-Gefälle beim Ausdruck der Emotionen gibt, liebt der Skandinavier sicher genauso stark wie der lauthals seine Liebe bekundende Italiener.

Romantische, passionierte Liebe ist also nicht einer Kultur eigen. Was allerdings der westlichen Kultur eigen zu sein scheint, ist die fanatische Verehrung, mit der die romantische Liebe über alle anderen Formen von Liebe gestellt wird. Das ist es, was die Troubadoure noch hinzugefügt haben, dass diese Art der Liebe die einzig „wahre" Liebe ist.

Verstärkt hat sich die Idealisierung der romantischen Liebe weit nach dem Mittelalter in der Zeit der Romantik. Im wahrsten Sinn des Wortes wurde sie romantisiert und vom Bürgertum als Kontrast zum Adel, der selten oder nie aus Liebe heiratete, als Basis der Eheschließung durchgesetzt. Diese Idee, nicht aus Vernunft oder zumindest aus einer Mischung aus Vernunft und Liebe zu heiraten, sondern wegen rasender romantischer Gefühle, hat sich bis heute gehalten. Und sie wird von Hollywood, für das die „großen" Gefühle ein gefundenes Fressen sind, weiterpropagiert.

Oft sind die wirklich großen Gefühle allerdings die, die einen nicht passioniert streiten oder Sex haben lassen, sondern vielmehr jene Gefühle, die es einen noch einmal versuchen lassen, sich zusammenzuraufen.

Sich ins Glück streiten

Eine der wichtigsten Grundlagen für eine dauerhafte Beziehung ist also die „Liebesarbeit“, die uns glücklich macht. Doch es gibt noch ein anderes Element, das in dem Konstrukt von der romantischen Liebe völlig fehlt: die Streitkultur.

Für eine glückliche Langzeitpartnerschaft ist anfängliches heißes Liebesglück wesentlich weniger wichtig als eine gesunde Streitkultur, gemeinsame Scheiterkultur und gemeinsame Stressbewältigung.

„Dyadische“ Bewältigung, vom griechischen Wort für „Zweiheit“, nennt man die Reaktion der beiden Partner auf Stress. Versuche zeigen, dass die besten Bewältigungsstrategien für Probleme jene Paare aufweisen, denen es gelungen ist, Mechanismen in der Partnerschaft zu etablieren, die es ihnen erlauben, Dinge nicht so ernst zu nehmen, und den anderen humorvoll zum Lachen zu bringen.

Wie wir bereits wissen, hängt das Glück eng mit Stress zusammen. Den Stress erhöhen zum Beispiel Vorwürfe, die Sie dem Partner machen, aber auch dauernde Selbstvorwürfe. Auch eine negative Körpersprache, passive Aggression sowie Seufzen, ein spöttischer Unterton, Kopfschütteln, Augenverdrehen tragen nicht zur guten Kommunikation bei. Beobachten Sie sich im Umgang mit Ihren Mitmenschen. Probieren Sie bei den Menschen in Ihrer Umgebung aus sie optimal zu belasten, eben im richtigen Moment zu belasten oder zu entlasten. Und dann praktizieren Sie das Gegenteil und bringen jemanden absichtlich auf die Palme. Wenn es Ihnen wirklich gelungen ist, versuchen Sie mit Ihrer besten Waffe, dem Humor, den anderen zum Lachen zu bringen. Erklären Sie bitte Ihrem Versuchskaninchen, dass Sie nur ein Experiment mit ihm durchgeführt haben!

Die Mengen an Stress können Sie nicht immer beeinflussen. Woran Sie jedoch arbeiten können, sind die jeweiligen Bewältigungsstrategien.

Es ist unschwer zu erkennen, dass Paare, die mit besonders viel Stress zu kämpfen haben und nur über unausgereifte Bewältigungsstrategien verfügen, sich eher scheiden lassen. Bei den Versuchspaaren konnten die Psychologen mit 85%-iger Wahrscheinlichkeit voraussagen, welches Paar innerhalb der nächsten fünf Jahre getrennter Wege gehen würde.

In einer Zeit, die nur positive Dinge und Glück möchte, werden die Auseinandersetzung und die Streitkultur zu wenig bedacht. Jedoch liegt der Schlüssel zum Beziehungsglück anscheinend in einer gesunden und respektvollen Portion Auseinandersetzung.

Wenn wir uns das Wort genau anschauen: Was gibt es Schöneres, als sich mit unserem Objekt der Begierde auseinanderzusetzen?

Das Ich und das Wir

Die Frage, die wir uns stellen müssen, lautet: Bewerten wir das Glück der Gemeinschaft, das Glück der Familie, das Glück des Nachwuchses oder das eigene, persönliche Glück höher? In der westlichen Welt ist es immer mehr der Fall, dass wir unser eigenes persönliches Glück, oft ohne Rücksicht auf Verluste, über alles stellen. Das kann zum Glück führen, muss es aber nicht. Vielleicht sollten wir uns fragen, ob wir bei der Jagd nach dem eigenen Glück nicht am Glück vorbeigelaufen sind.

Wie der französische Schriftsteller und Nobelpreisträger André Gide (1869–1951) es ausdrückte: *„Mein Glück liegt im Vergrößern des Glücks anderer. Ich brauche das Glück aller, um glücklich zu sein.“*

Während der Einfluss des Glücks der anderen auf unser Glück, in Bezug auf die Gemeinschaft, in der wir leben, auf den Staat oder auf die Menschheit generell vielleicht etwas schwieriger nachvollziehbar ist, ist er in der kleinen Struktur einer Familie direkt erkennbar.

Früher hat die Gesellschaft klar für uns entschieden und vor allem Frauen mussten sich ihrem Schicksal fügen und sehr oft auf ihr eigenes Glück verzichten, um eventuell auf dem Umweg des Kinderglücks glücklich zu werden. Diese fremdbestimmten Zeiten sind für viele Frauen vorbei, trotzdem sind arrangierte Ehen für die Frauen der westlichen Welt ein rotes Tuch, das Reaktanz heraufbeschwört. Diese Wahlfreiheit wurde hart erkämpft und natürlich wollen wir uns nicht zurückentwickeln. Dennoch ist es interessant, sich die Studien dazu anzusehen, ob arrangierte Ehen uns etwas über das Glück beibringen können. Heute ist es so, dass bei vielen arrangierten Ehen die Partner einander nicht erst vor dem Traualtar treffen, sondern sich bereits vorher im Familienrahmen gesehen haben. Viele junge Inderinnen haben zum Beispiel auch ein Vetorecht. Das Geheimnis hinter glücklich arrangierten Ehen scheint nicht Liebe auf den ersten Blick vor dem Traualtar zu sein, sondern dass das Glück der Gemeinschaft höher bewertet wird als das Glück des Einzelnen. Natürlich funktionieren arrangierte Ehen in unserer westlichen Welt genauso wenig für alle, wie es nicht für alle funktioniert, Glücksgefühle daraus zu beziehen, dass man sich in einen Tempel setzt oder sich selbstlos um Kranke kümmert. Für jeden bedeutet Glück eben etwas anderes.

Aber über das Zusammenspiel vom Glück der Gemeinschaft im Unterschied zum Glück des Einzelnen nachdenken können wir, wenn wir überlegen eine Langzeitbindung einzugehen.

Das alles bedeutet nicht, dass man sich ständig aufopfern soll und sich zum Unglück verdammt. Das bedeutet auch nicht, dass in einer Partnerschaft, Freundschaft oder jeder Beziehung einer immer 90 Prozent gibt und der andere immer nur 10 Prozent. Manchmal ist es so und manchmal ist es so, aber im Durchschnitt sollte der Beitrag zum Glück 50:50 sein.

Wichtig für das Beziehungsglück ist es außerdem, darüber zu sprechen, wie die Partner eine Handlung bewerten. Oft liegen da nämlich gravierende Unterschiede. Stellen Sie sich zum Beispiel vor, dass sich ein Paar einen Film im Kino ansehen möchte. Sie möchte einen Liebesfilm sehen, er einen Actionfilm. Als verständiges Paar einigen sie sich darauf, dass sie diesmal ihrem Wunsch folgen. Der Mann meint nun, er habe auf etwas verzichtet, weil er ihr zuliebe einen Film angesehen hat, den er eigentlich nicht hatte sehen wollen. Diese Selbstlosigkeit schätzt er mit 90 Prozent ein. Sie dagegen würde sein Verhalten nur unter 65 Prozent verbuchen, weil sie meint, dass sie sich schließlich oft genug mit ihm Actionfilme ansieht. Jeder Partner sollte darüber Bescheid wissen, wie der andere denkt, damit die Beziehungsbalance erhalten bleibt.

Auch wenn es in einer Beziehung nicht darum gehen soll in einem Buch „Beziehungspunkte“ zu notieren, geht es dennoch immer wieder darum, das Geben und Nehmen in einer gesunden Beziehung abzuwägen. Ein Glücklichmachen und ein Sich-glücklich-machen-Lassen.

Mit dem Menschen, mit dem man am besten befreundet ist, eine liebevolle, enge, intime, gleichberechtigte, verlässliche Beziehung zu führen, ist eine Hauptkraft für das Glück.

Aber nicht nur eine Beziehung zu einem Lebenspartner ist eine Quelle des Glücks. Zahlreiche Studien kamen in den letzten Jahren zu dem von den Medien und Ratgebern gerne aufgegriffenen Schluss, dass Mitgefühl und Altruismus sich positiv auf das eigene geistige und sogar körperliche Wohlbefinden auswirken.

In Michigan bestätigte der Sozialpsychologe James House, dass regelmäßiger wohltätiger Einsatz die Lebenserwartung enorm steigert. Auf lange Sicht hinaus wird wahrscheinlich sogar die gesamte Vitalität der Mitfühlenden positiv gesteigert.

In Harvard konnte Professor David McClelland (1917–1998) nachweisen, dass Studenten, nachdem ihnen ein Film über Mutter Teresas Arbeit vorgeführt wurde, mehr vom Antikörper Immunglobulin A im Speichel hatten.

Der Mensch ist eindeutig ein Gruppentier und unsere Einstellung, ob wir das „Ich" oder das „Wir" höher bewerten, ist wandelbar. Man kann unsere Einstellung zur Gemeinschaft leicht beeinflussen. In Untersuchungen mussten Probanden in einem Text alle Personalpronomen anstreichen. In einem Text war es mehrheitlich das „Ich" und im anderen das „Wir". Die Menschen aus der Ich-Gruppe sahen sich im Folgenden, zumindest kurzzeitig, weniger als Teil einer Gruppe an.

Da dies so leicht beeinflussbar ist, ist es gut möglich, dass das „Ich" wirklich ein Konstrukt ist, das in und aus einem sozialen Kontext entsteht. In unserem Fall ist zu überdenken, ob es uns wirklich nachhaltig glücklich macht, in einer Kultur zu leben, die das „Ich" im Unterschied zum „Wir" zelebriert.

Rattenscharfes Liebesglück

Damit wir uns als Menschen weiterentwickeln, ist es von der Evolution so vorgesehen, dass uns neue Dinge glücklich machen. Sie können das bei sich selbst beobachten. Leider ist etwas Neues aber nicht immer gut für uns. Denn nur, weil etwas glücklich macht, ist es nicht zwingendermaßen gut für uns.

Vor allem unbeabsichtigte und vielleicht unabsehbare Spätfolgen beeinträchtigen unser Glück. Geht es um Beziehungen, steht das eigene Glück, besonders jenes, das durch Neues wie neue Partner, induziert ist, manchmal im krassen Gegensatz zum Glück der anderen, eines Langzeitpartners und der gemeinsamen Kinder.

Denn kann man zu Beginn nicht genug von einander bekommen, verändern sich die Bedürfnisse im Laufe einer Langzeitpartnerschaft.

Bei Rattenversuchen zeigte sich, dass die Tiere nach einiger Zeit die Lust am Sex mit dem immer gleichen Rattenpartner verloren. Als sie jedoch in einen anderen Käfig mit einer neuen Ratte gegeben wurden, spielten die Hormone dank des möglichen Fremdgangs verrückt. Keine guten Nachrichten für Ehefrauen und Ehemänner.

Aber man kann die Natur überlisten, denn interessanterweise muss es mit den neuen Ratten nicht zu Geschlechtsverkehr kommen. Ist die Ratte kurze Zeit mit der neuen Ratte zusammen, ist sie vom Reiz des Neuen „rattenscharf“ und vergnügt sich, wieder zurück im Käfig mit der alten Ratte, ebenfalls bestens. Wie das genau auf den Menschen übertragbar ist, hat noch niemand erforscht. Es ist also noch offen, ob hier der Reiz des Neuen überwiegt oder ob, anstatt zu klammern und sein Glück einzufordern, nicht ein Loslassen, ein „Den-Käfig-Aufmachen“ (also Freiheit zu geben, zu flirten und das nicht als „betrügen“ zu werten), auch Menschen wieder beschwingt zum gewohnten Partner zurückkehren lässt.

Allgemeine Ratschläge bringen nichts, sondern Sie müssen verstehen, wie Glück funktioniert, um die richtige Dosis für Ihre persönliche Lebenssituation zu wählen. Käfig versperren oder lieber öffnen? Ist es zu viel oder zu wenig? Etwas nachlegen? Oder lieber etwas Abstand?

Auch alles, was wir bereits von unseren Großmüttern gehört haben, kommt beim Glück einer dauerhaften Partnerschaft zum Tragen: Klartext sprechen (vor allem mit Männern), zu hohe Ansprüche herunterschrauben, sich nicht selbst unter Erfolgsdruck setzen, die kleinen Dinge des Lebens gemeinsam genießen, vorplanen, auf sich selbst nicht vergessen, erwägen, Dinge anders bewerten, gemeinsame Lösungssuche und vor allem eine gesunde Streitkultur.

Beziehungen funktionieren nur, wenn wir uns ausreichend Zeit dafür nehmen, und zwar Zeit, um zu spiegeln. Der US-Psychologe Stephen Drigotas taufte ein von ihm entdecktes Phänomen „Michelangelo-Effekt“. In mühevoller Kleinstarbeit beeinflussen sich Paare gegenseitig, sodass sie wie der Bildhauer aus einem Block den anderen zum Vorschein bringen. Und so schließt auch Eli Finkel von der Northwestern Universität, dass die beste Hilfe zur Selbsthilfe unser Partner bietet. Paare, die sich fordern und fördern, sind besonders glücklich.

Wie im Englischen als „Labor of Love“ gängig braucht die Liebe Liebesarbeit und da Glücksarbeit zum Glück führt, gibt es wohl kaum eine schönere Arbeit, als wenn wir jemanden und somit uns selbst mit unserer Arbeit glücklich machen.

Da wir wissen, dass Glück ein Prozess ist, der immer wieder gestartet werden muss, dürfen die Glücks- und Liebesarbeit und das Tun nie aufhören, eben immer gleich, aber auch immer überraschend etwas anders. Und wir können das Glück, genauso wie das Unglück, als Teil des Lebens sehen. Und um das Leben geht es, nicht um das Glück.

Mein Großvater Eduard schenkte seiner geliebten Frau Rosemarie, mit der er über sechzig Jahre verheiratet war, zu Jahrestagen immer wunderbare langstielige tiefrote Rosen und immer wieder auch zwischendurch, einfach nur so, über sechzig Ehejahre hinweg – Liebe auf den letzten Blick.

Die Lebensliebe ist die zu uns selbst

Die wichtigste Beziehung ist die zu sich selbst. Wie das Orakel von Delphi seine Besucher begrüßte: Γνῶθι σεαυτόν – „Erkenne dich selbst."

Jeder Mensch kann sich diese Frage nach sich selbst nur selbst beantworten. Vielleicht kann man sich von anderen Menschen und Beratern inspirieren lassen, aber sich wirklich selbst kennenlernen, das muss jeder selbst machen. Ist es nicht die schönste Aufgabe schlechthin, sich dieser Lebensliebe, die jeder Mensch zu sich selbst hat, zu widmen? Die wichtigste Beziehung, die Sie jemals haben werden, ist die Beziehung mit sich selbst.

Worauf es bei Reizen ankommt, ist, welche Verbindungen es in Ihrem Gehirn bereits gibt. Und wer sollte diese Verbindungen besser kennen als Sie selbst? Welcher Mensch kennt Sie am besten? Hoffentlich Sie selbst.

Alles, was wir über uns selbst lernen, trägt dazu bei, dass wir uns besser glücklich machen können. Alles, was wir über andere lernen, lässt uns andere besser glücklich machen. Daher hören Sie einfach auf über das Glück nachzudenken, seien Sie lieber neugierig und interessiert an sich und anderen, aber vor allem: Leben Sie einfach!

Je besser Sie sich selbst kennen, desto mehr Schlüssel haben Sie für Ihre eigenen Glücksschlösser. Jeder hat sein Gepäck zu tragen, aber die einen haben Rollen an ihrem Koffer und die anderen nicht.

Der Himmel sind die anderen, die Hölle aber auch

Kooperation und soziales Verhalten sind im Plan der Schöpfung vorgesehen, deshalb wird das Glück besonders durch Zusammensein mit anderen Lebewesen, Gemeinschaft, Verbindung und Interaktion ausgelöst. Wir brauchen andere Menschen, und das nicht nur zur Fortpflanzung.

Wie der Schauspieler Craig Robinson in einem Film von Kevin Smith sagt: *„Manchmal brauchen wir einfach jemanden, der uns etwas zeigt, das wir nicht selbst sehen können, und dann verändert sich unsere Weltsicht für immer.“*

Glück ist kein Soloauftritt

Menschen überleben, indem sie mit anderen Menschen zusammenarbeiten. Überlegen Sie einmal, wie viele Menschen an diesem Buch mitgearbeitet haben, das Ihnen jetzt hoffentlich Denkanstöße gibt und Lesevergnügen bereitet. Oder wie viele Menschen Ihnen heute schon das Überleben oder einfach Ihr angenehmes Leben ermöglicht haben, indem sie ihr Schäufelchen zum Ganzen dazugetan haben? Wer war aller nötig, bis das Möbelstück, auf dem Sie nun sitzen, begonnen beim Design, über die Herstellung des Materials, zur Verarbeitung, zum Transport, zum Verkauf, schließlich so dastand, dass Sie darauf nun sitzen und lesen können?

Das Wunderbare ist, dass bei einer erfolgreichen Kooperation alle Beteiligten glücklich werden. Wie der US-amerikanische Philosoph und Autor Ralph Waldo Emerson es ausdrückte: *„Einer der schönsten belohnenden Ausgleiche des Lebens ist es, dass kein Mensch jemand anders helfen kann, ohne sich selbst dabei zu helfen.“*

Die Hölle ist ein Ort, an dem nichts mit nichts in Verbindung steht. Ein schönes Beispiel ist eine Fabel zur chinesischen Hölle: In der Mitte eines Raumes ist ein großer Berg Reis, dieser ist mit einem Abstand von zwei Metern von einem Zaun umgeben. Außerhalb der Umzäunung sitzen Menschen, die alle zwei Meter lange Stäbchen haben. Sie leiden schreckliche Qualen, denn sie erreichen zwar den Reisberg, können den Reis aber mit den langen Stäbchen nicht in ihren Mund bringen und hungern somit.

Man könnte sich jetzt vorstellen, dass es im Himmel wie in der Hölle einen riesigen Reisberg gibt, der ebenfalls von einem unüberwindbaren Zaun umgeben ist. Auch hier sitzen die Menschen um den Zaun und verfügen über zwei Meter lange Stäbchen. Doch im Unterschied zur Hölle füttert im Himmel jeder einen gegenübersitzenden Nachbarn, weil die Stäbchen zu lang sind, um den Reis selbst zu essen. Auf diese Weise werden alle satt, keiner leidet!

Verhält sich ein Mensch so, wie man es erwartet hat, entsteht wie gesagt über kurz oder lang Vertrauen. Und dieses Vertrauen schafft die Basis für Bindungen. Bindungen sind essenzielle Teile des Glücklichmachens und des Glücklichseins. Bindungen sind erlernte Muster in unserem Gehirn, das beginnt mit einer einzelnen Zelle, die sich freut, dass ihre Erwartung sich bewahrheitet, bis hin zu einem riesigen Netzwerk, das im Endeffekt ausmacht, wer wir sind. Und viele Muster, vor allem Bindungsmuster, die uns später glücklich oder unglücklich machen, entstehen in der Kindheit.

Egal ob Bindungen jetzt der Himmel oder die Hölle sind: Wir sind auf Bindungen angewiesen, denn gewisse Arten von Glück und gewisse Höhen erreichen wir nur gemeinsam. Und manche Rollen bekommen wir überhaupt erst durch andere. Zum Beispiel kann man Elternglück erst erfahren, wenn man ein Kind hat.

Wie der Schriftsteller Mark Twain so schön formulierte: *„Um den vollen Wert des Glücks zu bekommen, brauchen wir jemand, mit dem wir es teilen."*

In dem von Sean Penn verfilmten Werk „Into the Wild" geht der Autor sogar noch weiter und sagt: *„Glück ist nur real, wenn man es mit jemandem teilt."*

Wenn Glück uns festbindet

Bindungen und Zusammenleben sind nicht nur seit Urzeiten wichtige Teile des Überlebens des Rudeltieres Mensch, sie sind Grundbedürfnisse und wichtig für das Glücksempfinden. Der Grundstein wird zu Beginn mit dem überlebenswichtigen Anklammern an die Hauptbezugsperson gelegt. Nun sollen Kindheitserfahrungen nicht als Entschuldigung dafür, dass Sie heute vielleicht unglücklich sind, verwendet werden. Dennoch sind sie aufschlussreich, um festzustellen, mit welcher „Glückssoftware" Sie arbeiten. Und dass eben doch äußere Einflüsse und nicht nur wir selbst unser Glück beeinflussen. Nur wenn wir so viel wie möglich darüber lernen, wie unser individuelles Glück aussieht, sind wir frei von der Tyrannei des Glücks.

Der österreichisch-amerikanische Psychologe und Freud-Schüler René Spitz (1887–1974) beschäftigte sich als Erster mit Säuglingen und deren Bezugspersonen und damit, wie entscheidend diese Bindungen für die weitere psychische und kognitive Entwicklung sind. Er war auch einer der Ersten, der psychoanalytische Betrachtungen nicht anhand von Einzelfällen, sondern systematisch und empirisch erforschte. Besonders ging es ihm dabei um die Persönlichkeit der Mutter und die Entwicklung des Kindes. Er war der Meinung, dass diese Beziehung den Menschen nachhaltig prägt.

In den frühen 1950er-Jahren begannen die US-amerikanischen Psychologen Mary Ainsworth und John Bowlby das Phänomen der menschlichen Bindung zu erforschen und entwickelten die sogenannte „Bindungstheorie". In der Versuchsanordnung „strange situation" (fremde, ungewohnte Situation) wurde ein Kleinkind von der Mutter in einen Raum mit Spielsachen und einer fremden Person gebracht. Die wichtigste Bezugsperson, die Mutter, verließ möglichst unauffällig den Raum und kam nach einiger Zeit wieder zurück, um das Kind abzuholen.

Die höchst unterschiedlichen Reaktionen der Kleinkinder auf diese standardisierte Situation interessierte die Forscher, denn sie hatten vermutet, dass die Menschenkinder ähnlich reagieren würden wie die Primatenkinder, die sie zuvor beobachtet hatten. Manche Kinder verhielten sich tatsächlich wie die Primatenkinder. Wie erwartet nahmen sie kaum Notiz von der Trennung und ließen sich von der freundlichen fremden Person trösten und in ein Spiel verwickeln. Als die Mutter zurückkam, freuten sie sich, liefen ihr in die Arme und zeigten ihr, womit sie gerade beschäftigt gewesen waren.

Andere Kinder reagierten mit betonter Gleichgültigkeit oder auch Aggressivität auf das Gehen und Wiederkommen der Mutter.

Wieder andere Kinder jedoch schienen durch die Trennung angespannt und unglücklich zu sein, waren in Tränen aufgelöst, klammerten sich an die Mutter und waren kaum zu beruhigen.

Die Vermutung der Psychologen war, dass der Schlüssel zu diesen sehr unterschiedlichen Verhaltensmustern in der Art der Bindung zur Mutter lag.

Die Kinder, die sich wie die Primaten verhielten, wurden als „sicher gebunden" klassifiziert. Sie reagierten auf die Trennung nicht extrem oder ließen sich nach einem kurzen Trennungsschmerz schnell beruhigen und freuten sich ihre Mutter wiederzusehen; dass diese nicht wiederkommen könnte, schien den Kindern nicht in den Sinn gekommen zu sein.

Jene Kinder, die sich schon vor der Trennung argwöhnisch verhalten hatten, wurden als „unsicher/ambivalent" gebunden bezeichnet. Sie hatten anscheinend wiederholt die Erfahrung machen müssen, dass auf ihre Hauptbezugsperson nicht hundertprozentig Verlass war. Als die Mutter wiederkam und sie in die Arme schloss, fanden sie kaum Trost.

Die dritte Kategorie ist die der „unsicher/vermeidend" bindenden Kinder, die auf das Kommen und Gehen der Mutter mit demonstrativer Gleichgültigkeit und Gefühlskälte reagierten. Diese Kinder zeigten auch zu Hause ein auffälliges Verhalten. Zum Beispiel schlugen sie ohne offensichtlichen Grund auf ihre Bezugspersonen ein.

Wie Folgeuntersuchungen dieser Meilensteinerkenntnis zeigen, setzen sich diese Beziehungstypen im Leben fort und die Tragweite der frühkindlichen Erfahrungen ist erschreckend. So beeinflussen sie schulische Leistungen und können, so sie nicht verändert wurden, sogar noch im Erwachsenenalter wegweisend sein.

Diese in der Kindheit erfahrenen Verhaltensmuster, auch die des Glücks, wiederholen sich in vieler Hinsicht im Erwachsenenalter, wenn aus dem Kind ein Elternteil wird und dieser jetzt die Rolle des Glücklichmachers übernimmt und nach seinen erlernten Mustern handelt. Jeder, der schon ein ein Kind hat oder auch nur auf eines länger aufgepasst hat, wird an sich beobachten, dass er in vieler Hinsicht wiederholt, was ihm selbst anerzogen wurde.

Muster beizubehalten und das Weltbild weiter zu bestätigen, dies macht, wie wir bereits wissen, glücklich. Daher suchen sich Erwachsene genau die Menschen aus, die ihnen die Erfahrungen bieten, die in das gewohnte Schema passen. Das ist wunderbar, wenn die Bindungsmuster, die wir haben, uns nicht nur glücklich machen, sondern auch gut für uns sind. Was uns glücklich macht, ist wie gesagt nicht zwingendermaßen gut für uns. Wenn also unsere Bindungsmuster nicht gut für uns sind, sollten wir sie uns bewusst machen. Das ist unsere einzige Chance, sie zu ändern oder es zumindest zu versuchen.

Wie wir im Kapitel „Der siebte Himmel und die Liebe auf den letzten Blick“ gelernt haben, hängen Glück und Liebe eng mit Chemie zusammen. Und da Glück und Liebe mit Bindungen zusammenhängen, ist es wenig überraschend, dass die Neuropeptide Oxytocin und Vasopressin bei der Bildung und Steuerung des Bindungsverhaltens eine tragende Rolle spielen.

Sind Kinder „sicher gebunden“, macht sich dies auch in der Chemie des Gehirns bemerkbar. Festgestellt hat man solche Werte, indem man Kinder, die Erfahrungen gemacht haben, die eigentlich jedem Kind erspart bleiben sollten, wie von Pflegefamilie zu Pflegefamilie gereicht zu werden, untersucht hat. Auch wenn bindungsgeschädigte Kinder zum Beispiel längerfristig in Pflegefamilien untergekommen waren, war die Schädigung der Gehirnentwicklung weiterhin über längere Zeit bemerkbar und kann vielleicht nie ganz ausgeglichen werden.

In weiteren Studien wurden die Untersuchungen auch auf Erwachsene umgelegt. Die Vielzahl der möglichen menschlichen Bindungsarten und -merkmale wurden abstrahiert und in drei bis vier Bindungstypen eingeteilt.

Kim Bartholomew, damals an der Stanford-Universität, hat 1990 vier verschiedene Bindungsstile erforscht: sicherer Typ, anklammernder Typ, ängstlicher Typ, abweisender Typ.

Der *sichere Typ* vertraut, es stört ihn nicht, auf andere angewiesen zu sein, noch für andere da zu sein. Er hat keine Probleme, enge Bindungen einzugehen, er hat aber auch keine Angst davor, alleine oder partnerlos zu sein. Solche Bindungsstile entstehen aus zuverlässig berechenbaren Bindungserfahrungen und Bezugspersonen, die diesen Bindungsstil gefördert haben. Sichere Menschen haben auch ein positives Selbstkonzept und ihr Selbstwertgefühl ist stabil, sie äußern positive wie negative Gefühle, ohne davor Angst zu haben. Solche Menschen werden generell als glücklich bezeichnet.

Der *anklammernde Typ* entsteht daraus, wenn frühe Bindungserfahrungen nicht zuverlässig waren und Angst vor dem Verlassenwerden entsteht. Dabei muss es sich nicht um ein dramatisches Erlebnis handeln, auch kleine Erfahrungen wie unnahbare Bezugspersonen können so einen Typ entstehen lassen. Dieser Typ leidet ohne feste Beziehungen, er ist nur „ganz", wenn er sich mit anderen eins fühlt. Oft entsteht der Eindruck, dass andere das Bedürfnis nach Nähe nicht gleichermaßen teilen wie er selbst. Daraus entsteht die Sorge, nicht genug geschätzt zu werden.

Manche Menschen wünschen sich enge Bindungen, tun sich aber schwer damit, anderen zu vertrauen, und können sich auch mit dem Gedanken, abhängig zu sein, nicht anfreunden. Das nennt man dann den *ängstlichen Typ*. Er lässt niemanden wirklich nahe an sich heran, da die Angst, verletzt zu werden, zu groß ist. Solche Menschen können sogar in einer Beziehung einsam sein.

Der vierte Typ ist der *Abweisende*. Er hat kein Bedürfnis

nach Nähe, möchte weder von anderen abhängig sein, noch, dass andere von ihm abhängen. Er fühlt sich ohne wirklich enge Beziehungen wohl.

Natürlich gibt es noch Unmengen anderer Faktoren und als absolut würde ich diese Einteilungen nicht nehmen, dennoch spielt das Verhalten der Bezugspersonen aus der Kindheit auch später eine große Rolle.

Wenn Ihnen ein Mensch Vertrauen schenkt, stellen Sie sicher, dass Sie dieses Vertrauen nicht nur durch Ihre Augen und durch Ihre Muster sehen. Manchmal ist das, was Sie einem Menschen geben, einfach alles, was Sie haben. Auch in der Liebe, wenn Ihnen jemand versichert, dass er Sie liebt, Sie aber zum Beispiel finden, dass es nicht genug ist oder anders sein sollte, ist es sinnvoll zu hinterfragen, was für ein Typ dieser Mensch ist. Welche Bindungen hatte dieser Mensch bereits in seinem Leben? Wie sahen seine Kindheitsbindungen aus? Nur weil jemand Sie nicht so liebt, wie Sie möchten, heißt das nicht, dass Ihr Partner Sie nicht mit allem, was ihm zu Verfügung steht, und in der Art, wie dieser Mensch seine Liebe äußert, liebt.

Von Kuschelglück bis zu kaputt gelobt

Ein amerikanischer Psychologe führte einige kontroverse Experimente mit Affen durch. Zum Beispiel ließ er kleine Affen 24 Monate lang in Isolation aufwachsen, die Affen waren daraufhin extrem gestört. In weiteren Versuchen ließ er Affen mit einer mechanischen „Drahtmutter", die ihnen Milch gab, und mit einer nicht milchgebenden künstlichen „Kuschelmutter", die aber in ein weiches Tuch gehüllt war, aufwachsen. In einer weiteren Gruppe drehte er die Situation um und die Drahtmutter gab keine Milch, während die weiche Kuschelmutter jetzt auch Milch gab.

Interessanterweise bevorzugten die kleinen Affen gleichgültig, ob sie Milch gab oder nicht, stets die weiche Kuschelmutter. Zur Drahtmutter gingen sie nur ganz schnell, um sich etwas zu essen zu holen, wenn sie Hunger hatten. Die Drahtmutter, die keine Nahrung von sich gab, wurde gar nicht frequentiert.

Aber mehr noch, wurden die Affen etwas, vor dem sie sich fürchten mussten, ausgesetzt, liefen sie zur Kuschelmutter, um Schutz zu suchen. Wurden die Affen in einen neuen Käfig gebracht, klammerten sie sich zuerst an die Kuschelmutter und erst wenn sie sich in der neuen Umgebung sicher fühlten, begannen sie den neuen Käfig zu begutachten. Völlig anders war die Reaktion dagegen, wenn die Affen mit der Drahtmutter in eine ungewohnte Umgebung gebracht wurden. Sie verhielten sich so, als wäre gar keine Mutter da, erstarrten vor Angst, schrien, liefen herum, suchten nach der Kuschelmutter.

Die Ergebnisse solcher (grausamer) Experimente lassen sich auf den Menschen übertragen und zeigen, wie wichtig Bindungen an Eltern oder Vertrauenspersonen für die Entwicklung und auch für das Glücksbefinden von Kindern sind.

Da die Entwicklung so ein delikater Prozess ist, kann man leider auch mit den besten Vorsätzen viel kaputt machen. Fehlende Nestwärme schadet, macht unglücklich und hat einen Einfluss auf das spätere Leben. Aber auch ein Zuviel des Guten ist keine Lösung. Daraus entsteht eine Überbelastung, und die macht ebenfalls unglücklich. Außerdem kann man Menschen, wenn man ihnen immer sofort gibt, was sie wollen, und sie dauernd verwöhnt, nicht auf Dauer glücklich machen. Das liegt, wie wir bereits in vorigen Kapiteln gesehen haben, auch an der Anpassung, der das Glück unterliegt.

Also weder nur „Ja" zu sagen, noch nur „Nein" zu sagen funktioniert. Im Gegenteil, gute Eltern leben vor und sagen, wenn es notwendig ist, „Nein", und das heißt dann auch wirklich Nein, ohne Wenn und Aber, auch wenn das Kind todunglücklich ist. Wenn Sie Ihr Kind lieben, müssen Sie immer wieder auf das Glück des Kindes pfeifen, um es über lange Sicht hinweg zu einem ausgeglichenen Menschen werden zu lassen. Macht man sein Kind immer glücklich, setzt keine Grenzen, macht man das Kind nicht auf lange Sicht hin glücklich. Eltern widerstrebt es, Kinder unglücklich zu machen und manchmal eben hart zu bleiben, aber nur so kann das Kind auch lernen später zu sich selbst „Nein" zu sagen, auch wenn etwas noch so glücklich machen würde.

Genauso wie Glück, das nicht auf realen Tatsachen basiert und im Endeffekt unglücklich macht, ist auch ungerechtfertigtes Lob letztendlich eine Unglücksquelle. Man kann Kinder anscheinend regelrecht „kaputt loben".

Der US-Psychologe Professor Albert Bandura fand heraus, dass Kinder, die sehr oft gelobt werden, sich höhere Ziele stecken und motivierter sind. Allerdings kann Anerkennung auch süchtig machen. Am Applaus, der Zustimmung anderer sollte man sein eigenes Ego nicht aufhängen, dafür sind diese äußeren Einflüsse komplett ungeeignet. Lob kann, wenn es im Übermaß und nicht gerechtfertigt eingesetzt wird, auch schädigend wirken. Laut einer Studie der Columbia-Universität halten 85 Prozent der US-amerikanischen Eltern es für wichtig, ihre Kinder über den grünen Klee zu loben und ihnen zu sagen, wie intelligent und außergewöhnlich sie seien. Wie sich dies auf die „Glückssoftware" ihrer Kinder vor allem langfristig auswirkt, ist mehr als fraglich.

Wir sprechen im Folgenden nicht darüber, was uns moralisch bewertet glücklich machen sollte, sondern darüber, was faktisch glücklich macht. Zwar geschieht das Loben aus der guten Absicht heraus, die Kinder zu beschützen, ist jedoch oft kontraproduktiv. Die Leistungsfähigkeit der Kinder wird eher negativ beeinträchtigt, sie sind nicht für die Realität der Außenwelt gewappnet. An der Universität Stanford hat die US-Psychologin Carol Dweck über zehn Jahre hinweg die Auswirkungen von Lobeshymnen auf 400 New Yorker Schüler untersucht.

Nach einem Test wurde eine Gruppe der Kinder für ihre Intelligenz gelobt. Die zweite Gruppe jedoch für ihre Willensstärke und Leistungsfähigkeit. Bei einem zweiten Test wählten die für „intelligent" befundenen Kinder größtenteils den leichteren Test, während die für ihre Anstrengung belohnte zweite Gruppe zu 90 Prozent den schwierigeren Test wählte.

Die Forscherin resümierte, dass jene Kinder, die als intelligent eingestuft worden waren, bei einer weiteren Belastung, einem weiteren Test nicht „dumm dastehen" wollten und, um dieses Risiko zu vermeiden, den leichteren Test wählten. Weiters sahen die Schüler Intelligenz eher als etwas Unbeeinflussbares an, während Leistungsfähigkeit als etwas Beeinfluss- und Verbesserbares gesehen wurde.

Bei einem weiteren Test, einer weiteren Belastung bekamen die Kinder einen absichtlich zu schwierigen Test, um zu sehen, wie sie sich verhalten, wenn sie scheitern. Die Kinder der ersten Gruppe nahmen das Scheitern zum Anlass, ihre Intelligenz anzuzweifeln, und waren infolge unglücklich. Während die zweite Gruppe, die für ihre Arbeitsmoral gelobt worden war, versuchte verschiedene Lösungswege zu gehen und auch wenn sie scheiterte, noch Spaß an der Denksportaufgabe hatte.

Aber es wird noch extremer, der letzte Teil des Versuches

war ein weiterer Test. Der Test hatte den gleichen Schwierigkeitsgrad wie der Eingangstest. Die Kinder, denen zu Beginn Intelligenz unterstellt worden war und die in Folge am dritten Test gescheitert waren, schnitten nun auch bei diesem Test, den sie bereits beim ersten Mal absolviert hatten, um 20 Prozent schlechter ab. Während die Kinder der zweiten Gruppe sich im Vergleich zum Beginn des Experiments um ungefähr 30 Prozent verbesserten.

Solche Experimente zeigen, wie wichtig es ist, auch beim Lob und beim Glücklichmachen in der Realität verwurzelt zu sein. Nur zu loben, und vielleicht gar an der falschen Stelle, oder Voraussetzungen wie Intelligenz als gegeben anzusehen kann sogar langfristige unbeabsichtigte Folgen haben. Wird nur Intelligenz unterstellt, ist ein Scheitern, auf das man zusätzlich schlechter vorbereitet ist, da man es nicht erwartet, wahrscheinlicher. Daraus ergibt sich eine Unglücksquelle und daraufhin oft sogar eine Hinterfragung des Selbstbildes, was wieder das Selbstvertrauen beeinflusst, das wiederum, wie wir bereits wissen, unser Glück beeinflusst.

Lob macht uns glücklich. Ist es allerdings nicht in der Realität verwurzelt, ist es im Endeffekt eine Unglücksquelle. Wer hingegen die Bedeutung von Fleiß und Anstrengung vermittelt, lehrt so die nachhaltige Fähigkeit, sich glücklich zu machen.

Erziehen, ob durch Lehrer oder durch Eltern, bedeutet nicht sinnlos zu loben, auch wenn es sich gut anfühlt und man bei den Schülern und Kindern beliebter ist. Es bedeutet, selbstständig denkende Menschen zu erziehen, die nicht vom sich gut anfühlenden Lob abhängig sind, sondern aus eigenem Antrieb der Aufforderung zu schauen, ohne dass man ihnen sagt, was sie sehen sollen, folgen.

Das Jahrtausende alte Gespenst

Als Tochter eines Glückforschers lernte ich früh, dass Glück in vieler Hinsicht ein semantisches Gespenst ist und dass man sich vor Empedokleischen Paradoxa in Acht nehmen sollte. Semantik vom griechischen Wort für „Bedeutung" ist die Theorie oder Wissenschaft von der Bedeutung der Zeichen. Zeichen können Wörter, Phrasen oder Symbole sein; handelt es sich um die Befassung mit Zeichen, ist sie ein Teilbereich der Semiotik (Zeichentheorie)und bei der Befassung mit Wörtern ist sie Teil der Linguistik (Sprachwissenschaft). Es geht um die Beziehung zwischen Bedeutung und Zeichen/Wort.

Semantische Gespenster sind Wörter, die keinen eindeutig definierten Inhalt haben, aber trotzdem so verwendet werden, als würden sie etwas bezeichnen, das jeder genau versteht. Empedokleische Paradoxa sind Sätze, die richtig klingen, aber falsch sind. Sie wirken auf den ersten Blick plausibel, einfach, eingängig, doch sie sind leider einfach falsch. Dennoch erscheinen sie so sinnvoll, dass sie sogar zu Sprichwörtern werden. Denken Sie an: „Keine Regel ohne Ausnahme." Wäre dieser Satz richtig, dann müsste er – als Regel – eine Ausnahme von sich selbst, also eine Regel ohne Ausnahme, zulassen. Wenn Sie etwas hören, was sich logisch und richtig anhört, stellen Sie also sicher, dass es sich nicht vielleicht doch um ein Empedokleisches Paradox handelt.

Glück ist in vieler Hinsicht ein semantisches Gespenst. Jeder spricht davon, aber jeder meint etwas anderes, weil wir zum Beispiel nicht das Glück selbst bezeichnen, sondern das, was das Glück auslöst. Wahrscheinlich ist das Glück, da es in sich selbst allein aufgrund seiner biologischen Grundlage kein Ziel ist, sondern nur die Begleiterscheinung eines genau richtig zwischen Überspannung und Langeweile liegenden Weges, also nur ein Platzhalter.

Wahrscheinlich bedeutet sogar das vielzitierte „Streben nach dem Glück" in der Verfassung der USA, dass die Bürger dieses Landes ein Ziel, das sie glücklich macht, verfolgen sollen, nicht das Glück selbst. Da die Verfassung für alle Menschen gelten muss, ist das Glück der Platzhalter für das, worauf die Bürger hinarbeiten sollen. Sonst würde da auch stehen „Life, Liberty and Happiness" und nicht „Pursuit of Happiness".

Zufallsglück

Viele positive Psychologen sind mit dem Wort „Glück" oder dem englischen Wort „Happiness" nicht glücklich. Der einzige Grund, warum es in deren Buchtiteln vorkommt, scheint zu sein, weil das eben Bücher verkauft und ein leicht findbares, oft gesuchtes Schlagwort ist. So wurden für Forschungen alle möglichen anderen Worte und Abkürzungen erfunden: „Subjective Well-Being/Subjektives Wohlbefinden" (SWB), BeWiG („Beharrungswünsche implizierende Gefühle"), „Overall Life satisfaction/Gesamtlebensbefriedigung", „Self Reported Well-Being" (selbstberichtetes Wohlbefinden).

„Glück" im Deutschen und das englische Wort „happiness" sind dennoch wesentlich weiter verbreitet als irgendwelche sperrigen neuen Wortgebilde und außerdem wesentlich älter. Daher schauen wir uns die Worte für „Glück" einmal näher an.

Sprache ist älter als der Glaube an die Selbstbestimmung unseres eigenen Schicksals. Daher liegt der Wortursprung der Worte für Glück beim zufälligen Glück und nicht bei dem Glück, von dem wir meinen, dass wir es selbst bestimmen können.

Es passieren einem immer wieder Dinge, die eben Glück oder Unglück sind, daher bedeutet das Wort in vielen Sprachen „Zufall". Etwas, das deterministisch einfach passiert, nicht etwas, das ich in meinem Geist konstruiert und beeinflusst habe. Wir unterscheiden nur im Gegenwort zum Glück, und zwar zwischen Unglück und Pech, und durch das Hilfszeitwort: Glück haben und glücklich sein.

Manchmal sind auch deutsche Worte den englischen überlegen. Zum Beispiel das Wort „Zufall", oder sogar der „glückliche Zufall". Zufall bedeutet, dass einem etwas zufällt. Warum etwas, das man vom Schicksal geschenkt bekommt, nicht auffangen?

Beim Zufall kann ich und muss ich sogar oft das Meinige dazutun, damit Glück daraus wird. Denn es ist Glück mehrend, wenn ich, wenn etwas zufällig passiert, die Lage richtig erkenne, um die Chance beim Schopf zu packen. Außerdem muss ich zusätzlich vorbereitet sein, damit ich auch handeln kann und nicht nur will. Wie der Dichter Novalis so schön formuliert: *„Glück ist Talent für das Schicksal."*

Auf Englisch nennt man das dann: *„Opportunity meets preparedness" („Eine günstige Gelegenheit trifft auf Vorbereitung").*

Das sagte schon einer der Begründer der Mikrobiologie, Louis Pasteur (1822–1895). Wir kennen seinen Namen heute noch von fast jeder Milchpackung, auf der „pasteurisiert" steht. *„Das Glück bevorzugt den, der vorbereitet ist."*

Das Wort Glück hat im 12. Jahrhundert im mittelhochdeutschen Wort „Gelücke“ und altniederfränkischen „gilukki“, gotisch-angelsächsischen „lukan“ und im altnordisch-altfriesischen „luka“ seinen Ursprung. Ursprünglich bezog es sich auf einen Beschluss, „etwas, das festgesetzt ist“, und im Laufe der Zeit wandelte es sich im Sinn von etwas, das „gut ausläuft“.

Um 1480 wurde es als „luck“ ins Englische vom Niederdeutschen „Luk“, einer Kurzform von „gelücke“, als Lehnwort für das Glück im Glücksspiel eingeführt. Davor wurde diese Art von Glück im Englischen mit dem Wort „speed“ ausgedrückt. In der Redewendung „Godspeed“ ist sie heute noch vorhanden.

Heute unterscheidet das Englische zwischen „luck“ für Glück haben und „happiness“ als vieldeutiges Wort für das Glück. Dies, obwohl das Wort „happiness“ ebenfalls vom Zufall und nicht von menschlichem Willen kommt. Im Wort „happen“ ist die Wurzel noch erkennbar, ebenso im Wort „happenstance“, glücklicher Umstand, Zufall, zufälliges Ereignis. Dass diesem Wort auf einmal so eine zentrale Stellung beigemessen wird und es fast zu einem Überbegriff geworden ist, lässt uns manchmal vergessen, dass es sowohl auf Englisch als auch auf Deutsch andere Worte gibt, um unsere Gefühle vielleicht präziser auszudrücken. Wie „bliss“ (Seligkeit), „felicity“ (vom lateinischen Wort für Glück haben), „glee“ (quietschvergnügt), „gaiety“ (Fröhlichkeit), „conviviality“ (Geselligkeit), „cheerfulness“ (Heiterkeit), „lightheartedness“ (Unbeschwertheit), „joy“ (Freude), „jollity“ (Fröhlichkeit), „mirth“ (Heiterkeit), „merriment“ (Heiterkeit) und dergleichen für Freude oder im weiteren Sinne von „happiness“ – „satisfaction (Befriedigung).

Glückliche Fügungen werden auch durch Worte wie „serendipity“, das auf ein persisches Märchen zurückgeht und für zufällige Entdeckung von etwas ursprünglich nicht Gesuchtem verwendet wird und als „Serendipität“ eingedeutscht wurde, ausgedrückt.

Auch in anderen Sprachen werden diese beiden Begriffe mit unterschiedlichen Wörtern bezeichnet. Schon im Lateinischen bezeichnete man „Glückhaben“ als „Fortuna“ und „Glücklichsein“ als „Beatitudo“.

Die Griechen unterscheiden wahrscheinlich für das Lebensglück am besten zwischen „eutychia“ (glücklicher Zufall), „Hedone“ (von dem unser Wort „Hedonismus“ kommt, für „der Lust frönen“) und „Eudamonia“ (Griechisch für einen „guten Dämon habend“).

Im Hebräischen heißt Glück „Mazel“. Daher verwenden Österreicher, besonders Wiener, oft für „gerade noch Glück gehabt“ „Mazel haben“. Im Sinne von Friedrich Torbergs „Die Tante Jolesch oder Der Untergang des Abendlandes in Anekdoten“, die mit Sätzen wie: „Was ein Mann schöner is’ wie ein Aff’, is ein Luxus“, in die Geschichte eingegangen ist. Als ihr Neffe sagte: „Noch ein Glück, dass ich mit dem Wagen nicht auf die Gegenfahrbahn gerutscht bin, sondern ans Brückengeländer“, meinte sie: „Gott soll einen hüten vor allem, was noch ein Glück ist.“

Im Indischen gibt es für Glück mehrere Worte: „ananda“ für die Glückseligkeit, „saubhaagya“ für glücklichen Zufall, „khushi“ für die Beglückung und Entzückung, „sukh“ für die Behaglichkeit, „sampad“ für angenehmes Körpergefühl nach Betätigung und so weiter.

Die Worte für Glück kommen also in allen Sprachen nicht von etwas, das ich selbst beherrsche. In vieler Hinsicht kommen sie vom Zufall. Den glücklichen Zufall kann ich nur auffangen, aber nicht beeinflussen, sondern nur infolge meines Dazutuns verändern.

Seit jeher versuchen die Menschen, ihr Glück zu berechnen und vorhersehbar zu machen.

Wenn ich ein System hinter dem Zufall erkennen möchte, kann ich mich dem Gebiet von der mathematischen Seite nähern.

Der Schweizer Mathematiker Jakob Bernoulli (1654–1705) zum Beispiel gilt als Begründer der Wahrscheinlichkeitstheorie. Der deutsche Mathematiker Carl Alfred Gauß (1777–1855) entdeckte die nach ihm benannte Normalverteilungskurve, die in breiten Bereichen der Wahrscheinlichkeitsrechnung Anwendung findet.

Chaotische Systeme sind seit dem 19. Jahrhundert, zum Beispiel durch die Arbeiten von Jules Henri Poincaré (1854–1912), bekannt. Eine Erforschung wurde aber erst durch die modernen Computer Ende des 20. Jahrhunderts möglich. So entstanden in den 1960er-Jahren durch Edward N. Lorenz (1917–2008) die ersten chaotischen Wetterprognosemodelle. Bekannt wurde auch der „Schmetterlingseffekt", der besagt, dass winzige Änderungen in den Anfangsbedingungen (Flügelschlag eines Schmetterlings) später riesige Auswirkungen (einen Orkan am anderen Ende der Welt) haben können. Ebenfalls zu großer Popularität gelangten die wunderschönen Apfelmännchen-Bilder von Benoit Mandelbrot (1924–2010).

Auch wenn wir nicht Mathematik studieren möchten, lautet eine simple Basisregel, dass ich nie in der Lotterie gewinnen kann, wenn ich mir kein Los kaufe. Will ich etwas, von dem ich vermeine, es macht mich glücklich, muss ich das Meine dazu tun.

Anständiges und unanständiges Glück

Unsere Glücksvorstellungen und Erwartungen werden von kulturspezifischen, philosophischen Ansichten und gängigen Moralvorschriften geprägt.

Die ältesten bekannten Moralvorschriften stammen von den Ägyptern. Es handelt sich um die Lehre des Amenemope.

Der Text, der sich gleich zu Beginn als Anleitung für das Leben beschreibt, fordert besonders zur Ehrlichkeit auf.

Bestelle deine Felder, so wirst du haben, was du brauchst,
Brot bekommst du dann von deiner Tenne,
Besser ein Scheffel von Gott dir gegeben,
als fünftausend Unrecht erworben
Brot mit einem glücklichen Herzen ist besser,
als Reichtum mit Verdruss.

Es handelt sich um eines der Bücher, aus dem auch die Bibel viel übernommen hat. „Besser ein wenig Gottesfurcht als reiche Schätze und keine Ruhe."

Auch in der Neuzeit, in der sich kaum jemand um Tugenden und Tugendhaftigkeit wirklich schert, finden Sie dennoch bei der Suche nach dem Glück Widerhall.

In der Antike wurde Glück als Zufall angesehen, dann mit Tugendhaftigkeit in Verbindung gebraucht.

Der amerikanische Psychologe Martin Seligman hat in einem Forschungsprojekt, geleitet von Katherine Dahlsgaard, Schriften aus über 3.000 Jahren Menschheitsgeschichte untersucht. Aus der Befassung mit religiösen Schriften, dem Alten Testament, dem Talmud, mit Buddha, dem Koran und klassischen Werken von Aristoteles, Plato, Thomas von Aquin, Augustinus und vielen mehr über alle Kulturen hinweg erstellte er einen Tugendkatalog von 200 Tugenden. Nach jahrelangen Analysen aus verschiedensten

Kulturkreisen bezeichnete er 24 Charakterstärken, denen er sechs Tugenden überordnete.

Besonders daran ist, dass sich bei der Untersuchung von so vielen Schriften aus aller Herren Länder nur die andauernden Tugenden, die nicht den moralischen Vorstellungen einer bestimmten Gesellschaft zu einer gewissen Zeit unterlagen, als die wirklichen Richtungsweiser für die Menschheit herauskristallisierten.

Weisheit – Neugier, Liebe zum Lernen, Urteilsfähigkeit, Kreativität, Emotionale Intelligenz, Blick für das richtige Verhältnis der Dinge
Mut – Tapferkeit, Ausdauer, Integrität
Liebe und Menschlichkeit – Freundlichkeit, Liebesfähigkeit
Gerechtigkeit – Bürgerverantwortung, Fairness, Führungsvermögen
Mäßigung – Selbstregulation, Besonnenheit, Bescheidenheit
Transzendenz – Sinn für das Schöne, Dankbarkeit, Hoffnung, Spiritualität, Vergebungsbereitschaft, Humor, Lebensfreude

Zu bedenken ist allerdings, dass Tugenden nicht per se glücklich machen, sondern eine moralische Vorstellung dessen sind, was wir für ein mentales Netzwerk haben sollten. Wenn sie jeden glücklich machten, müssten Bösewichte todunglücklich sein. Sind sie aber nicht, sondern das Laster macht sie glücklich. Das fragte sich schon der griechische Philosoph Platon in „Der Staat“: Wie kann es sein, dass gute Menschen so viel Pech haben können?

Wie bereits gesagt, den Neuronen in unserem Gehirn ist es gleichgültig, ob wir tugendhaft handeln oder nicht. Ihnen ist wichtig, dass ihre Vorhersagen bestätigt werden. So ist ein Bösewicht auch so lange glücklich, solange alles nach seinem Plan verläuft. Wendet sich das Blatt gegen ihn und verliert er sein Vertrauen darin, dass er doch noch am Ende des Films die Welt beherrschen wird, wird er unglücklich.

Wie bei fast allen Dingen kann man auch zum Glück die alten Griechen befragen. Die antiken Konzepte zu kennen ist wichtig, da sie auch in der modernen Welt Widerhall finden.

Im antiken Griechenland war das Glück zuerst einmal der glückliche Zufall und dafür gab es eine „zuständige" Göttin. Elpis, die Hoffnung, hat im Griechischen eine Gefährtin, Tyche, die göttliche Glücksfügung: Tyche ist auch eine der Moiren. Das sind die Götter, die zum Beispiel über die Lebenslänge entscheiden; mächtiger als der Göttervater selbst haben sie den Göttern Unsterblichkeit und den Menschen Sterblichkeit zugeteilt. Tyche ist die stärkste der Schwestern, sie greift plötzlich, unvorhersehbar und unlenkbar in das Leben der Menschen ein. Geht man nach dieser Philosophie, ist Hoffnung da, um uns zu täuschen. Tyche kann alles, was unser Hoffen und Erwarten trägt, ohne Vorwarnung umstoßen. Die Göttin als Retterin wird in der 12. Olympischen Ode besungen. In der Antistrophe wird sie mit der Ohnmacht und Blindheit der Menschen kontrastiert. Die doppelgesichtige Göttin wendet die Fahrt des Menschen nach zwei Seiten ins Eutychia – Glück oder Heil – oder ins Dystychia – Unglück oder Unheil. Da es unberechenbar ist, wohin die Göttin Tyche sich neigt, bleiben wir Menschen ob aller Wahrsagungen zukunftsblind.

Tyche ist uns geläufiger unter ihrem römischen Namen Fortuna. Moira eher unter Fatum, Schicksal. Die englischen Worte fate und fortune leiten sich aus ihren Namen ab. Bei den Römern hoch verehrt und oft mit einem prall gefüllten Füllhorn abgebildet wird sie von Spes, der Göttin der Hoffnung, und von Felicitas, der personifizierten Glückseligkeit begleitet.

Die alten griechischen Philosophen würden aber nicht

Philosophen heißen, wenn sie sich abgesehen vom Gottglauben nicht ihre eigenen Gedanken gemacht hätten.

Das, was wir heute Glücksforschung nennen, ist vor ungefähr 2.400 Jahren durch Aristippos von Kyrene, den Begründer des Hedonismus, nach dem griechischen Wort Hedoné (Freude, Lust), entstanden. Seine Erkenntnis gilt noch heute: Menschen tun von Natur aus, was ihnen angenehm ist, und unterlassen, was ihnen unangenehm ist.

Ohne zu werten, ist für ihn Lust immer gleich. Der natürliche Zustand des Menschen ist die Lust und der Weg zum Glück führt daher durch die Vermeidung der Unlust und die Maximierung der Lust.

Schon damals ist das Leben nach dem Lustprinzip an den realen Tatsachen des Lebens und der Beschaffenheit des Glücks, zum Beispiel am Hamsterrad des Glücks, gescheitert. Trotzdem versuchen wir auch heute noch dem Hedonismus zu frönen und Glück als natürlichen Zustand und Lebensziel über alles zu stellen. Das Leben nach dem Lustprinzip ist durch die Jagd nach dem Glück auf die Spitze getrieben worden.

Verfeinert wurde die Lehre des Aristippos und seiner Nachfolger durch den Philosophen Epikur (um 341 bis ca. 271 v. Chr.). Die Schwierigkeiten, an denen Aristippos gescheitert war, umging Epikur geschickt, indem er einerseits das seelische Gleichgewicht dem Lustprinzip hinzufügte und andererseits der dem Lustprinzip eigenen Maximierung und Verschwendung eine Grenze setzte. Es soll nur noch die Lust befriedigt werden, die dem Lebensziel dient, nicht mehr die Lust um ihrer selbst willen.

Selbstgenügsamkeit, Seelenruhe und bescheidene Genüsse – ein Stück Käse und ein Glas Wein – seien die Wurzel des glücklichen Lebens.

Klingt bekannt, denn das kommt, nachdem der Hedonismus und die Glücksmaximierung wieder einmal gescheitert sind, jetzt gerade in Kombination mit der Tugend Dankbarkeit wieder in Mode.

Warum Epikur mit diesen fast asketischen Lebensregeln später in Verruf kam und Epikureismus nicht so gebräuchlich ist wie Hedonismus, liegt an seiner Weltsicht. Die Seele, so lehrte er, sei nicht unsterblich. Man brauche sich daher nicht vor dem Tod zu fürchten. Wenn wir da sind, ist der Tod nicht da und wenn der Tod da ist, sind wir nicht da. Die Angst vor dem Tod sei also vermeidbar.

Noch strenger sprang er mit den Göttern um. Sie seien vielleicht vorhanden, hätten aber Besseres zu tun, als die Sünden der Menschen zu bestrafen. Sich vor ihnen zu fürchten sei eine vermeidbare Störung des angenehmen Lebensgefühls. Sie können sich vorstellen, wie bereitwillig das aufkommende Christentum Epikur in die Nähe des Teufels rückte und verdammte.

Der Philosoph Aristoteles (384–322 v. Chr.), dem wir die Logik verdanken, auf der der Aufbau unserer modernen Welt beruht, hat sich nur am Rande mit Glück beschäftigt, denn es folgt nicht den Gesetzen der Logik.

Aristoteles definiert Glück als etwas anderes als nur als angenehmes Gefühl. Er legt nicht Hedonismus als Lebensziel fest, sondern Eudaimonie, was mehr der Glückseligkeit entspricht. Dieses Befinden ist eng gekoppelt an moralisch korrektes und tugendhaftes Verhalten.

Thomas von Aquin (um 1225–1274) greift diese Gedanken auf und sieht das Glück nicht im Sinne des momentanen Glücks, sondern der Glücksseligkeit, als das Ziel der Menschheit – „ultimus finis hominum est beatitudo“ (das letzte und äußerste Ziel des Menschen ist das Glück).

Die Auffassung, dass Glück unterschiedlich zu bewerten ist, hat John Stuart Mill (1806–1873) im 19. Jahrhundert wiederbelebt. Bewertet man Glück moralisch und im Sinn der Gesellschaft, sind die Menschen, die einen Sinn im Leben sehen, das große Lebensglück anstreben, danach glücklicher als Menschen, die das kleine Glück und eine Belustigung nach der anderen genießen.

Darüber, ob wir Glück oder Glückseligkeit anstreben sollen, streiten sich die Geister bis heute. Auch darüber, ob wir Glück werten sollen. Erst seit der Gehirnforschung wissen wir, dass unser Gehirn nicht wertet, sondern dass Glück einfach Glück ist.

Die Überlegungen der Antike, dass wir Einfluss auf unser Glück haben, wichen im finsteren Mittelalter der Glückseligkeit im Himmel und dass wir gottergeben annehmen, was immer Gottes Wille ist. Glück nicht als Zufall, sondern als etwas, wofür wir aktiv etwas tun können, wurde erst wieder in der Zeit der Aufklärung so definiert. 1690 behauptete einer der führenden Vertreter des Empirismus, der Engländer John Locke, dass der Mensch sogar ein „Streben nach dem Glück" in sich hat.

1751 wurde in der französischen Enzyklopädie sogar die Frage aufgeworfen, ob nicht jeder sogar das „Recht" habe, nach seinen eigenen Vorstellungen glücklich zu sein.

1776 fand dieses Gedankengut des Glücks dann einen Widerhall in der Declaration of Independence. Wurden früher „life", „liberty" und „property" (Leben, Freiheit und Besitz) in einem Atemzug genannt, wurde an diese Stelle jetzt das Streben nach Glück gesetzt.

In der, der französische Revolutionsverfassung von 1793 vorangestellten, Erklärung wird vom gemeinsamen Glück, „le bonheur commun", nicht vom Wohl des Einzelnen, sondern dem Gemeinwohl gesprochen.

So argumentiert auch Jeremy Bentham im 18. Jahrhundert. Er meint, nicht das angenehme Gefühl des Einzelnen sei anzustreben, sondern „das größte Glück der größten Zahl" von Menschen.

1788 schreibt Kant: „Glückseligkeit ist der Zustand eines

vernünftigen Wesens in der Welt, dem es, im Ganzen seiner Existenz, alles nach Wunsch und Willen geht, und beruhet also auf der Übereinstimmung der Natur zu seinem ganzen Zwecke, imgleichen zum wesentlichen Bestimmungsgrunde seines Willens." Mit Kants „Kritik der reinen Vernunft" schien der Weg zur Macht des Geistes über das Schicksal besiegelt.

Gegenreaktion: Optimismus

Mit der Idee, dass wir unser eigenes Lebensglück bestimmen und nicht Gott oder Göttern ausgeliefert sind, änderte sich der Ansatz der Menschen der westlichen Welt zum Glück.

In der ersten Zeit schlug das neu gefundene Verständnis dafür, dass nun alles möglich sei und wir uns selbst bestimmen können, etwas über die Stränge.

Die Vereinigten Staaten von Amerika wurden nicht als Land der Optimisten, die einen mit ihrem eingefrorenen Lächeln und der Floskel „Have a nice day" quälen, erfunden, sondern sie haben es zuerst einmal mit dem Gegenteil versucht. Der von den eingewanderten englischen Presbyterianern mitgebrachte strenge Calvinismus breitete sich über das Land aus. Nach dieser Lebensphilosophie hat der Himmel nur eine begrenzte Anzahl an Plätzen und der Mensch muss sich stetig prüfen und nicht nur von jeder Sünde, sondern gar von jedem sündigen Gedanken sofort ablassen, um der Verdammnis zu entgehen. Selbstpein wie harte Arbeit waren Schritte auf dem Weg zur Glückseligkeit. Arbeit und mehr Arbeit waren das Heilmittel für seelischen Schmerz. Zerstreuung oder gar Müßiggang waren streng verpönt.

Das ist das komplette Gegenteil von Hedonismus, bei dem der Spaß regiert. In vieler Hinsicht pendeln die Amerikaner immer noch zwischen diesen zwei Extremen hin und her: Einerseits ist Amerika das bequemste Land, nur auf Komfort und Müßiggang ausgelegt, andererseits ein Land mit nur zwei Urlaubswochen für jeden Angestellten pro Jahr in dem harte Arbeit immer noch als „Abzeichen" eines guten Menschen hochgehalten wird. Frönten früher reiche Menschen dem Müßiggang, spricht man heute stolz davon, ein „Workaholic" zu sein. Jeder, der etwas auf sich hält, hat eine „Midlife-Crisis" und ohne die „Tapferkeitsmedaille" des „Burn-out" geht überhaupt nichts. Das Magazin Focus schrieb sogar, dass dies die einzige Schwäche ist, „mit der Menschen offenbar gerne an die Öffentlichkeit gehen."

Jetzt gibt es langsam Gegentrends, ebenfalls wieder im Namen des Glücks wird sich jetzt nicht verausgabt, sondern nach Work-Life-Balance gesucht und flexible Arbeitszeiten werden angeboten.

Der Druck des patriarchalischen Systems, in dem ein ungütiger Gott herrschte, war irgendwann einmal zu groß. Als Reaktion auf diesen Druck wurde der Grundstein für das „Positive Denken" geschaffen. Mary Baker Eddy, die Tochter eines extrem calvinistischen Bauern, legte in den 1860er-Jahren den Grundstein für das, was wir heute als „Positives Denken" kennen. Im Selbststudium mit Phineas Quimby, einem Heiler und eigentlich gelernten Uhrmacher, blieb sie dem religiösen System aber treu, was auch erklärt, warum „Positivitis" auch fast wie eine Religion gelebt wird. Allerdings wurde Gott nun nicht mehr als strafend, sondern als allgegenwärtiger, mächtiger Geist gesehen. Der Mensch stand als Geist neben Gott, alles sei vollkommen und eins. So etwas wie die Erbsünde und Vorherbestimmung, der wir nicht entrinnen können, könne es daher nicht geben. So fielen Selbstgeißelung und Selbstbestrafung weg. Anstatt sich selbst zu bestrafen, komme es darauf an, die unerschöpfliche Macht des allgegenwärtigen

Geistes zu finden und so Kontrolle über die physische Welt zu gewinnen.

Früher, unter der strengen Knute der Calvinisten hieß es: „Nichts darf dir Spaß machen, tue deine Arbeit und leide." Die Gegenbewegung dazu führt ins andere Extrem, bis hin zu: „Die Arbeit muss dir Spaß machen."

Die „Bibel" des Positiven Denkens, „Die Kraft des positiven Denkens", wurde von Norman Vincent Peale 1952 geschrieben. Er war ein protestantischer Pfarrer. Die Formel ist einfach: Wer Erfolg erwartet, der bekommt ihn. Wer Unglück erwartet, bekommt es. Das, zusammen mit anderen Ratschlägen aus weiteren Büchern mit „Geheimstrategien" anderer Autoren, die besagen, dass man, wenn man viel erwartet, auch viel bekommt, und Dinge magisch anziehen kann, und mit Anspruchsdenken gekoppelt, ist weniger ein Rezept für das Glück als eines für das Desaster mit etwaigen Spätfolgen.

Zu bedenken ist: Beide Konzepte, der strenge Calvinismus und das magische Positive Denken – ob Gott jetzt strafend ist und er alle Macht hat oder das Universum allliebend ist und mir alles schenkt, wenn ich nur will, und ich alle Macht habe – sind reine Glaubenssache. Bei beiden liegt der Fokus auch in der Glaubensarbeit, ob es sich jetzt um echte Glaubensarbeit handelt oder darum, an Listen zu glauben und Sätze nachzubeten und manisch an sich selbst zu arbeiten, damit alle negativen Gedanken vertrieben werden. Ob ein Gott oder ein Guru, bei beiden müssen die Teilnehmer mehr oder weniger fanatisch glauben.

Auch die Ansage, dass wir Dinge magisch (anstatt logisch) anziehen und dass alles, was du aussendest, auch zu dir zurückkommt, und zwar noch in diesem Leben, vielleicht sogar postwendend, erinnert eher an frühere Kirchenväter, die sagten: „Der liebe Gott sieht alles. Ihr werdet nicht in den Himmel kommen, sondern in der Hölle büßen."

Wohl wahr ist, dass wir, wenn wir nach unserer gängigen Ethik leben wollen, eher „gute“ als „schlechte“ Menschen sein sollen. Lieber tugendhaft statt sündhaft. Dennoch ist dieses Prinzip keines, das einfach so funktioniert: Auch wenn ich schlechte Dinge tue, können mir gute passieren und umgekehrt.

Wie auch immer man nach all diesen Ratschlägen herangeht, im Grunde besagen alle: Die Arbeit endet nie und wenn wir nicht bekommen, was wir wollen, dann haben wir es eben nicht richtig gemacht und müssen weiterarbeiten. Egal wie, alles liegt in uns, unser Geist hat unbegrenzte Macht und die Welt liefert, wenn wir nur hart genug daran arbeiten.

Und eigentlich ist diese ganze Selbstverbesserungs- und Glücksmehrungsaktion wirklich müßig, denn ich sollte gut sein um meiner selbst willen und nicht weil ich mir dadurch etwas erhoffe. Hinter diesen Regeln steht einfach wieder die Ich-Sucht und was ich aus dem Ganzen herausbekomme, anstatt, dass wir einfach gut sind, um gut zu sein.

Im Rahmen der Psychologie und Wissenschaft waren das Positive Denken und positive Gefühle lange Zeit kein ernst genommenes Forschungsthema. Eine Glückswissenschaft gibt es erst, seit der US-Psychologe Martin Seligman die Psychologenzunft darauf eingeschworen hat.

Die junge Disziplin der amerikanischen „Positive Psychology“ grenzt sich streng von Quacksalbern ab. Sie versucht sich fest und wissenschaftlich zu etablieren, damit die Glückswissenschaft nicht nur eine Modeerscheinung ist. Durch ihren Namen „Positive Psychologie“ begann sie zuerst als Gegenpol, heute beschäftigen sich die Psychologen allerdings weniger mit Glück als mit Wohlbefinden.

Gänzlich unbestritten ist die „Positive Psychologie“ allerdings auch unter Psychologen nicht. Und die Frage stellt sich immer wieder, ob der Name falsch gewählt wurde und wie sehr das Unglück nicht doch zum Glück dazugehört. Auch in den USA werden immer wieder Stimmen laut, die sich gegen die Optimisten wenden. Allerdings werden diese Stimmen wieder als jene von Pessimisten abgetan.

Studien, die positive Gefühle loben, finden in der Presse viel Echo. Dem entgegengesetzt gibt es jedoch auch Studien, die weniger Presseecho finden, die aber wiederum belegen, dass solche Gemütslagen keinen eindeutigen Effekt haben. Die Studien der Psychologin und Professorin Barbara S. Held, „Negative Side of Positive Psychology“, sehen es sogar im Gegenteil für wahrscheinlicher an, dass Pessimismus sich günstiger auf die Gesundheit auswirke.

Die europäische Glücksforschung ist im Gegensatz zur amerikanischen nicht von dieser Entstehungsgeschichte und diesem polarem Denken belastet. Es gibt zum Beispiel die „World Database of Happiness“ in Rotterdam, die neutral so viele Daten zum Glück wie nur möglich sammelt, oder das „Institut für europäische Glücksforschung“ (IFEG) in Wien. Europäer sind weder extrem calvinistisch noch extrem positiv denkend, sondern genau irgendwo dazwischen, hoffentlich in der goldenen Mitte.

Glück für und durch alle

Geld und Glück

Geld macht in gewisser Hinsicht glücklich, allerdings anders, als man denkt. Geld und Glück werden oft in einem Atemzug genannt. Glück ist die Belohnung von Mutter Natur. Geld ist die Standardbelohnung der modernen Welt. Belohnungen machen glücklich. Geld steht auch mit Dingen wie Handlungsfreiheit, Macht, sozialer Stellung und Sicherheit in Beziehung.

Das Geld unterliegt als Belohnung auch vielen Glücksfaktoren. Wir haben in den vergangenen Kapiteln gesehen, welche Tücken der Mensch bedenken muss, damit er weniger schlecht vorhersagen kann, was ihn tatsächlich glücklich machen wird. Und genau darin, dass wir glauben, dass wir wissen, was uns glücklich macht, es aber schlecht einschätzen können, liegt das Dilemma. Warum sollte das beim Geld anders sein? Natürlich schätzen wir auch hier falsch ein, wie glücklich uns Geld machen würde. Oft scheint es uns als das Allheilmittel, das all unseren Sorgen ein Ende bereiten wird. Der Schein trügt jedoch und die Realität sieht oft ganz anders aus, wie die französische Schriftstellerin Françoise Sagan ausdrückte: *„Auch in einem Rolls-Royce wird geweint, vielleicht sogar mehr als in einem Bus.“*

Geld selbst ist bedeutungslos, es bekommt seine Macht daraus, dass wir damit etwas bewegen können, und dadurch kann es glücklich machen. Die US-amerikanische Talkshow-Queen Oprah Winfrey, die selbst aus ärmsten Verhältnissen stammend zu einem schwerreichen Medienmogul wurde, formulierte es treffend: *„Geld macht nicht glücklich, aber asphaltiert den Weg dorthin.“*

Geld ist nicht nur, wie der Philosoph Friedrich Nietzsche sagt, das *„Brecheisen der Macht“*, sondern auch ähnlich wie Glück ein Platzhalter, der für vieles stehen kann. Allerdings ist es ein erlernter, denn wir werden nicht mit dem Wunsch nach Geld geboren. Wir lernen aber früh, dass es für Möglichkeiten steht, denn Geld kann man eintauschen. Mit Geld haben wir mehr Handlungsfreiheit, als wenn uns jemand ein geschlachtetes Huhn schenkt, das wir mühsam eintauschen oder im Notfall selbst essen müssen. Das Material selbst bedeutet nichts, das Rohmaterial unserer heutigen Münzen ist weniger wert als der Wert, der daraufsteht, Geldscheine sind überhaupt nur Baumwollpapier und heute ist Geld vielfach überhaupt nur eine Zahl im virtuellen Raum. Was Geld aber ist, ist die Übereinkunft und der geteilte Glaube, dass es etwas wert ist. Und es ist heute zusätzlich mit dem Vertrauen in das Weltwirtschaftssystem verbunden. Wie sehr Geld mit gottähnlichem Glauben und Vertrauen zu tun hat, ist nicht eine Theorie, sondern sogar auf jedem US-Dollar nachzulesen: „In God We Trust.“

Dass Geld nur ein Konstrukt ist, ist für US-Amerikaner, die, seit sie denken können, nur eine Währung haben, nämlich den US-Dollar, oft schwieriger verständlich als für Europäer, deren Währungen öfter wechselten. Das Wort „Dollar“ kommt von der deutschen Münzbezeichnung „Taler“, 1486 wurde der Taler zum ersten Mal in Hall in Tirol geprägt und setzte mit dem Handel seinen Siegeszug über die ganze Welt an, bis er dann durch andere Währungen ersetzt wurde. In Deutschland blieb er bis 1871 die wichtigste Münze, danach zahlten die Deutschen mit Mark. In Österreich wurde der Taler nicht beibehalten. Die Nationalbank zog nach dem Staatsbankrott 1811, der durch die Napoleonischen Kriege ausgelöst worden war, das Papiergeld ein und gab mit einem Verlust von 90% Gulden aus. 1892 wurde der Gulden durch die Krone und 100 Heller ersetzt, 1925, nachdem die erste Währung durch den Ersten Weltkrieg stark an Wert verlor, bekamen die Österreicher ihren Schilling, der 100 Groschen wert war, 1938 wurde die Reichsmark eingeführt und nach dem Krieg wieder der Schilling. Seit 2002 tauschen Deutsche und Österreicher Dinge in Form des Euro und 100 Cent. Österreich zum Beispiel hatte also in den vergangenen zweihundert Jahren fünf verschiedene Währungen.

Geld ist ein Name für drei völlig verschiedene Funktionen, die nur zufällig gleich benannt werden, weil sie irgendwann in der Geschichte alle vom Edelmetall Gold dargestellt wurden: Zahlungsmittel, Hortungsmittel und Wertmaß. Als Zahlungsmittel hat Geld nur den Wert, den ihm die Gesellschaft zubilligt. Wenn jemand für etwas kein Geld nimmt, dann ist dieses Etwas auch nicht verkäuflich. Als Wertmaß wird es zum Beispiel verwendet, um Preise zu vergleichen. Als Hortungsmittel ist es seit der Einführung der schleichenden Inflation nicht mehr brauchbar. Spätestens seit 1971 US-Präsident Richard Nixon den Gold-Standard für den US-Dollar aufhob, hat Geld nur noch den Wert, den wir ihm beimessen, und nicht mehr eine faktische Absicherung in realem Gold. Eine interessante Verbindung dazu ist, dass im Jahr darauf, 1972, der „Club of Rome" mit seinem Bericht über „Das Ende des Wachstums" aufrüttelte. Die Studie sagten unter anderem eine dramatische Verschlechterung der Lebensbedingungen sowie Ressourcenknappheit für die explodierende Bevölkerung in den nächsten 50 bis 100 Jahren voraus. Zu bedenken ist, dass auch Gold nur den Wert hat, den wir ihm beimessen, er jedoch wenigstens eine physische Komponente hat. Zum Goldstandard können wir in Zeiten eines „virtuellen Goldstandards“ nicht mehr zurückkehren, allerdings werden sich die Zentralbanken etwas überlegen müssen, wie sich das Finanzsystem weiterentwickeln soll.

Geld, in der Form, wie wir es heute benützen, hat keinen Wert außer einen ideellen. Schon die amerikanischen Ureinwohner fragten, wann wir begreifen werden, dass man Geld nicht essen kann.

Ein weiterer Aspekt des Geldes, der mit Glück zusammenhängt, ist, dass es unsere Lebenszeit überdauert und daher eine Eintrittskarte zur vermeintlichen Unsterblichkeit darstellt. Wie wir bereits wissen, sind wir so angelegt, dass wir über die Weitergabe unserer Gene, in weiterer Folge unserer Ideale und Lebensweisen Unsterblichkeit anstreben. Wir möchten etwas bedeuten und etwas hinterlassen, einen Eindruck machen, der über unseren Tod hinaus besteht. Daher hängt alles, was mit Unsterblichkeit zu tun hat, wie Ruhm, aber auch Geld, das übrig bleibt und in unserem Namen „weiterhandelt“ und unseren Kindern hilft und somit sogar den Fortbestand unserer Gene sichert, wenn wir einmal nicht mehr sind, mit Glück zusammen.

Geld sollten wir also weder mit der Bestätigung und Belohnung, die es darstellt, noch mit der Handlungsfreiheit, die es durch die Kaufkraft gibt, verwechseln. Denn das sind die Dinge, die glücklich machen.

Weiters müssen wir unterscheiden, welchen Wert etwas hat und welchen Nutzen etwas hat.

Der Schweizer Mathematiker Daniel Bernoulli, den wir von der Wahrscheinlichkeitsrechnung her kennen, stellte fest, dass Menschen Entscheidungen nicht anhand des Wertes, sondern aufgrund des Nutzens, den etwas für uns hat, treffen. Nutzen ist nicht im Sinn von allgemeiner Nützlichkeit zu verstehen, sondern als Nutzen, den der Käufer für sich persönlich daraus gewinnt. Wir sagen oft, eine Sache ist uns „etwas wert", das betrifft dann meist den Nutzen, den wir aus einer Sache ziehen. So erklärt sich, warum für scheinbar wertlose Dinge viel Geld bezahlt wird, da sie Menschen über den absoluten Geldwert hinaus glücklich machen.

Der Handel kann zwar einen Wert bestimmen und messen, einen Nutzen jedoch wesentlich schwieriger bis gar nicht. Der Schweizer erkannte weiters, dass, je mehr Geld wir haben, sein Grenznutzen, also der Nutzen jedes zusätzlichen Euros, abnimmt.

Die Psychologen Daniel Kahnemann (geb. 1934) und Amos Tversky (1937–1996) erklärten uns mit ihrer bahnbrechenden Forschung auch, warum. Wir sehen Geld nicht als absoluten Wert, sondern vergleichen natürlich wieder. Der Gewinn oder Verlust wird daher relativ zu unserem momentanen Reichtum bewertet. Deshalb macht Geld immer glücklich, aber eben nicht immer so wie erwartet.

Die Wirtschaft nennt das Kind einfach beim Namen, denn Wohlstand hat einen abnehmenden Grenznutzen. Das bedeutet aber nicht, dass Ihr Weihnachtsgeld nicht glücklich macht, aber eben nicht mehr genau so wie das erste selbst verdiente Gehalt. Auch die fünfte Million wird Sie demzufolge nicht mehr so glücklich machen wie die erste. Denken wir an Onkel Dagobert, der, auch wenn er im Geld förmlich badet, seinen ersten Taler unter einem Glassturz aufbewahrt und verehrt.

Ein weiterer Aspekt ist, dass Geld eben nicht nur den Wert hat, der auf dem Schein draufsteht, sondern als Platzhalter für Dinge steht, die wir damit machen können. Es ermöglicht uns nicht nur zu konsumieren, sondern stellt auch einen Sicherheitsfaktor dar, wir können es anlegen, investieren. Beim Investieren kommt hinzu, dass die Arbeit große Geldsummen zu investieren, zum Beispiel in Firmen, in Immobilien, in neue Technologien und so weiter, glücklich macht. Weniger die genaue Geldsumme, ob das ein paar Euro oder ein paar Millionen Euro mehr sind, sondern vielmehr die Vorbereitung, der Nervenkitzel vor großen Transaktionen und das Spiel mit dem Geld selbst und natürlich das Gewinnen können glücklich machen.

Wenn wir nicht verstehen, wie Glück und abnehmender Grenznutzen funktionieren, und erwarten, dass mehr Geld gleich mehr Glück ist, ergibt sich daraus natürlich ein Paradox.

Mehr Geld steht eben nicht in einem linearen Verhältnis zum Glück. Es gibt keine logische Folgerung, wenn so viel Geld, dann so viel Glück. Warum wir nicht gleichermaßen glücklicher werden, wenn wir reicher werden, lässt sich medienwirksam gut verkaufen. Realeinkommen sind gestiegen, Glück aber nicht in dem gleichen Ausmaß oder sogar eher vermindert. Wie kann das sein? Die New York Times schrieb bereits 2002, dass in den letzten 30 Jahren das Realeinkommen der Amerikaner um mehr als 16 Prozent gestiegen, jedoch der Prozentsatz derer, die sich als glücklich bezeichnen, von 36 auf 29 Prozent gefallen ist.

Wie schon der Volksmund sagt, ist der Taler dem Bettelmann mehr wert als dem König. Wenn ich verstehe, was Glück ist und was Geld ist, dann ist die Sache gar kein Paradox mehr.

Trotzdem suchen Studien weiterhin nach der allgemeingültigen materiellen Glücksgrenze, um eine Summe festzulegen, die genau bestimmt, dass ab diesem Punkt Geld nicht mehr glücklich macht. Eigentlich absurd, denn die meisten Menschen haben wohl eher das subjektive oder faktische Problem, dass sie nicht genug Geld haben und nicht, welche Summe Geld sie nicht mehr glücklich machen wird. Manche Studien besagen, dass Geld bis zu einer gewissen Summe glücklich macht, mache Studien nennen sogar Zahlen. Andere besagen, dass es dazu komme, wenn die Grundbedürfnisse gedeckt sind. Dabei bedenken wir nicht, dass Glück eben einen abnehmenden Grenznutzen hat, was nicht bedeutet, dass die Glücksfaktoren uns dann gar nicht mehr glücklich machen, sondern dass das Glück dynamisch und individuell ist. Die zusätzliche Frage, die sich bei einer absoluten Summe, die nicht mehr glücklich macht, stellt, ist, was wir gewöhnt sind, wo wir unsere elementaren Bedürfnisse ansetzen und wo der Luxus beginnt.

Im klassischen Sinne werden Grundbedürfnisse nach der Bedürfnispyramide des Psychologen Abraham Maslow (1908–1970) als Hierarchie definiert. Die elementarsten Bedürfnisse müssen erfüllt sein, bevor wir uns der nächsten Ebene zuwenden werden und können.

An unterster Stelle stehen physiologische Bedürfnisse wie Nahrung, Schlaf, Gesundheit, Kleidung, Wohnraum. Gefolgt von Sicherheit wie Recht und Ordnung, Schutz vor Gefahren und soziale Bedürfnisse wie Freundeskreis, Familie und Partnerschaft. Dann gibt es noch Individualbedürfnisse, die, wie der Name schon sagt, individuell für jeden einzelnen Menschen zu definieren sind. An der Spitze der Pyramide stehen die Selbstverwirklichung, die Talententfaltung, die Selbstverbesserung und Erleuchtung. Gandhi definierte es noch direkter: *„Selbst Gott kann nicht zu einem hungrigen Mann sprechen, außer über Brot.“*

Eine weitere Eigenschaft, die das vermeintliche Glück des Geldes beeinträchtigt, ist, dass – wie wir durch die Mäuse, die nicht Tolstoi lesen müssen, bereits wissen – negative Dinge wie Verluste stärker wahrgenommen werden als positive. Daher tut uns der Verlust einer Summe mehr weh, als uns der Gewinn einer Summe freut. Je reicher die Menschen sind, desto mehr haben sie zu verlieren. Wir Menschen geben weder gerne her, noch verlieren wir gerne, das kann sicher jeder selbst bei sich beobachten. Oder verlieren Sie gerne, schon gar Geld?

Auch das Hamsterrad des Glücks schlägt wieder zu. Wir gewöhnen uns schnell an einen höheren Lebensstandard und er macht nicht mehr so glücklich wie am ersten Tag. Auch wenn der Gesamtwohlstand steigt und wir alle mehr haben, empfinden wir es nicht so, sondern brauchen wieder einen Kontrast, um uns reich zu fühlen.

Natürlich vergleicht sich der Mensch immer wieder, auch um einen Richtwert in Bezug auf das Geld zu bekommen. Daher schätzen wir uns glücklich und fühlen uns reich, wenn wir mehr Geld als andere haben. Aber wir vergleichen uns eher mit jenen, die mehr haben, glücklicher sind, und selten mit jenen, die weniger haben oder unglücklicher sind. Daher fällt der Kontrast, den wir wahrnehmen, wenn wir uns vergleichen, in der Regel zu unseren Ungunsten aus.

Denken wir an die Sprüche: „Reich ist der Mann, der etwas mehr Geld hat als der Mann der Schwester seiner Frau“, genauso wie: „Reich ist der Mann, der mehr Geld hat, als seine Frau ausgeben kann.“

Den Glücksgefühlen ist es zuträglich, wenn wir uns nicht nur bei den Attributen „reich und schön“ mit der ganzen Weltbevölkerung vergleichen, sondern in jeder Hinsicht. Ob sich Menschen reich oder arm fühlen, wird emotional am Landesdurchschnitt gemessen. Und im Vergleich zu den Reichsten des Landes fühlen sich natürlich viele Menschen arm. Im Vergleich zu den ärmsten Nationen der Welt sind alle in westlichen Demokratien lebenden Menschen unglaublich reich.

Im Vergleich zur momentanen Weltbevölkerung müssten Sie also alleine deshalb jeden Tag glücklich beginnen, weil Sie sauberes, frisches und fließendes Wasser zur Verfügung haben. Wäre die ganze Welt ein Dorf von 100 Leuten, hätte nur einer eine höhere Ausbildung abgeschlossen, 24 hätten keine Elektrizität und nur 68 stünde saubere Atemluft zur Verfügung. Wenn Sie etwas zum Anziehen, etwas zu essen und ein Dach über dem Kopf haben sowie etwas Geld am Konto und überhaupt ein Konto, sind Sie reicher als drei Viertel der Weltbevölkerung und gehören schon zu den reichsten Menschen der Welt.

Im Vergleich zur Vergangenheit sollten wir überhaupt jeden Tag vor Glück sprühen, denn vor über hundert Jahren war ein durchschnittlicher Franzose ungefähr so gut ernährt wie ein durchschnittlicher Afrikaner heute. Auch wenn es uns nicht so vorkommt, da wir uns immer mit Reicheren vergleichen, leben in der westlichen Welt mehr Menschen so gut, dass sie nicht täglich ihrem Essen hinterherlaufen oder sogar hungern müssen. Das Glück gewöhnt sich eben schnell an Verbesserungen, schon gar im Laufe mehrerer Generationen.

Geld steht als Belohnung für Arbeit mit dem Glück in Verbindung. Ein weiterer Grund, warum Geld, das wir verdient haben, anders glücklich macht als Geld, das wir ohne oder mit wenig Arbeit einfach bekommen haben.

Wenn wir auf etwas zurückblicken, das wir selbst geschaffen haben, sind wir stolz und zufriedener als wegen etwas, das wir einfach nur bekommen haben. Noch schlimmer: Bei Dingen, die uns einfach in den Schoß fallen, können wir eventuell das Gefühl haben, dass wir sie nicht verdient haben, und das kann sogar unglücklich machen.

Es gibt sogar eine Studie dazu, ob Laborratten lieber für ihre Nahrung „arbeiten“, also etwas tun, oder nicht. Und siehe da, sogar Laborratten tun lieber etwas für ihre Belohnung.

Mr. Spock und das Glück?

Die Wirtschaftswissenschaften basieren ihre Disziplin darauf, dass Menschen Entscheidungen treffen, die ihren Nutzen, ihr Glück mehren. Mein Vater definierte: *„Wirtschaft ist die Resultierende des Strebens der einzelnen Menschen nach individuellem und kollektivem Glück.“*

Jede Wirtschaft ist im Endeffekt eine Glückswirtschaft. Spannend dabei ist, dass die Wirtschaft sich mit der Frage, was die Konsumenten unter Glück verstehen, gar nicht abgibt. Die Ökonomen sprechen eher von sozialer Zufriedenheit, Wohlstand und Wohlfahrt als vom Glück.

Für die Wirtschaft zählen Dinge, die sie abzählen kann. Um es zu verwenden, muss das Glück quantifizierbar gemacht werden. Glück muss abzählbar und vergleichbar gemacht werden, sonst taugt es nicht als Zugpferd.

Die Harvard Business Review titelte unlängst mit „The Value of Happiness – How employee well-being drives profits“. Hier werden wieder Wohlbefinden und Glück vermischt. Während es gut ist, dass Mitarbeiter sich wohlfühlen und der Unternehmer eine moralische Verpflichtung und Verantwortung hat, dass es allen gut geht, ist es fraglich, ob es wirklich glücklich macht, das Glück in großem Maße für die Wirtschaft nutzbar zu machen. Ein Glücksindex, der Profite treibt, ist auch etwas anderes als zum Beispiel der Social Return of Investment (SROI), den in letzter Zeit immer mehr Unternehmen messen und dann versuchen die positiven sozialen Auswirkungen auf eine Zahl herunterzubrechen.

Die angewandte Verhaltensökonomik ist eine immer wichtiger werdende Disziplin der Wirtschaftswissenschaften und eng mit der Glücksforschung verknüpft. Sie beschäftigt sich mit dem Verhalten der Menschen jenseits strikter Logik und Rationalität. Also eher mit Herrn und Frau Müller als mit den logisch denkenden Vulkaniern à la Mr.

und Mrs. Spock. Es handelt sich um eine bis dato relativ ignorierte Nische der Wirtschaftspsychologie, die aber für die Glücksforschung bedeutend ist. In den Wirtschaftswissenschaften dominiert immer noch die neoklassische Theorie, die ihre Modelle auf Annahmen aufbaut, dass Menschen stets rational handeln, dass Menschen im Sinne der Kosten-Nutzen-Maximierung das Beste für sich selbst herausholen. Marken wie der kalifornische Computerhersteller Apple spielen jedoch bereits auf der Orgel der angewandten Verhaltensökonomik. Die Firma schafft eine große Nachfrage durch eine klug limitierte Produktpalette und nimmt eben dadurch schon Rücksicht darauf, was Menschen glücklich macht. Darüber hinaus orientiert sie sich in ihrer gesamten Strategie bei der Vermarktung nicht nur am Nutzen, den technische Geräte für die Menschen haben. Im Zusammenhang mit dieser Firma wird sogar von einer Art Religion gesprochen. Apple-Anhänger würden selten wieder zur Konkurrenz wechseln, sie konvertieren sogar gerne Mitmenschen zu Apple-Anwendern. Apple-Produkte sind, wie viele andere gute Marken mit guter Markenpflege, darauf ausgelegt Konsumenten glücklich zu machen.

Einen Meilenstein des menschlichen wirtschaftlichen Verhaltens, der sich weit von dem der nur rational denkenden Durchschnittsvulkanier unterscheidet, haben die Wirtschaftspsychologen Amos Tversky und Daniel Kahnemann 1979 mit ihrer „Prospect Theory – Neue Erwartungstheorie in der Entscheidungsfindung in Situationen der Unsicherheit“ beschrieben. Dies ist heute ein wesentlicher Teil der Verhaltensökonomik.

Die beiden deckten in ihren psychologischen Experimenten die folgenden Wahrnehmungsverzerrungen und Ursachen auf. Sie zeigen, wie wir uns beim Versuch, uns glücklich zu machen, völlig falsch einschätzen:

Die Vermessenheitsverzerrung wird durch das Überschätzen der eigenen Fähigkeiten, des eigenen Verständnisses, der Kenntnisse und des Mutes sowie der Überschätzung des eigenen Einflusses auf die Zukunft verursacht.

Als Basis für Entscheidungen verwenden wir Vergleichsobjekte, mit denen wir dann wieder andere Dinge bewerten. Die Ankerheuristik kommt zum Tragen, wenn willkürliche Dinge, oder von Verkäufern strategisch platzierte Elemente, als Anker für Entscheidungen genommen werden. Diese Anker werden auch dann beibehalten, wenn uns klar wird, dass die Informationsquelle vielleicht nicht besser informiert ist als wir selbst.

Die Nähe-Verzerrung besagt, dass wir Dinge in Bezug darauf, was uns nahe oder bekannt ist, verzerren. Andere Optionen werden weniger in Betracht gezogen oder gar ignoriert.

Die Status-quo-Verzerrung besagt, dass wir größere Risiken eingehen, um den Status quo zu erhalten, als um eine Situation zu verändern. Menschen fürchten den Verlust mehr, als sie den Gewinn begrüßen. Das kann dazu führen, dass Chancen nicht wahrgenommen werden, auch wenn es unwahrscheinlich ist, dass wir verlieren. Dieses Phänomen ist darin begründet, dass wir negative Dinge, die eventuell lebensbedrohend sein können, stärker wahrnehmen als potenzielles Glück.

Das Prinzip der falschen Prioritäten besagt, dass wir unverhältnismäßig viel Zeit für kleine und unverhältnismäßig wenig für große Entscheidungen aufwenden.

Unangebrachtes und übermäßiges Bedauern eines Verlustes ist leider eine weitere Eigenschaft des Menschen, sie bringt uns nichts ein, kostet aber viel kostbare Zeit.

Wir täuschen uns gerne und reden uns Entscheidungen, je falscher sie sind, umso schöner, um das Unglück, solange es geht, zu vermeiden. Menschen sind so manipulierbar, denn wird eine Entscheidung mit Verlustangst präsentiert, dann fällt sie leichter, als wenn sie mit der Hoffnung auf Gewinn kombiniert wird.

Für die Einbettung unserer Entscheidungen zählen sowohl das Umfeld als auch vergangene Erfahrungen, die uns beeinflussen. Weiters werden unsere Entscheidungen durch unsere Fähigkeit oder wohl eher Unfähigkeit, die Zukunft zu erahnen, beeinflusst.

Wirtschaftliche Gesetzmäßigkeiten sind auch für das Glück ausschlaggebend, da sie darauf basieren, dass der Mensch in einer gewissen Weise handelt, um sich glücklich zu machen. Je besser wir unsere Fehler im System kennen, desto besser können wir uns auch glücklich machen oder eben entscheiden, wann wir nicht nach unserem Glück handeln sollten.

Staatlich verankertes Glück

In den USA ist das Wort „Ökonomie" ein heiß diskutiertes Wahlthema. Ursprünglich kommt es aus dem Griechischen und bedeutet „Führung des Hauses". Es wurde von Aristoteles, der als Philosoph logische Überlegungen zur Wirtschaft anstellte, geprägt.

Der guten Haushaltsführung spricht entgegen, dass Erwerb nur zum Zweck des Erwerbs angestrebt wird. Also pure, unregulierte, nur auf Gewinnmaximierung angelegte Ökonomie. Wirtschaft stellt keinen Wert an sich dar, sondern dient einem höheren Ziel. Ziel ist es, die materiellen Grundlagen für ein gelungenes Leben der Bürger bereitzustellen.

Ganz abgesehen davon: Eine reine Kosten-Nutzen-Herangehensweise setzt voraus, dass Dinge quantifizierbar sind.

Wie bereits beobachtet, entzieht sich Glück noch so einer Quantifizierbarkeit. Geld kann ich abzählen, Glück nicht.

Bei einer Wirtschaft ohne Spielregeln, die es zulässt, dass jeder sein Glück maximiert, wird vergessen, dass das Glück des Einzelnen auch oft vom Glück der Gruppe abhängt.

Während wir wirtschaftlich gerade mit der „Ich-AG" im Kollektiv in Konkurs gehen, gibt es Bemühungen der Politik neben der reinen Bewertung in Geld auch andere Werte als Maßstäbe zu etablieren.

Bisher haben wir den Erfolg von Staaten rein durch Geld, in Form des Bruttoinlandsprodukts (BIP) gemessen. Allerdings ist das BIP eben auch nicht die Antwort auf alles, denn Glück und exzessiver Wohlstand steigen nicht gleichmäßig an, sondern das Glück unterliegt weiterhin seinen Gesetzen, und das sind nicht die Gesetze der Maximierung. Es wird im BIP auch nur der momentane Produktionszustand einberechnet, aber nicht, wie sich Dinge auf zukünftige Generationen auswirken, also wie nachhaltig gewirtschaftet wird. Außerdem lassen solche Daten auch die Unterschiede innerhalb einer Gesellschaft außer Acht, die für das Glück ausschlaggebend sind. Aber immerhin war das BIP eine Verbesserung gegenüber früher, als der Erfolg von Staaten hauptsächlich durch gewonnene Kriege gemessen wurde.

Das asiatische Königreich Bhutan hat mit seinem „Gross National Happiness – GNH – Brutto Inlands Glücksniveau" auf sich aufmerksam gemacht. Prinzipiell ist das ein interessantes Modell, aber für Industriestaaten schwer anzuwenden, denn in Bhutan sieht es der König als seine Aufgabe an, dem Volk Glück zu „liefern". In der Vergangenheit ging es mit dem Glücklichmachen leichter, denn zahlreiche äußere Einflüsse wie zum Beispiel Satelliten-Fernsehen und Tourismus stehen heute zur Verfügung.

In Australien geht es weniger um Glück, als um Wohlbefinden, seit 2001 gibt es einen „Australian Unity Wellbeing Index“ (Australischer Einheitsindex für Wohlbefinden).

2008 gründete der französische Präsident die „Commission on the Measurement of Economic Performance and Social Progress – CMEPSP), nach ihren Leitern Stiglitz-Sen-Fitoussi-Kommission benannt, um herauszufinden, mit welchen Mitteln sich Wohlstand und sozialer Fortschritt messen ließen, ohne sich einseitig auf Einkommensgrößen wie das BIP zu stützen. Das 2009 vorgelegte Ergebnis aus den drei Arbeitsgruppen „Fragen nach der klassischen Messung des Sozialprodukts“, „Lebensqualität“ und „Nachhaltigkeit“ betont, dass „Wohlbefinden“ mehrdimensional zu bestimmen ist. Nicht allein durch das Einkommen auszudrücken sind materieller Lebensstandard (Einkommen, Konsum, Vermögen), Gesundheit, Bildung, persönliche Tätigkeiten einschließlich Arbeit, politische Stimme und Governance (die Lenkungsform und der Aufbau einer politischen Einheit zum Beispiel des Staates Gemeinden, Verbänden, die Bürgern zur Verfügung steht), soziale Verbindungen und Beziehungen, Umwelt (gegenwärtige und künftige Bedingungen), Unsicherheit (sowohl ökonomisch als auch physisch).

Die OECD (Organisation for Economic Co-operation and Development) stellte gerade ihren Better Life Index vor. Gesucht wird nach einer Alternative zu Geld als Messlatte des Vergleiches zwischen Ländern.

Aus wissenschaftlicher Sicht können wir uns das Glück der einzelnen Staaten in der „World Database of Happiness“ der Erasmus-Universität Rotterdam von Ruut Veenhoven (geb. 1942) ansehen.

Er stellte zum Beispiel fest, dass es einen direkten Zusammenhang zwischen dem durchschnittlichen Glück in Staaten und materieller Absicherung, Zugang zu Wissen und Homogenität der Bürger gibt. Weniger krasse Unterschiede, in vielen Fällen auch weniger multikulturell zu sein macht glücklicher.

Fast alle Studien ergeben, dass das Leben in einer Demokratie einen positiven Einfluss auf das Glücksniveau des Einzelnen hat. Der amerikanische Psychologe Ed Diener verglich 1995 das subjektive Wohlbefinden in 55 Ländern. Das subjektive Wohlbefinden steigt wenig überraschend mit der demokratischen Gesellschaftsordnung sowie mit der Beachtung von Menschenrechten. Spannend ist, dass regelmäßig ein höheres Einkommen auch ein größeres subjektives Wohlbefinden zur Folge hat.

Das Glück per Gesetz und per Recht zu verankern ist also schwieriger als gedacht. Wie Laotse im Tao Te King so schön sagt: „*Versuche die Menschen glücklich zu machen, und du legst das Fundament für das Elend. Versuche die Menschen moralisch zu machen, und du legst das Fundament für das Laster.*"

Seit den philosophischen Gedanken im 18. Jahrhundert wird auch das Glück der Bürger als möglicher Faktor für den Erfolg einer Gesellschaft in Betracht gezogen. Am bekanntesten ist heute der Eintrag in die amerikanische Verfassung, der den „Pursuit of Happiness", also das Streben nach dem Glück, für die Bürger sichert. Aber wie ist es dorthin gekommen? Warum steht es in dieser Verfassung und nicht in den wesentlich neueren Verfassungen der westlichen Nationen, die sich in den letzten 200 Jahren immer wieder geändert und den momentanen Zuständen angepasst haben?

1689 schrieb der englische Philosoph John Locke: „*Die höchste Vollkommenheit einer vernunftbegabten Natur besteht in dem unermüdlichen Streben nach wahrem und dauerndem Glück.*" Jedoch definiert Locke noch „life, liberty and property" („Leben, Freiheit und Besitz"). Der Einfluss von Lockes Gedankengut auf die amerikanische Verfassung ist deutlich zu spüren, allerdings wurde „property" durch

„happiness“ ersetzt. Dazu mag ihn wohl der schottische Philosoph Francis Hutcheson (1694 –1746) inspiriert haben, denn schon er philosophierte über das Glück der Mehrheit gegenüber dem Glück des Einzelnen.

Viele Verfassungsgesetze basierten auf Konzepten der Antike und auf der Magna Charta von 1215. Im 18. Jahrhundert lag das Glück in der Luft der Philosophen. Sie gehörten selbst oft dem Bürgertum, wenn nicht sogar dem Adel an und versuchten das Wesen von Staaten so zu überdenken, dass Monarchien Demokratien Platz machen mussten. Der englische Philosoph Jeremy Bentham (1748–1832) war einer der Vordenker des modernen Wohlfahrtsstaates. Er sagte, dass die beste Gesellschaft diejenige ist, in der die Bürger am glücklichsten sind. Das größte Glück für die größte Menge an Menschen, das wurde dann Utilitarismus genannt. Sogar Science-Fiction-Fans ist dies als „Vulkanier-Axiom“ bekannt. Mr. Spock teilte mit: *„Die Bedürfnisse von vielen überwiegen gegenüber denen eines Einzelnen.“*

Zurück zu den USA. Aufschlussreich ist die legendär gewordene Wendung „The Pursuit of Happiness“, die nicht zwingend und, wenn man es aus der Zeit, in der es verfasst wurde, heraus sieht, nur das Verfolgen des individuellen Glücks sichert. William Jefferson schrieb 1774 in seinem „A Summary View of the Rights of British America“ an King George II sogar „to promote public happiness“.

Dass das Glück nicht nur für Herrscher, sondern nun für alle erreichbar sein sollte, war damals unter Philosophen in Mode. Auch in der französischen „Erklärung der Menschen- und Bürgerrechte“ von 1789 nach der Französischen Revolution findet sich das Wort Glück. Und zwar gleich im Artikel 1: „Das Ziel der Gesellschaft ist das allgemeine Glück.“ Allerdings wird hier nicht die Verfolgung des Glücks, sondern das „Glück aller“ definiert. Diese Schrift, die als Schlüsselrechte „Freiheit, Gleichheit, Sicherheit und

Eigentum“ auflistet, ist die Verfassungsgrundlage für die Verfassung von 1793. Mittlerweile lebt Frankreich in der 5. Republik und hält sich an die Verfassung von 1958. In Amerika gilt immer noch die Verfassung von 1787.

Benjamin Franklin, der einstige Gründervater, der vor der Verfassung auch die Unabhängigkeitserklärung der USA und den Friedensvertrag mit Großbritannien unterzeichnet hatte, sagte, dass es ein Recht sei, sein Glück zu verfolgen. Aber dass die Bürger es selbst fangen müssten.

Leider wird heute oft vergessen, dass es mehr um die Garantie der Freiheit der Verfolgung geht und nicht um die Garantie des Glücks. Es steht auch nicht dort, dass der Staat alle beglücken muss. Oder dass der Staat sich Glück auf die Fahnen schreibt. Der Staat schafft die Rahmenbedingungen, aber nicht das Glück selbst.

Denn zum Glück zwingen darf man Menschen nicht, daher hat Thomas Jefferson sehr klug die Verfolgung des Glücks und nicht das Glück selbst in die Verfassung geschrieben.

Politische Systeme tun gut daran, das Unglück für so viele Menschen wie möglich zu vermeiden oder es zumindest zu verringern. Sobald sie sich aber in Zwangsbeglückung versuchen, führt das durch die Reaktanz wieder zum Unglück anstatt zum angedachten idealistischen Glück. Für Marxisten ist Glück überhaupt ein konterrevolutionäres Phantom, das eindeutig der Bourgeoisie zuzuordnen ist.

Auch heute noch basieren die Ideale der westlichen Staatenbildung auf dem Schaffen von Rahmenbedingungen, in denen der einzelne Bürger die Freiheit hat, sich zu entfalten.

Der österreichische Ökonom und Sozialphilosoph Friedrich August von Hayek sagte in einer Dankesrede zur Verleihung des Nobelpreises 1974, dass die Politik wie ein Gärtner ihre Pflanzen umsorgen solle, aber wachsen müssten die Pflanzen selber. Dann zitierte er seine Frau, die Gartenarbeit liebte: „*Willst du gesunde und schöne Pflanzen, so musst du zuerst den Boden richtig aufbereiten.*“ Er führte weiter aus: „*Der liberale, fortschrittliche und soziale Staat wäre nach diesem Bild einer, dessen gut aufbereiteter Boden – sprich die staatlichen Rahmenbedingungen – die schönsten Pflanzen hervorbringt.*“

Genauso, wie damals der Puls der Zeit in Verfassungen Einfluss nahm, sollten Staaten auch heute flexibel auf die Bedürfnisse ihrer Bürger eingehen, denn das Glück ist dynamisch.

In Deutschland führte der konservative Otto von Bismarck bereits 1880 mit seiner Sozialgesetzgebung die erste obligatorische staatliche Kranken- und Rentenversicherung ein. Dabei ging es weniger um die Versicherung selbst als um die darin versteckte Sicherheit, die jedem Bürger zusteht.

Die Basis dieses Lebens in westlichen Demokratien sind lange und mit viel Blut und Herzblut erkämpfte Ideale wie Demokratie, Menschenrechte und Wohlstand für alle Bürger, auf denen die westliche Welt aufbaut.

Leben in einer westlichen Demokratie ist also schon ein Luxus an sich. Das sollten wir uns immer wieder vor Augen führen, denn wie wir bereits wissen, gewöhnen wir uns an das Glück. Unsere Privilegien werden nicht mehr wahrgenommen, weil sie keine Privilegien mehr sind, wenn sie allen zur Verfügung stehen. Ganz abgesehen davon zeichnen sich Privilegien nicht nur in absoluten Werten aus, sondern auch dadurch, dass sie exklusiv einer kleineren Gruppe, gegenüber einer anderen, größeren Gruppe zugesprochen werden.

Prinzipiell sind wir alle privilegierte Seelen, die das Geschenk des Lebens bekommen haben und überhaupt leben dürfen. Doch fühlen wir uns jeden Tag so privilegiert? Denken wir so, wenn wir darüber nachgrübeln, warum wir etwas nicht haben oder wenn wir etwas unbedingt haben wollen?

Gesellschaftlicher Glücksdruck

Da der Mensch ein soziales Wesen ist, ist der Glücksdruck durch die Gesellschaft im Guten wie im Schlechten nicht zu unterschätzen. Andere Menschen machen uns glücklich, aber eben auch unglücklich.

Aber wenn Sie verstehen, was Glück ist und dass wir Menschen alle in gewisser Weise sozialisiert sind, also uns an Denk-, Gefühls- und Verhaltensmuster angepasst haben, und dass wir soziale Normen internalisiert haben, können Sie etwas mehr Kontrolle über Ihr Glück erlangen.

Wie ein Schauspieler, der eine Figur studiert und sie mit seinen eigenen Mustern und Erfahrungen in Einklang bringt.

Denn auf vielen Ebenen und noch bevor wir uns bewusst entscheiden können und für unser Glück verantwortlich gemacht werden können, etabliert unser Umfeld Muster, die infolge unser Glücksempfinden beeinflussen werden.

Weiters vergleichen wir uns automatisch wieder und so müssen wir besonders darauf aufpassen, worauf die Gesellschaft, in der wir leben, ausgerichtet ist. Der US-Schauspieler Will Smith bringt es auf den Punkt: *„Zu viele Menschen geben Geld aus, das sie nicht verdient haben, um Dinge zu kaufen, die sie nicht wollen, um Leute zu beeindrucken, die sie nicht einmal mögen."*

Glück und Geld sind allein durch das Vergleichselement relativ zu sehen. Erzo Luttmer, Professor am Dartmouth College, hat eine sehr spannende Studie zum Glücklichsein in Zusammenhang mit dem relativen Einkommen der Umgebung gemacht. Glück und Unglücksempfinden stehen im Zusammenhang mit dem Einkommen der Umgebung. Ist meine Umgebung reicher als ich, bin ich unglücklicher, da ich relativ gesehen ärmer bin.

Das erkannte bereits der Schriftsteller und Staatsphilosoph Charles-Louis de Montesquieu (1689–1755): *„Man will nicht nur glücklich sein, sondern glücklicher als die an-*

deren. Und das ist deshalb so schwer, weil wir die anderen für glücklicher halten, als sie sind."

Wenn wir genau hinschauen, gibt es in jeder Gesellschaft eine Art Lebensfahrplan, einen Erwartungskatalog an Dingen, die vom Individuum erwartet werden, die zum Standardprogramm gehören.

Seit Kaiserin Maria Theresia zum Beispiel die Schulpflicht eingeführt hat, ist es ein Schulabschluss, der auf das Glücksempfinden der Kinder und der Erwachsenen Einfluss nimmt.

Egal ob wir den Plan unbedingt erfüllen wollen oder uns auf Biegen und Brechen dagegen auflehnen und sagen, der Plan interessiert mich nicht, ich mache das Gegenteil, diese Umstände beeinflussen unser Glück.

Und je höher die Anforderungen sind, also je weiter sie vom Status quo entfernt sind, desto eher werden sie unglücklich machen. Zum Beispiel: Kindheit – überlebt; Schule – anstrengend, aber hoffentlich erledigt; Studium oder Berufsausbildung – geschafft; Karriere – schleppend oder nicht vorhanden; Lebenspartner – nicht vorhanden oder für Lebensglück unpassend; Arbeit – nicht erfüllend; Selbstverwirklichung – fraglich; Freizeit – unterfordert; Kinder – nicht vorhanden; Eltern – immer älter werdend, vielleicht sogar schon Pflegefälle.

Aber nicht nur die Erwartungen, die von außen an Sie gestellt werden, sind Quellen des Unglücks, wenn man sich nur von einer zwanghaften Suche nach Glück leiten lässt.

Da das Glück sozial ist, hängt das Glück des einen mit dem Glück des anderen zusammen. Auch die Erwartungen von Menschen, die einen am besten kennen, mit den eigenen Erwartungen oder mit der Realität in Einklang zu bringen beeinflusst unser Glück. Oft muss es hier gar keine Konfrontation geben, um Unglück auszulösen, ein Blick oder eine vielsagende Pause genügt schon. Oft trauen sich die Menschen, die einem wohlgesinnt sind, die alle Höhen und Tiefen mit einem durchgemacht haben, schon fast nicht mehr etwas zu sagen. Sie müssen es auch nicht, denn man weiß selbst, was die Mutter, der Ehemann, die Oma, die Tante etc. denkt und sich für einen insgeheim oder schweigend vorwurfsvoll wünscht ... Auch hier gilt es wieder, wenn man sich für einen anderen Menschen etwas wünscht, um selbst glücklich zu sein, die Erwartungen der Realität anzupassen und im Endeffekt nicht so auf das Glück hören, schon gar nicht, wenn es Druck macht oder Druck auf andere ausübt.

Weiters hat auch jede Generation einer gewissen Gesellschaft ganz eigene Muster, die manchmal für andere Generationen oder andere Kulturkreise nicht so offensichtlich zu entschlüsseln sind. Hier kann es sich um vieles handeln, von einer TV-Show, die unser Selbstbild geprägt hat, bis zu einem Krieg, der uns nachhaltig verändert. Diese Muster haben, da sie sich in unserem Gehirn widerspiegeln, ebenfalls Einfluss auf unser persönliches Glücksempfinden. Künstler, besonders Komiker, spielen auf der so entstandenen Gefühlsorgel und können Emotionen wecken und uns zum Beispiel zum Lachen bringen.

Was wäre, wenn es eine Gesellschaft ohne solch starke Prägungen und Erwartungen gäbe? Wir müssen, um uns selbst zu verstehen, Abstand gewinnen und unser Glück und Unglück in Kontext setzen. Glücksszenarien aus anderen Kulturen sind dabei aufschlussreich.

Glaubt man dem MIT (Massachusetts Institute of Technology) und Autor Daniel Everett, sind die Piraha, ein kaum 400 Menschen umfassender Stamm im Amazonas, das glücklichste Volk der Erde. Ohne Gott und ohne Geld wird nur so viel gearbeitet, um nicht zu verhungern, und geliebt, wo eben gerade die Liebe hinfällt. Das klingt nach Paradies und vielleicht können wir uns für unser Glücksverständnis etwas abschneiden und in unsere Welt einbauen. Einfach hinziehen wird uns aber wahrscheinlich eher unglücklich machen, da wir eine andere Gehirnstruktur haben und es ein Kulturschock wäre.

Es handelt sich bei den Piraha um einfache Jäger und Sammler, die in der Nacht aus Angst vor Schlangen wenig schlafen. Im Stamm gibt es keine ausgeprägte Hierarchie, keinen Häuptling, Kinder werden bis zum vierten Lebensjahr gesäugt und dann sind sie mehr oder weniger für sich selbst verantwortlich. Moderne Medizin gibt es auch nicht, der Tod ist keine große Sache. Wer sterben muss, der stirbt eben. Auch Geburten werden ohne Beistand für die Mütter erlebt. Die Lebenserwartung ist nur halb so hoch wie bei uns. Also Ende dreißig, Mitte vierzig ist das Leben sowieso vorbei.

Ein Wort für „Sorge“ gibt es in der Piraha-Sprache nicht und die Psychologen des Department of Brain and Cognitive Sciences am MIT haben gemessen, dass die Piraha wesentlich mehr Zeit mit Lächeln und Lachen verbringen als die Nordamerikaner.

Daniel Everett kam als Sprachwissenschafter und Missionar zu den Piraha. Er konnte in ihrer Sprache auch keine tiefliegenden grammatikalischen Strukturen erkennen. Seit Noam Chomsky (geb. 1928) das sprachwissenschaftliche Dogma schuf, dass tiefliegende grammatikalische Strukturen im Gehirn genetisch verankert und universal sind, sind die Piraha die Ausnahme, die anscheinend die Regel der Universalgrammatik bestätigt.

Die Piraha haben auch keine komplexen Zeitformen und weigern sich über jene nachzudenken, die sie nicht selbst erlebt haben. Es fehlt sowohl eine Vergangenheit sowie die Bedeutung der Zukunft. Ein Wort für heute oder für morgen gibt es nicht, auch Farbbegriffe und der Wille, alles zu quantifizieren und mit Zahlen zu operieren, fehlen.

Mit großen Mühen erfüllte der Missionar den Auftrag des texanischen Instituts, das ihn entsandt hatte, und übersetzte die Heilige Schrift für die Piraha. Dann wurde ihm allerdings geantwortet, dass sein Jesus sie nicht interessiere, da diesen Mann sowieso niemand persönlich kenne.

Der Missionar wurde selbst missioniert und brach mit dem christlichen Glauben. Er fand, dass die Piraha das Leben lebten, das er zu predigen gekommen war. Und das ganz ohne die Drohung von Himmel und Hölle.

In China geht es gar nicht um Glück, sondern Ausgeglichenheit ist das Ziel. Allein schon das Wort für Glück lautet im Chinesischen DUI und steht für Heiterkeit. Das Zeichen bedeutet auch „See", der eine klare Oberfläche hat, damit man bis zum Grund schauen kann. Es bezieht sich auch auf andere Menschen, das heißt, Heiterkeit ist vorerst sozial zu sehen.

Menschen sind soziale Wesen und unser Glück ist auf Gemeinsamkeit ausgelegt. Wie der englische Schriftsteller John Donne bereits im 16. Jahrhundert poetisch ausdrückte: *„Niemand ist eine Insel, in sich ganz; jeder ist ein Stück des Kontinents – ein kleiner Teil des Ganzen.*

Der amerikanische Psychologe Solomon Asch (1907–1996) hat 1955 ein Experiment zur Konformität durchgeführt. Unter Konformität versteht man die Übereinstimmung einer Person mit den Umständen, gesellschaftlichen oder inhaltlichen Normen. In einer Versuchsgruppe waren bis auf eine Person alle in den Versuch eingeweiht. Die gestellten Fragen waren eindeutig zu beantworten, nur bei einigen wählten alle vermeintlichen Versuchspersonen absichtlich falsch, um zu sehen, ob sich die Versuchsperson entgegen der Wahrheit der falschen Mehrheitsmeinung anschließen würde.Erstaunlicherweise beugten sich 76 Prozent der Menschen zumindest in einer der Antworten der falsch liegenden Mehrheit und antworteten ebenfalls falsch.

Erschreckenderweise ist unser Drang, nicht alleine gegen eine Gruppe zu stehen, eingegliedert zu sein, so groß, dass die Mehrheit der Menschen nicht als Wahrheit anerkennt, was sie sogar mit eigenen Augen gesehen hat, wenn sie damit alleine steht.

Neuere Studien wie die des Niederländers Vasily Klucharev basieren auf diesen Ergebnissen und haben im Gehirn Bereiche um den Hypothalamus gefunden, die bei individuellen Abweichungen von der Gruppenmeinung eine erhöhte Aktivität aufzeigen.

Weiters fand er heraus, dass das Gehirn mehr Dopamin ausschüttet, wenn wir uns der Mehrheitsposition unterordnen.

Auch die Entdeckung der Spiegelneurone 1991 brachte mehr Klarheit in die Sache. Offenbar spiegeln wir nicht nur unsere Emotionen, wir gleichen auch unsere Meinungen mit denen der Mitmenschen ab.

Schon im Kindesalter lernen wir zwischen den Dingen, die uns gehören, und den Dingen, die uns nicht gehören, zu unterscheiden. Sowie welcher Gruppe wir angehören.

Auch synchrone Handlungen, ob das jetzt rituelle Tänze wie die der Schamanen sind oder der Stechschritt des Militärs, sie alle wirken beglückend.

Dafür gibt es vereinigende Elemente, denken wir an Flaggen oder auch Hymnen. Der Sozialpsychologe Charles Seger von der Universität im US-Bundesstaat Indiana stellte fest, dass sich die Angaben und vor allem Gemütslagen der Einstellungen zum eigenen Land, nachdem den Studenten patriotische Embleme gezeigt wurden und die Hymne vorgespielt wurde, einander anpassten. Es ergab sich ein einheitliches Gruppen-Emotionsprofil. So wie Bewegungen können auch Gefühle synchronisiert werden.

Dieses so erstellte Kollektiv verführt leicht. Das ist wohl die negative Seite, die uns zuerst in den Sinn kommt. Es gibt aber auch positive Seiten. In einem Experiment von Scott Wiltermuth von der Stanford-Universität marschierten Studenten zuerst im Gleichschritt und sangen gemeinsam. Eine weitere Gruppe sprang und sang wild durcheinander und es entwickelten sich keine synchronen Bewegungen und gemeinsamen Gefühle.

Die militärisch synchronisierte Gruppe hat sich in der Folge bei einem Spiel, in dem es um Geld ging, sozialer verhalten und die Kooperation war stärker. Die Mitglieder dieser Gruppe fühlten sich vertrauter miteinander, zusammengehörig und das Vertrauen war stärker.

Der genaue Glückszusammenhang zwischen dem eher in Asien üblichen Streben nach Uniformismus, nach gleicher einförmiger Gestaltung, dem Sich-in-die-Gruppe-Eingliedern und dem ihm entgegenstehenden Individualismus muss noch erforscht werden.

Auch soziale Medien können uns dank des Vergleichs glücklich beziehungsweise unglücklich machen. Wenn wir uns selbst beobachten, ist das sogar offensichtlich. Wir richten sogar unsere Nachrichten und Listen so ein, dass wir mehr von Leuten erfahren, die uns glücklich machen, und andere Menschen verstecken wir einfach, damit wir nicht so viel oder nichts mehr von ihnen hören. Einerseits freuen wir uns mit vielen anderen Freunden und Bekannten mehr mit. Denn wir sehen viele Dinge aus deren Leben überhaupt nur, weil sie auf sozialen Medien geteilt werden. Andererseits, wenn wir ehrlich sind, müssten wir schon sehr heilig sein, wenn wir uns bei dem, was andere Menschen haben und machen, nicht manchmal denken würden, „das hätte ich auch gerne“. Außerdem vergleichen wir das „geschönte“ Profil der anderen mit unserer Realität. Wir vergessen, dass die anderen genauso wie wir im Vergleich und vor uns selbst möglichst gut dastehen wollen. Daher richten wir unser Profil in einer Art und Weise ein, wie es uns glücklich macht.

Daher auch der etwas sarkastische Glückwunsch: „Möge dein Leben eines Tages so aussehen wie dein Online-Profil."

Der gesellschaftliche Glücksdruck, dem wir alle mehr oder weniger ausgeliefert sind, ist nicht zu unterschätzen. Wenn Sie sich unglücklich fühlen, prüfen Sie, wodurch das Gefühl ausgelöst wurde und ob es beachtet werden sollte oder eben nicht.

Unglücklich glücklich

Aus lauter Angst vor dem Unglück haben wir das Glück verloren. Zum Glück gehört auch Unglück dazu.

Ist unser Leben erfüllt, haben sich viele Erwartungen erfüllt. Denn erfüllen sich unsere Erwartungen, sind wir glücklich. Tun sie es nicht, sind wir unglücklich. Hauptsächlich nehmen wir allerdings den Kontrast wahr.

Schon Sigmund Freud stellte fest, als er sich mit dem Glück beschäftigte: *„Wir sind so eingerichtet, dass wir nur den Kontrast intensiv genießen können, den Zustand sehr wenig. Somit sind unsere Glücksmöglichkeiten durch unsere Konstitution beschränkt.“*

Wenn wir uns des Unglücks berauben, berauben wir uns des Glücks. Edgar Allen Poe (1809–1949) formuliert es sogar noch spitzer: *„Um in einem gewissen Punkt glücklich zu sein, müssen wir im Gleichen gelitten haben. Niemals zu leiden, bedeutet niemals vom Glück verwöhnt zu sein.“*

Leidenslust

Dass das Glück oft hinter einer gewissen Schmerzgrenze liegt, bedeutet jedoch nicht, dass wir uns, wenn sich das Glück nicht einstellen will, zum anderen Extrem zwingen und uns kasteien sollen, das wäre genauso falsch.

Mein Vater sagte zum Beispiel, als ich als Fünfjährige partout mit dem Kopf durch die Wand wollte, anstatt innezuhalten, die Lage zu erkennen und die Taktik oder das Ziel zu ändern, ganz ruhig: „Schrei noch lauter, vielleicht hilft es etwas." Verdutzt schaute ich ihn an, denn er hatte mich völlig aus dem Konzept gebracht. Das war mein erster und letzter Wutanfall. Und auch heute, wenn ich mich voll auf etwas Sinnloses konzentriere oder vor lauter Wald die Bäume nicht mehr sehe oder mich gar im falschen Wald befinde und fieberhaft und noch härter weiterarbeite, höre ich ihn und muss lächeln, denn er hat mir beigebracht:

„Wenn ich in die falsche Richtung laufe, bringt es auch nichts, das Tempo zu beschleunigen."

Manchmal ist der Holzweg so schön und hat tolle Blumen am Wegesrand und alle möglichen Ablenkungen. Je länger wir uns auf ihm befinden, desto schwieriger wird es einzusehen, dass er nicht dorthin führt, wo wir hin wollten, und wir unser Ziel neu ausrichten müssen. Neuausrichtungen und wachstumsbedingte Veränderungen sind mit einer Phase der Anpassung verbunden, die nicht immer glücklich macht. Und da wir versuchen Unglück zu vermeiden, sind wir eher geneigt auf dem Holzweg zu verbleiben.

Und um überhaupt zu erkennen, auf welchem Weg wir uns befinden, oder um einfach Erreichtes als Ziel neu zu definieren und uns guten Mutes anderen Dingen zuzuwenden, brauchen wir oft Ruhe und Muße, um Zeit mit uns selbst zu verbringen. Zeit, die wir uns, während wir in der Dauerschleife des Lebens oder auf dem Hamsterrad der Glückssuche verharren, nicht unbedingt nehmen. Denn sich einer knallharten Selbsteinschätzung zu unterziehen, die für einen tiefgreifenden Richtungswechsel notwendig ist, ist meist eine eher schmerzhafte Erfahrung.

Auch wenn wir nicht so weit gehen, gibt es bei der Selbstreflexion oft Unglücksmomente, in denen wir die Vergan-

genheit verarbeiten oder uns auf die Zukunft vorbereiten. Aber was wäre das Leben ohne Muße und ohne Melancholie? Nicht nur die Kunst wäre arm ohne Weltschmerz.
Lust entsteht oft am Ende des Leides. Forscher untersuchen Schmerzgefühle in Labors zum Beispiel mithilfe von heißem und kaltem Wasser und Schmerzanzügen. Der Effekt ist der gleiche: Wenn die Belastung des Schmerzes wegfällt, fühlt es sich gut an.

Glück ist allerdings nicht nur Abwesenheit des Schmerzes, sonst wären wir dauernd glücklich, wenn es uns gut geht.

Leiden und Lust gehören zusammen. Wir schauen uns Horrorfilme an, eine Form der Qual, die viele Leute nicht nur freiwillig durchlaufen, sondern für die sie sogar noch zahlen. In fast jeder TV-Serie werden Menschen gequält und wir schauen ihnen gerne dabei zu.

Problematisch ist es, wenn wir alle Unlust ausschalten und den Kontrast zur Lust nehmen. Wenn wir uns an das Dauerglück gewöhnen, nehmen wir zusätzlich jedes Unwohlgefühl stärker wahr. Jedes Wehwehchen wird gleich zum Schmerz. Jedes kleine Unglück gleich zur Tragödie. Und so verlieren wir die Fähigkeit, das Unglück richtig einzuschätzen, und damit das Glück selbst.

„Zu lieben ist zu leiden. Um Leiden zu vermeiden, darf man nicht lieben. Aber dann leidet man darunter, dass man nicht liebt. Zu lieben ist daher zu leiden; nicht zu lieben ist zu leiden; zu leiden ist zu leiden. Glücklich zu sein ist zu lieben. Glücklich zu sein bedeutet zu leiden, aber leiden macht unglücklich. Um glücklich zu sein, muss man lieben oder es lieben zu leiden oder unter zu viel Glück leiden“, so sagt auch Woody Allen.

Egal ob Glücklich- oder Unglücklichsein gerade in Mode ist, Melancholie gepflegt oder verdammt wird, Leben bedeutet Weiterentwicklung und Wachsen, und dazu gehört das Glück, aber wahrscheinlich auch das Unglück.

Glück bedeutet Sicherheit, jedoch wachsen wir oft am meisten, wenn wir mutig etwas wagen. Und uns nicht vor Unglück und manchmal sogar Schmerz fürchten oder ihn vermeiden. Wie die Schauspielerin Sara Gilbert beschrieb: „Ich glaube, jeder leidet, und dass Leiden zu unseren Lebenslektionen führt. Wir leiden, damit wir wachsen können."

In den Worten des Philosophen Khalil Gibran (1883–1931): *„Euer Schmerz ist das Zerbrechen der Schale, die euer Verstehen umschließt."*

Leben bedeutet etwas zu riskieren. Ein Risiko bedeutet das Ungewisse. Das Wort Risiko kommt aus dem Griechischen für Klippe oder Gefahr und wurde in der Seefahrt verwendet. Auch wenn es unterschiedlich in verschiedenen Disziplinen beschrieben wird, ist man sich einig, dass Risiko die Chance auf ein freudiges Ereignis bedeutet, bei dem es aber auch einen negativen Ausgang geben kann.

Ähnlich wie das chinesische Schriftzeichen Wei-ji, das in Managementseminaren verwendet wird, weil es aus den Schriftzeichen für Gefahr und Chance besteht, ist die Deutung des Wortes Risiko: „Du weißt nicht, was hinter der nächsten Wegbiegung auf dich wartet."

Risiko bedeutet, dass wir die Möglichkeit des möglichen Unglücks in Kauf nehmen müssen, um zum Glück zu gelangen.

Wenn wir nur dem Glück hinterherjagen und nie riskieren unglücklich zu sein, nehmen wir uns die Chance für das Glück. Gehen Sie kalkulierte Risiken ein, bei denen Sie die möglichen Effekte bedacht haben. Auch wenn Sie kurzfristig Unglück in Kauf nehmen müssen, haben Sie die Chance, glücklicher zu sein.

Zu Hilfe kommt uns beim Unglück, dass wir auf dem Weg zum Glück ein psychologisches Phänomen in Kauf nehmen müssen: nämlich dass wir das Ende wichtiger wahrnehmen als den Prozess. Auch wenn wir am Weg leiden, solange wir ein „Happy End“ bekommen, nehmen wir nur das „Ende gut, alles gut“ wahr.

Üben Sie die Kunst des Scheiterns. Jedes Scheitern ist ein Geschenk, denn Sie haben einen Weg gefunden, wie etwas nicht gelingt, und können so in Zukunft besser scheitern. Scheitern ist nicht Versagen. Verlassen Sie sich auf Ihre Resilienz und versuchen es noch einmal oder ändern Sie Ihr Ziel und investieren Sie Ihre Lebensenergie in etwas anderes. Aber in jedem Fall: Investieren Sie Ihre Lebensenergie! Üben Sie sich in allen Tugenden, gehen Sie sicher, dass Sie, während sie versuchen Unglück zu vermeiden, nicht auch das Glück vermeiden. Handeln Sie mutiger, auch auf das Risiko, das etwas Sie unglücklich machen könnte. Glück oder kein Glück, handeln Sie mutig.

Wie Goethe so schön sagte: *„Mut hat Genie, Kraft und Zauber inne.“*

Leben Sie vom Glück oder Unglück unabhängig in vollen Zügen. Leben Sie und genießen Sie jeden Atemzug!

Nachhaltiges dynamisches Glück

Jetzt, wo Sie sich mit dem Glück auskennen, können Sie dieses Kapitel besser für sich selbst schreiben, als ich es je für Sie könnte.

Denn der absolute Weg zum Glück ist Ihr eigener, Ihr persönlicher, hoffentlich glücksunabhängiger, wunderbarer Weg. Das Geschenk des Lebens ist zu leben, und ob es von mehr oder weniger Glück begleitet ist, ist dabei nicht so wichtig oder ernst zu nehmen.

Außerdem wissen Sie nach dieser Lektüre hoffentlich ein wenig besser, wann Sie Ihrem Glück folgen und wann Sie sagen müssen: *„Fuck Happiness – Ich handle glücksunabhängig."*

Fragen ohne Antworten zum Geleit

Wem vertraue ich, wer vertraut mir, bei wem könnte ich es riskieren, ihm Vertrauen zu schenken?
Wo könnte ich mehr Disziplin und Geduld an den Tag legen und wo sollte ich einsehen, dass ich auf dem Holzweg bin?
In welchen Situationen könnte ich sagen: „*Fuck Happiness*", ich handle glücksunabhängig?

Anhang

Danksagung

Tausend Dank an

meinen großen Bruder Florian,
Verena und Elmar für das Glück essenzielle Vorschussvertrauen in das Buch und in mich,
die für mich und das Buch wichtigen Menschen: Vanessa, Tatjana, Alice, Martina, Diana, Celia, Valerie,
C., die den Windmühlen meines Geistes singende enigmatische Quelle der Inspiration.

Schön, dass es euch gibt.

Kontakt zur Autorin

Liebe Leserinnen und Leser!
Ich freue mich über Kontakt unter:
http://www.facebook.com/thesonialaszlo
http://twitter.com/sonialaszlo

Literaturverzeichnis

Gregory BERNS: satisfaction, campus, Frankfurt/Main, 2006.

Mihaly CSIKSZENTMIHALYI: Flow – der Weg zum Glück, Herder, Freiburg im Breisgau, 2006.

Daniel KAHNEMAN: Thinking, Fast and Slow, Farrar, Straus and Giroux, New York, 2011.

Eric KANDEL: Auf der Suche nach dem Gedächtnis, Siedler, München, 2006.

Sonja LYUBOMIRSKY: The How of Happiness, Penguin Books, London, 2007.

Gerhard ROTH: Persönlichkeit, Entscheidung und Verhalten, Klett-Cotta, Stuttgart, 2007.

Martin E. P. SELIGMAN: Der Glücksfaktor, Bastei Lübbe, Bergisch Gladbach, 2003.